Alexandra Gierer

Kaufmotive bei Bio-Produkten von Diskontern

Alexandra Gierer

Kaufmotive bei Bio-Produkten von Diskontern

Grundlagen, Analysen, Entwicklungspotentiale

VDM Verlag Dr. Müller

Impressum/Imprint (nur für Deutschland/ only for Germany)
Bibliografische Information der Deutschen Nationalbibliothek: Die Deutsche Nationalbibliothek verzeichnet diese Publikation in der Deutschen Nationalbibliografie; detaillierte bibliografische Daten sind im Internet über http://dnb.d-nb.de abrufbar.

Coverbild: www.ingimage.com

Verlag: VDM Verlag Dr. Müller GmbH & Co. KG
Dudweiler Landstr. 99, 66123 Saarbrücken, Deutschland
Telefon +49 681 9100-698, Telefax +49 681 9100-988
Email: info@vdm-verlag.de

Herstellung in Deutschland:
Schaltungsdienst Lange o.H.G., Berlin
Books on Demand GmbH, Norderstedt
Reha GmbH, Saarbrücken
Amazon Distribution GmbH, Leipzig
ISBN: 978-3-639-32754-0

Imprint (only for USA, GB)
Bibliographic information published by the Deutsche Nationalbibliothek: The Deutsche Nationalbibliothek lists this publication in the Deutsche Nationalbibliografie; detailed bibliographic data are available in the Internet at http://dnb.d-nb.de.

Cover image: www.ingimage.com

Publisher: VDM Verlag Dr. Müller GmbH & Co. KG
Dudweiler Landstr. 99, 66123 Saarbrücken, Germany
Phone +49 681 9100-698, Fax +49 681 9100-988
Email: info@vdm-publishing.com

Printed in the U.S.A.
Printed in the U.K. by (see last page)
ISBN: 978-3-639-32754-0

Inhaltsverzeichnis

1. Einleitung

„Der Begriff Konsumentenkaufverhalten bezieht sich auf das Kaufverhalten der Endverbraucher – Einzelpersonen und Haushalte, die Güter und Dienstleitungen zum persönlichen Gebrauch kaufen.“[1]

Da es Unmengen an unterschiedlichen Waren und Dienstleistungen gibt, ist die Entscheidung des Konsumenten für ein bestimmtes Produkt ein kompliziertes Zusammenwirken verschiedenster Einflüsse. Um die Produkte gut vermarkten zu können, ist es wichtig, dieses Zusammenspiel zu kennen bzw. zu erkennen.[2]

Das Konsumverhalten von Menschen wird meistens von mehreren Motiven gesteuert, d.h. nicht nur ein Motiv beeinflusst das Verhalten der Käufer.[3] Motive sind Ursachen bzw. Beweggründe, um einen bestimmten Zielzustand zu erreichen. Beim Kauf von Produkten könnte z.B. eine attraktive Verpackung die Ursache für den Erwerb des Produktes sein.[4] Zu den typischen Kaufmotiven von Produkten zählen u.a. Abwechslung, Prestige, Jugendlichkeit oder Natürlichkeit.[5]

Diese Motive erklären gut den Kauf von Lebensmitteln. Ein Mensch könnte z.B. immer unterschiedliche Teesorten kaufen, da er Abwechslung sucht, oder ein älterer Mann möchte die Jugendlichkeit nicht verlieren und kauft sich deshalb Red Bull, obwohl es ihm gar nicht schmeckt. Wenn das Kaufmotiv Gesundheit ist, könnten Menschen vermehrt zu Bio-Produkten greifen.

„Immer mehr Menschen geben sich dem Bio-Genuss aus Überzeugung hin.“[6] Trotz der aktuellen Preisdiskussion wurden mengen- wie wertmäßig noch nie zuvor so viele Bio-Produkte im Lebensmitteleinzelhandel von den Konsumenten gekauft wie im Jahr 2008.

---

[1] Kotler et al., 2007, S. 306.
[2] Vgl. Kotler et al., 2007, S. 306.
[3] Vgl. Raab/Unger, 2005, S. 205.
[4] Vgl. Salcher, 1995, S. 179ff.
[5] Vgl. Kroeber-Riel/Weinberg/Gröppel-Klein, 2009, S. 190.
6 Wagner-Ottawa, 2008, S. 3, Stand vom 26.09.2008.

Das Bio-Segment boomt. Am meisten werden Milch und Michprodukte, sowie Eier aus biologischer Landwirtschaft von den Konsumenten gekauft.[7]

Diese Arbeit beschäftigt sich mit den Kaufmotiven von Bio-Produkten bei Diskontern. Anhand einer qualitativen Analyse sollen die Kaufmotive der Konsumenten aufgezeigt werden. Im Folgekapitel werden die Problemstellung und die Zielsetzung dieser wissenschaftlichen Arbeit erläutert.

1.1 Problemstellung und Zielsetzung

Diskonter sind auf der Überholspur. Immer mehr Konsumenten kaufen mindestens einmal im Quartal beim Diskonter ein. Das Einkaufverhalten hat sich verändert, was auch an der vergrößerten Einkaufsmenge beim Diskonter zu sehen ist. Gründe für den Diskonter-Boom sind die Vermehrung der Diskonterfilialen und die gute Produktqualität, welche sich immer mehr an die Qualität des klassischen Lebensmittelhandels angleicht.[8]

Das Einkaufsverhalten hat sich verändert. Bio wird immer mehr und immer öfter nachgefragt. Der Bio-Markt wächst und auch die Diskonter profitieren davon. Der Diskonter-Anteil am Bio-Markt stieg seit 2003 um 10 Prozent und liegt jetzt bei ca. 35 Prozent. Dieses Wachstum hängt mit der Einführung von Eigenmarken der Diskonter in diesem Bereich zusammen.[9]

So baut bspw. der Diskonter Hofer, die Tochtergesellschaft vom deutschen Unternehmen „Aldi Süd", seine Dachmarkenrange für Backwaren und Molkereiprodukte aus. Die Eigenmarkenlinie „Zurück zum Ursprung" wird immer mehr erweitert. Bereits jetzt gibt es rund 20 Molkereiprodukte, die dieser Marke angehören. Hofer garantiert auch bei der Herstellung dieser Lebensmittel die dazugehörige Qualität.[10]

---

[7] Vgl. Wagner-Ottawa, 2008, S. 2, Stand vom 26.09.2008.

[8] Vgl. Strzyzowski, 2008, http://www.handelszeitung.at/ireds-44827.html, Stand vom 09.11.2008.

[9] Vgl. Lebensministerium Öffentlichkeitsarbeit, 2007, http://www.lebensmittelnet.at/article/articleview/55712/1/8149, Stand vom 04.01.2009.

[10] Vgl. o.A., 2008d, http://www.wiso-net.de/webcgi?START=A60&DOKV_DB=ZECO&DOKV_NO=LMZ050830263&DOKV_HS=0&PP=1, Stand vom 25.09.2008.

Das Motiv für den Kauf von Bio-Produkten ist die gesundheitliche Wirkung. Die meisten Bio-Konsumenten sind sich einig, dass Bio-Lebensmittel gesünder sind. Jedoch ist nicht nur die Gesundheit ein Motiv, Bio ist auch eine Philosophie. Bio hat einen gewissen Mehrwert, z.B. wird die Umwelt schonender behandelt, oder die Tiere werden artgemäß gehalten. Es ist erkennbar, dass hinter Bio gewisse Richtlinien stehen. Die Nicht-Bio-Käufer konsumieren diese Produkte nicht, da ihnen der Preis zu hoch ist. Das stärkste Motiv für die Verweigerung des Bio-Kaufs ist daher der Preis.[11]

Ziel dieser Arbeit ist es, anhand einer qualitativen Untersuchung die Kaufmotive für Bio-Produkte beim Diskonter zu erforschen. Es soll beantwortet werden, warum Konsumenten zum Diskonter gehen und gerade dort biologische Produkte kaufen.

Durch die derzeitigen steigenden Lebensmittelpreise ist es interessant zu erfahren, ob Bio-Produkte, die im Durchschnitt teurer sind als nicht biologische Produkte, trotzdem gekauft werden oder nicht und warum. Immer mehr Diskonter versuchen auch biologische Produkte zu verkaufen, d.h. die Produktauswahl für Verbraucher wird ausgebaut. Da die Bio-Produkt-Palette sehr umfangreich ist, beschäftigt sich diese Arbeit nur mit Käse, Joghurt und Milch als Untersuchungsobjekte.

Anhand der zentralen Fragestellung und ihrer Detailfragen sollen die Kaufmotive von Bio-Produkten bei Diskontern aufgedeckt werden. Die zentrale Fragestellung und ihre Detailfragen lauten wie folgt:

Welche Motive lassen sich beim Kauf von Bio-Produkten bei Diskontern bei Konsumenten feststellen?

Weitere theoretische Fragen sollen beantwortet werden:

- Welche Faktoren beeinflussen das Käuferverhalten?
- Welche unterschiedlichen Käufertypen gibt es?
- Welche Motive haben Konsumenten, Produkte zu kaufen?

---

[11] Vgl. Daser, 2007, http://science.orf.at/science/news/147565, Stand vom 09.11.2008.

- Welche Prinzipien haben Bio-Produkte?
- Welche Spezifika haben Diskonter?
- Warum kaufen Konsumenten Bio-Produkte vom Diskonter?

Mit der empirischen Untersuchung sollen Antworten auf folgende Fragen gefunden werden:

- Warum gehen Konsumenten zum Diskonter einkaufen?
- Welche allgemeinen Gründe für den Bio-Boom lassen sich erkennen?
- Aus welchen Gründen konsumieren Verbraucher Bio-Produkte von Diskontern?
- Hängt der Kauf von Bio-Produkten beim Diskonter vom Alter der Käufer ab?
- Werden nur bestimmte biologische Produktgruppen beim Diskonter gekauft?
- Wie bewerten die Konsumenten die Qualität der Bio-Produkte von Diskontern?

Um die Zielsetzung zu erreichen, werden in den nächsten Kapiteln die einzelnen Begrifflichkeiten erklärt. Anhand dieser können dann Hypothesen aufgestellt werden, die dann im Laufe der wissenschaftlichen Arbeit mittels mehreren Gruppendiskussionen bestätigt oder verworfen werden. Weiters wird die Methodik der empirischen Analyse theoretisch nähergebracht und die Durchführungsergebnisse der Untersuchung erläutert.

1.2 Aufbau der Arbeit und Methodik

Diese wissenschaftliche Arbeit ist in zwei große Teilbereiche gegliedert. Im ersten Abschnitt der Arbeit werden theoretische Hintergründe erklärt, die anhand von Fachliteratur verglichen und so Gemeinsamkeiten und Unterschiede heraus gearbeitet werden. Im zweiten Teil der Arbeit ist die empirische Analyse ersichtlich. Nachfolgend wird kurz erläutert, wie die einzelnen Kapitel aufgeteilt sind und was sie behandeln.

Im ersten Teil der Arbeit findet sich die Einleitung. Diese gibt Auskunft über die Problemstellung, die Zielsetzung, den Aufbau der Arbeit und die angewandte Methodik.

Im zweiten Abschnitt wird das Kaufverhalten theoretisch erläutert. In diesem Teil der Arbeit werden das Modell des Konsumentenverhaltens, die Einflussfaktoren des Konsumentenverhaltens, der Kaufentscheidungsprozess, sowie die Arten von

Kaufentscheidungen genauer beschrieben. Anhand dieser Begrifflichkeiten sollen die Gründe für einen Kauf erörtert werden. Das Ziel ist es, die Konsumentenscheidungen der Verbraucher besser zu verstehen.

Im dritten Kapitel wird die Motivforschung nähergebracht. Diese beinhaltet die Ausarbeitung des Begriffes „Motiv“, der Motivtheorien, sowie der Kaufmotive. Als letzten Unterpunkt ist noch die Motivmessung zu nennen. Anhand dieses dritten Kapitels soll geklärt werden, warum Konsumenten Produkte kaufen und welche Beweggründe sie dafür haben.

Das vierte Kapitel handelt vom Bio-Boom allgemein und von biologischen Lebensmitteln im Speziellen von den Bio-Produkten und dem Qualitätssiegel, welches gerade bei biologischen Produkten sehr wichtig ist. Für die Bio-Produkte sind noch die Bestimmungen für Bio-Produkte und der Bio-Trend von Relevanz.

Der Lebensmitteleinzelhandel im Allgemeinen wird im fünften Kapitel beschrieben. Auch die österreichische aktuelle Situation wird kurz erläutert. Da es für diese Arbeit jedoch auch wichtig ist, über Diskonter im Allgemeinen Bescheid zu wissen, sind diese ein Unterpunkt des fünften Kapitels. Die österreichischen Diskonter Hofer, Lidl, Penny und Zielpunkt werden kurz vorgestellt. Jedoch nicht nur die Diskonter sind für dieses Projekt interessant, auch die Marken und die Bio-Produkte beim Diskonter müssen genauer erklärt werden.

Nach diesem theoretischen Teil gibt es ein Conclusio, das die Inhalte der Kapitel zwei bis fünf im Hinblick auf die zentrale Frage analysiert. Weiters sollen basierend auf dem Conclusio die Hypothesen im Kapitel 7.1. abgeleitet werden.

Das siebente Kapitel dieser Arbeit beinhaltet die qualitative Untersuchung der Kaufmotive von Bio-Produkten bei Diskontern. Dieses unterteilt sich in den Hypothesenkatalog und in die theoretische Erklärung der Methodik der empirischen Analyse. Zuerst werden die Unterschiede der quantitativen und der qualitativen Marktforschung aufgezeigt. Danach wird das Verfahren der Gruppendiskussion, im Detail der Ablauf, die Auswertung und die Beschreibung des Ablaufs der empirischen Analyse näher gebracht. Die

Untersuchungsergebnisse der empirischen Analyse werden aufgezeigt und die Resultate grafisch dargestellt. Weiters werden die Hypothesen und die zentrale Fragestellung beantwortet. Die Gruppendiskussion wurde ausgewählt, da durch sie gut verborgene Motive und Einstellungen hervorgebracht werden können. Weiters entsteht durch diese Diskussion eine Dynamik, die in einem Einzelinterview, oder bei einer Befragung nicht aufkommen würde. Da qualitative Befragungen schwer zu standardisieren sind, kann die Gruppendiskussion in einem persönlicheren Rahmen stattfinden. Dieses schafft Vertrauen und der Moderator kann direkt auf die Gruppenmitglieder eingehen.

Es wurden drei Gruppendiskussionen im Zeitraum von neun Tagen durchgeführt, wobei eine homogene und zwei heterogene Gruppen ausgewählt wurden. Die homogene Gruppe bestand aus sechs Teilnehmern und wurde am 20.03.2009 durchgeführt. An der ersten heterogenen Gruppendiskussion nahmen acht Probanden am 19.03.2009 teil. Die zweite heterogene Gruppe setzte sich aus sieben Teilnehmern zusammen. Die Dauer der drei Explorationen war unterschiedlich lang. Die erste heterogene Gruppe diskutierte ca. eineinhalb Stunden, die zweite heterogene Gruppe zwei Stunden und die homogene Gruppe ca. eine Stunde und 45 Minuten. An der ersten Gruppendiskussion nahmen acht Frauen aus unterschiedlichen Altersgruppen statt. Am 20.03.2009 bestand die Gruppe aus fünf Frauen und einem Mann, wobei alle sechs Probanden nicht älter als 25 Jahre alt waren. Die letzte heterogene Gruppe war sehr gemischt. Sie setzte sich aus fünf Frauen und zwei Männern zusammen. Die Teilnehmer waren zwischen 24 und über 60 Jahre alt. Die Teilnehmer aller Gruppen sind Haushaltsführer und gehen zum Diskonter einkaufen. Nicht alle Teilnehmer kaufen Bio-Produkte beim Diskonter. In der ersten heterogenen Gruppe waren vier Nicht-Bio-Käufer und vier Bio-Käufer. Die zweite heterogene Gruppe war gemischt mit vier Bio-Gegnern und drei Bio-Käufern. Nach der Durchführung wurden die Ergebnisse beschrieben und miteinander verglichen. Anhand der Resultate konnten die Hypothesen überprüft und eine Interpretation der Ergebnisse vorgenommen werden. Im Weiteren wurde eine Handlungsempfehlung abgegeben.

Das letzte Kapitel dieser Arbeit stellt die Zusammenfassung dar, wo noch einmal die wichtigsten Fakten des theoretischen und empirischen Teils der Arbeit dargebracht werden.

2. Käuferverhalten

Das Käuferverhalten beschreibt die Haltung der Konsumenten, sprich der Endverbraucher, beim Kauf von Gütern und Dienstleistungen.[12]

Das Käuferverhalten ist unterteilt in privates Konsumentenverhalten und gewerbliches Käuferverhalten. Ziel der Erforschung dieses Verhaltens ist es, zu erfahren, warum gekauft wird und vor allem wie es beeinflusst werden kann. Das Konsumverhalten kann sich jedoch im Wandel der Zeit verändern, indem interne und externe Eindrücke es beeinflussen.[13] Für diese Arbeit ist jedoch nur das private Konsumentenverhalten von Relevanz.

Damit Unternehmen erfolgreich werden, müssen sie das Konsumentenverhalten verstehen. Fragen wie z.B. „Wer kauft?", „Wann wird gekauft?" oder „Warum wird gekauft?" müssen beantwortet werden können. Somit ist es essentiell zu wissen, wie Kunden auf Marketingaktivitäten reagieren. Sind Konsumenten z.B. begeistert von dem neuen Werbespot und kaufen deshalb das neue Produkt?[14]

In diesem Kapitel wird allgemein das Käuferverhalten erläutert. Dazu zählen wichtige Themen, wie das Modell des Konsumentenverhaltens, die Einflussfaktoren des Konsumentenverhaltens, der Kaufentscheidungsprozess und die Arten von Kaufentscheidungen.

2.1 Modell des Konsumentenverhaltens

Das Modell des Konsumentenverhaltens wird anhand des S-R-Modells, wobei „S" für Stimulus und „R" für Response steht, erklärt. Nach dem S-R-Modell wurde das S-O-R-Modell, Stimulus-Organismus-Reaktion-Modell, für die Erklärung des Konsumentenverhaltens herangezogen. Das S-O-R-Modell ist eine Weiterentwicklung des

---

[12] Vgl. Kotler et al., 2007, S. 306.

[13] Vgl. Pepels, 2005, S. 31.

[14] Vgl. Kotler et al., 2007, S. 308f.

S-R-Model. Die Unterschiede dieser beiden Modelle werden in den nächsten zwei Unterkapiteln herausgearbeitet.

2.1.1 S-R-Modell

Marketing und andere Anreize, sogenannte Stimuli, wirken auf das Käuferverhalten ein. Solche Reize können u.a. das Produkt, der Preis, die Technologie oder die Kultur sein. Diese rufen eine Reaktion des Kunden hervor. Daher wird das Modell auch Stimulus-Response-Modell (S-R-Modell) genannt. Eine mögliche Reaktion könnte die Wahl des Produktes oder die Kaufmenge sein.[15] Diese S-R-Verbindung wird in Abbildung 1 gezeigt.

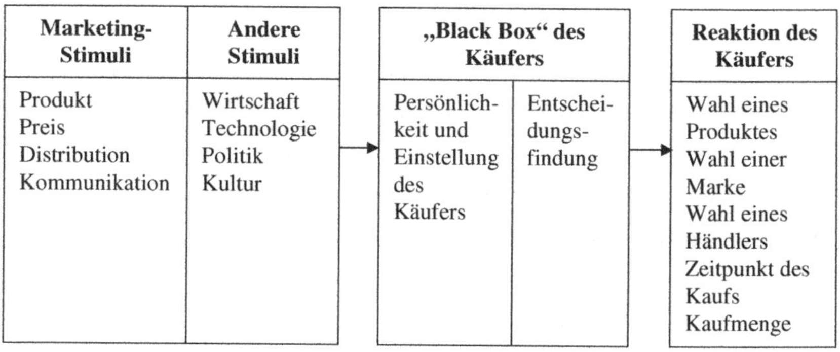

Abbildung 1: Modell des Konsumentenverhaltens (Quelle: Kotler et al., 2007, S. 309.)

Damit das Produkt dann auch wirklich gekauft wird, findet ein Prozess in der Psyche des Menschen statt, in der sogenannten „Black Box“. Da die „Black Box“ für niemanden zugänglich ist, kann diese auch nicht analysiert werden.[16] Es können nur die Input- und Outputgrößen beobachtet werden. Daher kann mit dem S-R-Modell nicht erklärt werden, warum manche Käufer das Produkt konsumieren und andere nicht.[17] Jedoch ist durch einen Lernprozess eine mögliche Reaktion ablesbar. Wenn z.B. ein Kind ein Glas voll Milch vor sich stehen hat, wird es eventuell zuerst einmal die Finger hinein stecken, dann

---

[15] Vgl. Kotler et al., 2007, S. 309.

[16] Vgl. Pepels, 2005, S. 35.

[17] Vgl. Foscht/Swoboda, 2007, S. 29f.

umwerfen und beim dritten Versuch die Milch trinken. Es ist somit ersichtlich, dass durch einen Lernprozess eine bestimmte Reaktion vorhersehbar ist.[18]

Für Unternehmen ist es sehr wichtig zu erfahren, wie Konsumenten Reize in der „Black Box" zu Reaktionen umwandeln. Da die „Black Box" eines Käufers wahrscheinlich immer verborgen bleiben wird, kann nur versucht werden, anhand des Kaufentscheidungsprozesses und der Einflussfaktoren des Käuferverhaltens die Konsumenten zu verstehen und zu beeinflussen.[19]

Das S-R-Modell beschreibt, wie Stimuli auf die Käufer einwirken und was sie für Reaktionen, d.h. Antworten, geben. Der Organismus ist die Black-Box. Diese bleibt unerforscht und es gibt keine Einsicht in die Psyche der Konsumenten. Da Unternehmen die Black-Box nicht kennen, ist es laut diesem Modell sehr schwer, passende Produkte für ihre Konsumenten zu entwickeln. Wenn Unternehmen nur Informationen über die Reaktion, z.B. die Menge der gekauften Bio-Milchprodukte bekommen, wird es sehr schwer sein, auf die Kunden näher einzugehen. Die Absatzmenge ist zwar gegeben, jedoch nicht die Gründe für den Kauf, d.h. es ist auch ungewiss, ob diese Menge in Zukunft so bleibt oder nicht.

Neuere Modelle beschäftigen sich nicht mehr nur mit der äußeren Betrachtung, d.h. der Reaktion, sondern interessieren sich auch für das innere Verhalten, den Organismus.[20]

2.1.2 S-O-R-Modell

Neuere Ansätze gehen davon aus, dass zwischen dem Reiz und der Reaktion intrapersonelle und interpersonelle Einflüsse den Organismus bei Entscheidungen beeinflussen.[21] Das S-O-R-Paradigma beschreibt, wie z.B. eine Preisänderung, ein Stimulus (S), im Organismus (O), im Menschen, verarbeitet wird und dann zu einer

---

[18] Vgl. Kroeber-Riel/Weinberg/Gröppel-Klein, 2009, S. 368.

[19] Vgl. Kotler et al., 2007, S. 309.

[20] Vgl. Foscht/Swoboda, 2007, S. 29.

[21] Vgl. Pepels, 2005, S. 35.

Reaktion (R) führt. Die Verbindung zwischen Reiz und Response wird besser durch diesen neuen Ansatz erklärt.[22]

Der Kaufprozess wird nicht mehr nur von den inneren Faktoren in der Black Box gesteuert, auch situative Faktoren beeinflussen das Kaufverhalten. Kunden kaufen Produkte nach der momentanen Situation.[23]

In der folgenden Abbildung 2 ist dieser Vorgang ersichtlich.

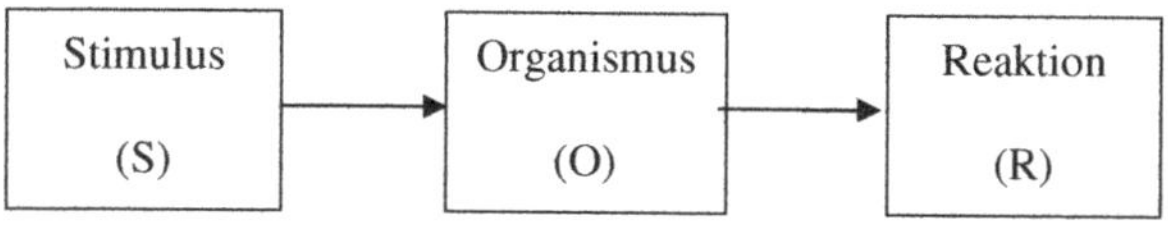

Abbildung 2: S-O-R-Paradigma (Quelle: Kuß/Tomczak, 2007, S. 3.)

Der Organismus ist beim Konsumentenverhalten ganz entscheidend. Die Psyche des Käufers muss verstanden werden, damit Schlüsse z.B. auf die Produktwahl getroffen werden können. Erst wenn Unternehmen den Kunden kennen und seine Gründe für die Kaufentscheidung wissen, können sie darauf reagieren. So können z.B. mehr biologische Lebensmittel angeboten werden, wenn das Unternehmen wüsste, dass die Kunden den Bio-Trend verfolgen. Weiters lässt sich erkennen, dass das Konsumverhalten von verschiedenen Stimuli beeinflusst werden kann. Diese Einflussfaktoren werden im nächsten Unterkapitel genauer erklärt.

2.2 Einflussfaktoren auf das Konsumentenverhalten

„In der Konsumverhaltensforschung dominiert heute eine umfassende, mehrstufige Konzeption von Konsum. Neben den psychologischen personen- und situationsbedingten Determinanten des Konsumierens werden auch die soziokulturellen Bedingungen und Auswirkungen des Konsums betrachtet.“[24]

---

[22] Vgl. Kuß/Tomczak, 2007, S. 2f.

[23] Vgl. Rutschmann, 2005, S. 44.

[24] Reisch/Scherhorn, 2005, S. 180.

Verschiedenste Faktoren wirken auf das Kaufverhalten ein, dazu zählen kulturelle, soziale, persönliche und psychologische Kriterien.[25]

In Tabelle 1 ist ersichtlich, welche Faktoren die Konsumenten beim Kauf beeinflussen.

Kulturelle Faktoren	**Soziale Faktoren**	**Persönliche Faktoren**	**Psychologische Faktoren**
Kultur	Gruppen	Alter und Lebensphase	Motivation
Subkultur	Familie	Beruf	Wahrnehmung
Soziale Schicht	Rollen und Status	Finanzielle Situation	Lernen
		Lebensstil	Überzeugungen und Einstellungen
		Persönlichkeit und Selbstbild	

Tabelle 1: Einflussfaktoren auf den Käufer (In Anlehnung an: Kotler et al., 2007, S. 310.)

Tabelle 1 stellt eine gut strukturierte Übersicht für die Inhalte der nächsten Unterkapitel dar. Die einzelnen Faktoren werden nachfolgend genauer beschrieben.

2.2.1 Kulturelle Faktoren

Die Kultur bedingt das Entscheidungsverhalten der Individuen. Die Kultur gibt bestimmte Werte, Ideen und Traditionen weiter, die das Konsumverhalten beeinflussen können.[26] Menschen lernen von Beginn an die Grundwerte, Wahrnehmungen, Bedürfnisse und das Verhalten von der Familie und den Institutionen des Heimatlandes.[27] Die Kultur ist ein System von Wertvorstellungen einer Gesellschaft, das sich im Laufe der Zeit entwickelt hat. Zur Kultur einer Gesellschaft zählen auch Normen. Normen sind Richtlinien, wie sich Menschen in einer Gesellschaft zu verhalten haben. Normen werden von einer Gesellschaft erstellt. Werden Normen nicht eingehalten, erfolgt eine Bestrafung, oder im umgekehrten

---

[25] Vgl. Kotler et al., 2007, S. 310.

[26] Vgl. Blackwell/Miniard/Engel, 2006, S. 87.

[27] Vgl. Kotler/Keller/Bliemel, 2007, S. 277.

Fall eine Belohnung.[28] Ein Gebot einer Kultur wäre z.B. die Haftpflichtversicherung beim Autokauf und ein Verbot wäre z.B. Konsum von Rauschgift. Bestimmte Regeln sind in Kulturen zu befolgen, wie z.B. die Kleidung zu bestimmten Anlässen oder die Rolle der Hausfrau.[29]

Es ist wichtig, die Bedeutung der kulturellen Faktoren herauszufinden, damit das Kaufverhalten richtig interpretiert werden kann. Zu den kulturellen Faktoren zählen u.a. die Einflüsse der Subkulturen. In jeder Kultur sind Subkulturen zu finden. Subkulturen sind Gruppen, welche sich z.B. durch geographische Regionen, unterschiedliche Religionen oder Nationalitäten ergeben.[30] Subkulturen können sich nach ethnischen, altersmäßigen oder räumlichen Kriterien bilden.[31]

So kann sich das Einkaufsverhalten zwischen der Stadt- und Landbevölkerung oder z.B. zwischen Katholiken und Moslems erheblich unterscheiden.[32] In den USA ist die Unterteilung in Subkulturen sehr häufig anzutreffen. Ethnische Gruppen, wie z.B. die Afro-Amerikaner oder die Hispanics, haben unterschiedliche Normen und Verhaltensweisen. So kann es auch vorkommen, dass manche Subkulturen in den USA nicht Englisch als Verständigungssprache verwenden.[33] Somit soll gezeigt werden, dass z.B. durch die Religion das Kaufverhalten unterschiedlich sein könnte. Ein Moslem könnte z.B. eher Bio-Produkte kaufen und dafür jedoch nicht zum Diskonter gehen, hingegen ein Katholik könnte doch gerne zum Diskonter einkaufen gehen. Auch die ethnischen Gruppen beeinflussen das Kaufverhalten, da aufgrund von Traditionen und Lebensweisen z.B. der Kauf von Lebensmitteln in den jeweiligen Gruppen variieren wird.

Jedoch nicht nur die Kultur und die Subkulturen, sondern auch die soziale Schicht spielen beim Kauf eine wichtige Rolle. In einer sozialen Schicht befinden sich Menschen, die den

---

[28] Vgl. Pepels, 2005, S. 109ff.
[29] Vgl. Meffert, 1992, S. 81.
[30] Vgl. Kotler/Keller/Bliemel, 2007, S. 277.
[31] Vgl. Pepels, 2005, S. 109ff.
[32] Vgl. Meffert, 1992, S. 81f.
[33] Vgl. Kuß/Tomczak, 2007, S. 206f.

gleichen Status aufweisen und unter den gleichen Lebensumständen leben. Die soziale Schicht lässt sich einteilen in Oberschicht, obere Mittelschicht, mittlere Mittelschicht, untere Mittelschicht, obere Unterschicht, untere Unterschicht und Sozialverachtete. Der Oberschicht gehören z.B. Manager und der unteren Unterschicht z.B. Hilfsarbeiter an.[34] Soziale Klassen oder Schichten werden fast in jeder Gesellschaft gefunden. Es gibt immer mehrere Teile einer Gesellschaft, die innerhalb einer Klasse ähnliche Interessen, Verhaltensweisen oder Werte haben.[35] Menschen, die der gleichen Schicht angehören, werden sich daher auch ähnlicher entscheiden, als Menschen einer anderen Schicht.[36] Eines der wichtigsten Merkmale bei der sozialen Schicht ist das Einkommen. Jedoch auch der Beruf, die Ausbildung und das Vermögen bestimmen die jeweilige Schichtzugehörigkeit.[37] Solch eine soziale Rangordnung ist jedoch nicht fix. Nur weil Menschen in eine bestimmte Schicht hineingeboren wurden, heißt es noch lange nicht, dass es keine soziale Mobilität gibt. Menschen können ihren Status verändern, z.B. durch den Abschluss eines Studiums. Durch diese Veränderung kann ein sozialer Aufstieg gelingen.[38] In der jeweiligen sozialen Schicht ist das Kaufverhalten unterschiedlich. So kaufen z.B. Menschen aus der Oberschicht sich einen Ferrari oder einen Mercedes und Menschen aus den unteren Schichten eher einen Opel oder einen Volkswagen. Somit ist das unterschiedliche Kaufverhalten auch bei der sozialen Schicht zu erkennen.

Es ist ersichtlich, dass die kulturellen Einflüsse, wie Rasse, Religion oder auch die soziale Schicht, eine wichtige Rolle im Konsumverhalten spielen. Die Schichtzugehörigkeit könnte z.B. ein Grund für den Konsum von biologischen Lebensmitteln sein. Käufer, die eine gewisse Schicht bzw. Rangordnung erlangen möchten, könnten von Prestige- und Imagegründen getrieben werden, Bio-Produkte zu kaufen. Auch das kulturelle Verhalten könnte das Kaufverhalten bei Bio-Produkten beeinflussen.

---

[34] Vgl. Pepels, 2005, S. 109ff.
[35] Vgl. Kotler/Keller/Bliemel, 2007, S. 277f.
[36] Vgl. Blackwell/Miniard/Engel, 2006, S. 87.
[37] Vgl. Kotler/Keller/Bliemel, 2007, S. 277f.
[38] Vgl. Kuß/Tomczak, 2007, S. 208.

2.2.2 Soziale Faktoren

Soziale Faktoren, wie die Gruppenzugehörigkeit, die Familie oder der Status innerhalb einer Gruppe, beeinflussen das Kaufverhalten der Individuen. Dieses wird im nächsten Abschnitt erläutert.

Gruppen beeinflussen das Verhalten von Individuen.[39] „Der stärkste Einfluss auf das Verhalten des Konsumenten geht von einer Gruppe aus, deren Mitglied er ist."[40] Eine Gruppe besteht aus mehreren Personen, die immer wieder in einer Beziehung zueinander stehen. Zusätzlich weist sie eine innere Struktur auf und verfolgt Ziele. Es wird u.a. zwischen Mitgliedschaftsgruppen, wo eine Aufnahme und Eingliederung erfolgen muss, und Bezugsgruppen, wo keine Mitgliedschaft besteht, unterschieden.[41] Wenn eine Gruppe direkten Einfluss auf eine Person ausüben kann, wird sie Mitgliedschaftsgruppe genannt. Zu dieser Art von Gruppe zählen die Primärgruppen, z.B. die Familie und Freunde, und die Sekundärgruppe, z.B. Gewerkschaften und Berufsverbände. Weiters gibt es neben den Zugehörigkeitsgruppen auch noch die Leitbildgruppen. Hier versuchen Personen, bestimmte Verhaltensweisen und Einstellungen anderer Personen zu übernehmen, da sie gerne zu dieser Gruppe dazu gehören würden.[42]

Innerhalb jeder Gruppe haben Menschen eine bestimmte Rolle.[43] Eine Rolle ist ein Bündel voller Erwartungen, die die Gruppenmitglieder an den Rolleninhaber stellen. Eine Rolle ist eine Verhaltensweise, die an eine bestimmte Position, innerhalb der Gruppe, gebunden ist.[44] Da jede Person mehreren Gruppen angehört, z.B. Familie oder Verein, werden ihnen auch unterschiedliche Rollen zugewiesen. Ein gewisser Status entsteht, der durch die Wertschätzung der Rolle von den anderen Gruppenmitgliedern widergespiegelt wird. Meistens kaufen Personen nur Produkte oder Dienstleistungen, die ihrem Status

---

[39] Vgl. Kotler/Keller/Bliemel, 2007, S. 278.
[40] Meffert, 1992, S. 82.
[41] Vgl. Pepels, 2005, S. 118ff.
[42] Vgl. Kotler/Keller/Bliemel, 2007, S. 278f.
[43] Vgl. Kotler/Keller/Bliemel, 2007, S. 281.
[44] Vgl. Pepels, 2005, S. 118ff.

entsprechen.[45] Wie bereits erwähnt, sind Rolle und Status ein wichtiger Faktor beim Käuferverhalten. Menschen treffen Entscheidungen abhängig von ihrer Rolle und ihrem Status, z.B. beim Kauf eines Autos oder bei der Wahl ihrer Kleider. Die Familie ist oft die erste Anlaufstelle, wenn es um Kaufentscheidungen geht. Daher ist der Einfluss der Familie sehr bedeutend und somit unbedingt zu beachten.[46] In einer Familie hat jedes Mitglied eine Rolle und muss sich dieser entsprechend verhalten. So ist verständlich, dass die Mutter für die gesunde und ausreichende Ernährung verantwortlich ist. Daher wird sie nur gehaltvolle und auch preislich passende Lebensmittel einkaufen, wie z.B. Brot, Gemüse, Milch und Fleisch. Kinder kaufen nur die Kleinigkeiten ein, die sie sich wünschen, wie z.B. Schokolade oder sonstige Süßigkeiten. In traditionell geführten Familien wird der Vater eher nur das einkaufen, was seine Frau ihm gesagt hat, wenn dieser überhaupt Lebensmitteln besorgt. Somit hat jeder eine Rolle und verhält sich dieser entsprechend beim Kauf von Lebensmitteln.

Moser erkennt Unterschiede beim Kaufverhalten innerhalb des Familienlebenszyklus. Konsumenten kaufen Produkte eher nicht wegen ihres Alters, sondern z.B. weil sie vom Elternhaus ausgezogen sind, oder weil ein Kind geboren wird.[47] Kinder haben einen sehr großen Einfluss auf die Kaufentscheidung, denn mit ihnen ändert sich auch der Familienlebenszyklus.[48] Durch Kinder verändert sich das Kaufverhalten, da u.a. die Rollen anders verteilt werden und sich auch die finanzielle Lage ändert. Durch ein weiteres Familienmitglied wird eher beim Diskonter als beim teuren Delikatessenladen eingekauft. Aber nicht nur das Finanzielle spielt eine Rolle, sondern z.B. könnte die Geburt eines Kindes auch die Ernährung der Eltern umstellen, z.B. auf Bio-Produkte. Dem neuen Kind soll nur das Beste gegeben werden und daher werden biologische Lebensmittel zum Kochen verwendet.

Eine Familie ist eine Gruppe, die die Kaufentscheidung sehr stark beeinflussen kann. Je nachdem, in welcher Phase des Familienlebenszyklus sich das Individuum befindet, wird

---

[45] Vgl. Kotler/Keller/Bliemel, 2007, S. 281.

[46] Vgl. Blackwell/Miniard/Engel, 2006, S. 87.

[47] Vgl. Moser, 2002, S. 67.

[48] Vgl. Meffert, 1992, S. 90.

die Entscheidung unterschiedlich ausfallen. So werden junge alleinstehende Personen nur Basisprodukte, wie Auto, Möbeln oder Kleidung, kaufen. Ein junges Paar ohne Kinder wiederum wird sich mehr Luxus gönnen, wie z.B. eine gute Kücheneinrichtung oder Urlaubsreisen.[49] Es gibt zwei Arten von Familie: die Herkunftsfamilie, das sind die Eltern und die Geschwister, und die Gründerfamilie, das ist die neu-gegründete Familie mit dem Partner. Eltern vermitteln ihren Kindern bestimmte Einstellungen über Politik, Religion, Liebe und Selbstwert. Der Lebenspartner spielt beim täglichen Kaufverhalten eine wichtige Rolle, die Herkunftsfamilie hat hier nicht so viel Einfluss.[50] Die Herkunftsfamilie entscheidet z.B. beim Kauf eines Autos. Das Elternhaus beeinflusst enorm. Es könnte Tradition sein, immer nur einen Opel zu kaufen, und daher wird auch das Kind sich einmal einen Opel kaufen. Der Partner beeinflusst das tägliche Kaufverhalten, wie z.B. den Kauf von Kleidung. Eine Frau kauft sich gerne blaue T-Shirts, da die Lieblingsfarbe des Partners blau ist. Somit ist erkennbar, dass die Gründer- und die Herkunftsfamilie Einfluss auf das Kaufverhalten ausüben.

In diesem Teil der Arbeit ist erkennbar, dass Faktoren, wie z.B. die Familie, der Status, die Rolle, und die Gruppe wichtige Einflussfaktoren sind, die der Handel beim Verkauf der Produkte nicht unterschätzen sollte. Da bereits die Kinder das Kaufverhalten der Eltern übernehmen, bzw. sehr stark davon beeinflusst werden, ist erkennbar, dass die Kinder später auch einmal die selben Produkte kaufen könnten. Daher ist es für diese Arbeit von Relevanz, zu erkennen, dass Kinder, die bereits im frühen Stadium des Familienlebenszyklus biologische Produkte von ihren Eltern zum Konsumieren bekommen haben, später auch einmal Bio-Produkte kaufen werden.

2.2.3 Persönliche Faktoren

Neben den kulturellen und sozialen Faktoren spielen auch die persönlichen Faktoren eine große Rolle beim Konsumverhalten. Dieses wird in den nächsten Abschnitten näher gebracht.

---

[49] Vgl. Pepels, 2005, S. 118ff.

[50] Vgl. Kotler/Keller/Bliemel, 2007, S. 280.

Unter Persönlichkeit wird ein Grundrahmen, in dem sich aktivierende und kognitive Verhaltensmuster abspielen, verstanden.[51] Sie ist eine vorherschbare Reaktion auf das Umfeld. Zu einer Persönlichkeit zählen Charaktereigenschaften wie Selbstvertrauen, Geselligkeit, Anpassungsfähigkeit und Dominanz.[52] Auch diese Eigenschaften beeinflussen das Verhalten beim Kauf. Beim Kauf eines kurzen Lack-Minirocks wird viel Selbstvertrauen benötigt. Introvertierte Typen sitzen lieber vor dem Computer und spielen PC-Spiele, als dass sie sich mit Freunden treffen.

Die bestimmten Produkte, die Personen kaufen, tragen zur Identitätsbildung bei. Im Marketing wird es Selbstbild einer Person genannt. Damit das Kaufverhalten analysiert werden kann, muss zuerst die Verbindung zwischen Selbstbild und den gekauften Produkten verstanden werden.[53] Neue Ansätze erkennen, dass jeder Konsument einzigartig ist und daher nicht nur als Teil einer Gruppe zu sehen ist.[54]

Nach Pepels beeinflussen das Involvement, das Risikoempfinden und die Werte/Lebensstile die Persönlichkeit. Unter Involvement wird ein innerer Zustand der Aktivierung verstanden, der durch Stimuli hervorgerufen wird.[55] Beim persönlichen Involvement handelt es sich um das Engagement der Informationsneigung.[56] Je höher das Involvement bei einer Entscheidung, umso wichtiger ist dem Käufer das Produkt oder der Kauf.[57] Ein High-Involvement Kauf wäre der Kauf eines Autos, denn dabei wird viel Information gesammelt und danach bewertet. Ein Low-Involvement Kauf wäre der Kauf von Haushaltsreinigern. Nicht sehr viel Information wird benötigt und meistens wird der Käufer durch die Werbung auf das Produkt aufmerksam.[58]

---

[51] Vgl. Foscht/Swoboda, 2007, S. 120.

[52] Vgl. Kotler/Keller/Bliemel, 2007, S. 283f.

[53] Vgl. Kotler/Keller/Bliemel, 2007, S. 283f.

[54] Vgl. Solomon/Bamossy/Askegaard, 2001, S. 213.

[55] Vgl. Pepels, 2005, S. 65ff.

[56] Vgl. Kroeber-Riel/Weinberg/Gröppel-Klein, 2009, S. 303.

[57] Vgl. Pepels, 2005, S. 65ff.

[58] Vgl. Kuß/Tomczak, 2007, S. 76.

Weiters kann zwischen drei Arten von Involvement unterschieden werden:[59]

- task-involvement – das Engagement wird durch eine Aufgabe ausgelöst
- message-involement – durch Werbung kann mit einer Botschaft ein gewisses Involvement hervorgebracht werden
- self-involvement – wird durch Selbstbestätigung oder Selbstdarstellung hervorgerufen

Für Unternehmen ist es beim Verkauf der Produkte wichtig zu wissen, ob das Involvement der Konsumenten eher hoch oder niedrig ist. Käufer, die wenig involviert sind, wollen z.B. nicht viele Informationen bekommen. Daher wäre es nicht sinnvoll, in der Werbung viele Informationen zu nennen.[60]

Das Risikoempfinden kann von Situation zu Situation unterschiedlich sein. Da der Käufer nicht gewiss sagen kann, ob ein Nachteil nach der Entscheidung eintritt, wird immer ein gewisses Risiko bleiben. Das Risikoempfinden kann u.a. finanzieller Natur sein, wie z.B. ob der Preis für das gekaufte Produkt angemessen ist, oder nicht.[61] Es gibt unterschiedliche Arten von Risiko beim Kauf. Das finanzielle Risiko bedeutet, dass der Käufer das bereits erworbene Produkt in einem anderen Geschäft billiger erwerben könnte. Unter dem funktionalen Risiko wird z.B. die Gefahr gesehen, dass das gekaufte Produkt Qualitätsschäden aufdecken könnte. Zwei weitere Risiken sind das soziale und das psychische Risiko. Unter dem sozialen Risiko wird z.B. der Verlust an Prestige verstanden und das psychische Risiko ist z.B. die Unzufriedenheit mit dem Produkt nach dem Kauf.[62] Jeder Mensch bringt beim Entscheidungsprozess eine unterschiedliche finanzielle Situation mit. Dieses ist bei der Analyse des Kaufverhaltens zu beachten.[63]

Neben dem Involvement und dem Risikoempfinden zählen auch die Werte und Lebensstile zu den persönlichen Kriterien.

---

59 Vgl. Meffert, 1992, S. 67.

60 Vgl. Homburg/Krohmer, 2006, S. 14.

61 Vgl. Pepels, 2005, S. 65ff.

62 Vgl. Meffert, 1992, S. 70.

63 Vgl. Blackwell/Miniard/Engel, 2006, S. 87.

Werte sind etwas Wünschenswertes, was für ein Individuum oder eine Gruppe charakteristisch ist.[64] Sie beeinflussen das Verhalten direkt oder indirekt. Weiters legen Werte direkt Ziele fest und indirekt wirken sie über die Motivation, die Emotion, die Einstellung und das Involvement.[65] Für Menschen, die gesund leben, sind Werte wie Gesundheitsbewusstsein und Umweltbewusstsein wichtig. Wenn diese in der Kommunikation gut vermittelt werden, ist ein Trend in diese Richtung zu erkennen. Jedoch müssen Werte immer glaubwürdig vermittelt werden.[66] Wertestrukturen gewinnen in Lebensstilen an Bedeutung.[67] Ein Lebensstil ist mehr als nur die Persönlichkeit oder die Klassenzugehörigkeit, er ist ein bestimmtes Lebensschema und Verhaltensmuster. Personen, die in der gleichen Subkultur leben, der gleichen Klasse angehören und den gleichen Beruf ausüben, können unterschiedliche Lebensstile haben. Lebensstile, werden durch Aktivitäten, Interessen und Meinungen bestimmt.[68] Die Lebensstilforschung analysiert beobachtbares Verhalten, wie z.B. Berufsleben oder Freizeitaktivitäten, und psychische Größen, wie z.B. Werte, Einstellungen. Lebensstile werden zur Analyse und Erklärung des Käuferverhaltens verwendet. Als Beispiel ist hier die Textilbrache zu nennen. Angenommen es gibt drei Lifestyle-Segmente, „Trend“, „Classic“ und „Design“, dann würden Menschen im Trend-Segment die Marken Only, Miss Sixty oder Vero Moda tragen. Die Classic-Typen stehen eher auf Brax, Marcona oder Gerry Weber und im Design-Segment sind Marken wie Gucci, Joop und Jil Sander zu finden.[69] Somit ist erkennbar, dass die jeweiligen Lebensstile unterschiedliches Kaufverhalten aufweisen.

Individuen werden durch ihre persönlichen Faktoren beim Kauf von Produkten gesteuert. Es ist ersichtlich, dass Risikoempfinden, Involvement und Werte bzw. Lebensstile einen großen Einfluss ausüben können. Es besteht aber immer ein gewisses Risiko beim Kauf von Bio-Produkten. Das funktionale Risiko, welches besagt, dass immer ein Qualitätsrisiko besteht, muss beim Kauf ganz besonders berücksichtigt werden. Trotzdem beruhen

---

[64] Vgl. Pepels, 2005, S. 74.
[65] Vgl. Homburg/Krohmer, 2006, S. 18.
[66] Vgl. Meffert, 1992, S. 75f.
[67] Vgl. Pepels, 2005, S. 74.
[68] Vgl. Kotler/Keller/Bliemel, 2007, S. 283.
[69] Vgl. Foscht/Swoboda, 2007, S. 125ff.

gesundes Essen bzw. der Konsum von biologischen Produkten auf Werte. Diese wiederum beeinflussen den Kauf von Lebensmitteln.

2.2.4 Psychologische Faktoren

Konsumenten werden auch von psychologischen Faktoren bei Kaufentscheidungen beeinflusst.

In der nachfolgenden Tabelle werden die psychologischen Determinanten des Kaufverhaltens übersichtlich dargestellt.

Aktivierende Determinanten	**Kognitive Determinanten**
Emotion	Wahrnehmung
Motivation	Lernen
Einstellung	Gedächtnis

Tabelle 2: Psychologische Einflussfaktoren (In Anlehnung an: Pepels, 2005, S. 52.)

Das Käuferverhalten wird u.a. von aktivierenden und kognitiven Determinanten gelenkt. Zu den aktivierenden Determinanten zählen Emotion, Motivation und Einstellung. Eine Aktivierung beschreibt einen Erregungszustand. Es gibt jedoch unterschiedliche Niveaus, die die Leistungsfähigkeit bestimmen. Je höher die Aufmerksamkeit ist, desto eher können Reize wahrgenommen werden.[70] Emotionen haben auch einen Einfluss auf das Konsumentenverhalten. Sie sind jedoch nicht zielgerichtet. Emotionen sind Gefühlzustände, wie z.B. Freude oder Überraschung, die mit körperlicher Erregung verbunden sind.[71] Menschen reagieren ganz unterschiedlich emotional. So kann es passieren, dass manche Personen von Musik stark berührt werden und andere Personen das gar nicht interessiert.[72] Durch angenehme Hintergrundmusik halten sich Käufer länger in einem Geschäft auf und kaufen eventuell mehr ein, da sie sich in dieser Atmosphäre sehr wohl fühlen. Weiters könnte z.B. ein nettes Kompliment den Käufer bewegen, doch den

---

[70] Vgl. Pepels, 2005, S. 51f.

[71] Vgl. Homburg/Krohmer, 2006, S. 12.

[72] Vgl. Kuß/Tomczak, 2007, S. 47.

Gürtel zu erwerben, da sich dieser über die netten Worte des Verkäufers sehr freut. Auch bei einem Autokauf kann mit Emotionen gearbeitet werden. Die Probefahrt weckt so manche Emotionen wie Freude und Stolz und versetzt Käufer in ein kaufbereites Verhalten. Es ist festellbar, dass Emotionen sehr wohl das Kaufverhalten beeinflussen können.

Motivation bedeutet, dass Menschen bestimmte Produkte kaufen, um Bedürfnisse zu befriedigen. Motivatoren stehen hinter dem Kaufprozess. Wenn ein Bedürfnis einen gewissen Intensitätsgrad überschritten hat, wird es zum Motiv.[73] Motivation ist eine Aktivierung auf ein Ziel.[74] Genauer wird dies jedoch im Kapitel 3 beschrieben.

„Die Einstellung ist die wahrgenommene Eignung eines Gegenstandes zur Befriedigung von Motiven und somit die Schlüsselvariable zur Erklärung und Prognose des Konsumentenverhaltens. Aus dieser vereinfachten Sicht gilt, dass die Einstellung die Motivation und die (kognitive) Gegenstandsbeurteilung umfasst."[75] Eine Einstellung ist eine Bewertung einer Alternative. Sie kann sich von stark positiv bis stark negativ auswirken.[76] Einstellungen können sich auch verändern. Wird z.B. eine Marke gekauft, kann sich die Einstellung zu dieser nach dem Kauf verändern. Danach ist ein positive Einstellung zu der Marke nicht mehr entscheidend für den Kauf, sondern das Ereignis des Kaufes.[77] Werden z.B. biologische Äpfel beim Diskonter gekauft, wird eine Einstellung gebildet. Angenommen diese Äpfel waren wunderbar, dann ist die Einstellung sehr stark positiv zu biologischen Äpfel vom Diskonter. Wenn jedoch einmal ein schlechter Apfel erwischt wird, kann sich die Einstellung ändern und es wird z.B. der Fehler dem Diskonter zugeschrieben. Danach wird nicht mehr bei diesem Lebensmitteleinzelhändler eingekauft. Auch Einstellungen beeinflussen das Kaufverhalten.

---

[73] Vgl. Kotler/Keller/Bliemel, 2007, S. 284.

[74] Vgl. Homburg/Krohmer, 2006, S. 11.

[75] Foscht/Swoboda, 2007, S. 60.

[76] Vgl. Blackwell/Miniard/Engel, 2006, S. 87.

[77] Vgl. Kroeber-Riel/Weinberg/Gröppel-Klein, 2009, S. 222.

Kognitive Determinanten sind die Wahrnehmung, das Lernen und das Gedächtnis. Sie sagen aus, dass Reize eine Situation verändern und auch während jeder Situationsänderung neue Reize aufgenommen werden. Ein Orientierungsplan wird durch die Verarbeitung der Reize erstellt.[78]

Kunden, die motiviert sind, sind bereit zu handeln, und die Art der Handlung hängt von ihrer Wahrnehmung ab. Jede Person nimmt Informationen auf, jedoch ist die Interpretation der gehörten Information individuell. Wenn Menschen etwas wahrnehmen, dann wählen sie die Botschaft aus, organisieren und interpretieren sie. Wenn eine Person z.B. in ein Computergeschäft geht und einen Rechner kaufen möchte, könnte es sein, dass sie die Radios gar nicht wahrnimmt. Diese Person war so auf den Rechner fixiert, dass sie andere Artikeln nicht bemerkt hat.[79] Bei der Informationsaufnahme werden Reize im Kurzzeitgedächtnis gespeichert. Dabei werden auch Informationen aus dem Langzeitgedächtnis abgerufen.[80]

Lernen entsteht durch Handeln, denn nur wenn das Verhalten aufgrund von Erfahrung verändert wird, wird gelernt. Um zu lernen, müssen Bedürfnis, Stimuli, Auslöser, Reaktion und Bestärkung zusammenspielen. Wenn eine Person z.B. einen Computer von IBM kauft, und mit diesem zufrieden ist, wird sie, wenn sie sich später einen Drucker kaufen möchte, eventuell auch einen von IBM kaufen, da sie mit IBM gute Erfahrungen gemacht hat.[81] Lernen muss nicht immer eine Veränderung des Verhaltens sein, es kann auch eine Verhaltensverbesserung bedeuten.[82] Die Lerntheorie wird von Unternehmen eingesetzt, um Nachfrage für ein Produkt zu erzeugen.[83]

Das Gedächtnis wird als Langzeitspeicher der Informationen betrachtet. Das Gedächtnis hat eine sehr große Speicherkapazität und –dauer. Bis Informationen ins

---

[78] Vgl. Pepels, 2005, S. 51f.
[79] Vgl. Kotler/Keller/Bliemel, 2007, S. 286ff.
[80] Vgl. Foscht/Swoboda, 2007, S. 77.
[81] Vgl. Kotler/Keller/Bliemel, 2007, S. 286ff.
[82] Vgl. Kroeber-Riel/Weinberg, 2003, S. 322.
[83] Vgl. Kotler/Keller/Bliemel, 2007, S. 286ff.

Langzeitgedächtnis gelangen, wird ein langer Festigungsprozess durchlaufen. Erst danach sind Informationen aus diesem Speicher abrufbar.[84] Die gespeicherten Informationen im Langzeitspeicher sind in Form von semantischer Netzwerke bzw. Schemata abgebildet. Anhand dieser Schemata können Daten miteinander verbunden und dann auch abgerufen werden.[85] Dies kann passieren, wenn z.B. eine Person ein Wort liest oder hört. So können dann die Schemata miteinander zu einem Netz verbunden werden.[86] Manche Produkte bzw. Marken werden mit gewissen Eigenschaften in Verbindung gesetzt. Wenn z.B. jemand Milka sagt, denkt jeder Mensch an die lila Kuh, oder wenn die Marke „Tixo" erwähnt wird, wird sofort an das Klebeband gedacht. Noch ein Beispiel wäre das Unternehmen „Hilti" und das Produkt Bohrmaschine. Wenn diese Verbindungen gespeichert sind, können diese das Kaufverhalten beeinflussen.

Jedoch nicht nur die kulturellen, persönlichen und sozialen Einflüsse sind zu erwähnen, auch die psychologischen Faktoren, wie Einstellung, Motivation, die Wahrnehmung und das Lernen beeinflussen den Konsum. Durch Informationsaufnahme und dann -verarbeitung, beispielsweise durch das Kosten eines Bio-Käses, kann der Konsument lernen, dass ihm dieser Bio-Käse schmeckt. Diese Information wird im Gedächtnis abgespeichert. Somit werden Bio-Produkte automatisch eingekauft, ohne lange zu überlegen, denn der Konsument kann dieses „es schmeckt gut" immer wieder abrufen.

Für diese wissenschaftliche Arbeit sind jedoch nur die aktivierenden Determinanten und da im Speziellen die Motivation von Bedeutung.

Eng mit dem Käuferverhalten verbunden sind nicht nur die Einflussfaktoren, sondern auch der Kaufentscheidungsprozess.

2.3 Kaufentscheidungsprozess

Es gibt viele Modelle des Kaufentscheidungsprozesses. Jedoch sind sich alle sehr ähnlich.

---

[84] Vgl. Kroeber-Riel/Weinberg/Gröppel-Klein, 2009, S. 403.
[85] Vgl. Foscht/Swoboda, 2007, S. 101.
[86] Vgl. Kotler/Keller/Bliemel, 2007, S. 288.

Private Individuen durchlaufen beim Kaufentscheidungsprozess mehrere Phasen. Foscht/Swoboda sehen folgende Abbildung 3 als die Phasen des Konsumprozesses an.[87]

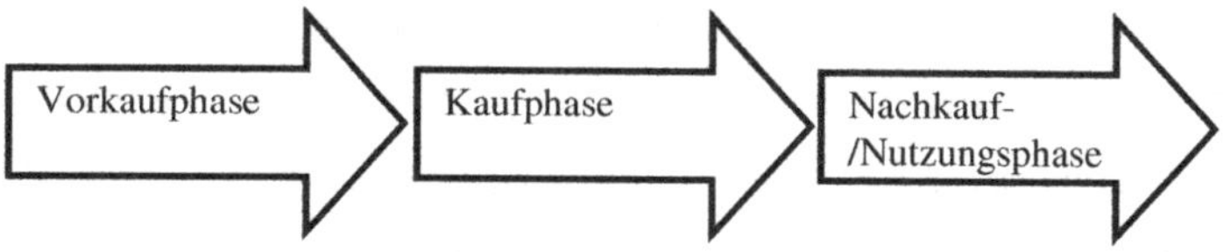

Abbildung 3: Die drei Phasen des Kaufprozesses (In Anlehnung an: Foscht/Swoboda, 2007, S. 162.)

Im weiteren Teil dieser Arbeit werden die einzelnen Phasen der Kaufentscheidung näher erläutert.

Es ist möglich, dass Phasen bei manchen Entscheidungen übersprungen werden.[88]
Der Kaufentscheidungsprozesses wird in drei Teile unterteilt, die Vorkaufphase, die Kaufphase und die Nachkauf-/Nutzungsphase:

1. Vorkaufphase

Die Vorkaufphase beginnt mit der Erkennung der Bedürfnisse durch den Konsumenten.[89] Die Bedarfsreflexion beschäftigt sich mit der Frage, ob ein Bedarf an bestimmten Gütern oder Dienstleistungen besteht.[90] Es geht um die Wahrnehmung eines Bedürfnisses, d.h. der Konsument stellt fest, dass es ein Problem oder einen Mangel gibt. Dieses Bedürfnis kann durch interne, z.B. Hunger oder Durst, oder durch externe Stimuli entstehen.[91] Nachdem festgestellt wurde, dass ein Bedarf besteht, beginnt die Informationssuche. Entweder ist diese Suche intensiver oder weniger intensiv. Diese ist von der Art der Kaufentscheidung abhängig.[92] Bei der Informationssuche wird zwischen erhöhter Wachsamkeit und aktiver Informationssuche unterschieden. Im ersten Fall ist der Käufer offen für Informationen

---

[87] Vgl. Foscht/Swoboda, 2007, S. 162.
[88] Vgl. Blackwell/Miniard/Engel, 2006, S. 70.
[89] Vgl. Foscht/Swoboda, 2007, S. 161.
[90] Vgl. Reisch/Schernhorn, 2005, S. 180f.
[91] Vgl. Kotler/Keller/Bliemel, 2007, S. 296.
[92] Vgl. Foscht/Swoboda, 2007, S. 161.

über das Produkt. Im zweiten Fall sucht der Kunde aktiv nach Informationen. Er ruft z.B. Freunde an, oder recherchiert im Internet. Je höher der Trieb, desto aktiver ist die Informationssuche.[93] Nach der Beschaffung werden die Informationen evaluiert und Alternativen aufgedeckt.[94] Wenn die Suche weniger intensiv ist, was bei Routinekäufen, wie z.B. der Kauf von Milch, oft der Fall ist, sind weniger Informationen nötig und die Informationssuche ist sehr kurz oder wird sogar übersprungen.

2. Kaufphase

Beim Kaufentscheidungsprozess werden Informationen sortiert. Dies kann entweder attributiv oder objektbezogen erfolgen. Wenn Konsumenten attributiv Informationen sortieren, suchen sie sich eine Eigenschaft aus, z.B. den Preis, und vergleichen dann alle Produkte anhand dieser Eigenschaft miteinander. Bei der objektbezogenen Kaufentscheidung sucht sich der Käufer eine Marke aus und bildet sich seine Meinung anhand mehrerer Eigenschaften. Erst danach werden mehrere Meinungen über diverse Marken gebildet. Anhand der unterschiedlichen Meinungsbilder wird dann eine Kaufentscheidung getroffen.[95] In der Kaufphase wird jedoch nicht nur die Entscheidung getroffen und das Produkt erworben, sondern auch die Abwicklung des Kaufs ist in dieser Phase enthalten.[96] Weiters wird aber auch überlegt, ob das Produkt nur gekauft, oder z.B. auch selbstgemacht, gemietet oder auch getauscht werden kann.[97]

3. Nachkauf-/Nutzungsphase

In der dritten Phase wird das Produkt verbraucht bzw. genutzt. Dies kann unterschiedlich lange dauern.[98] Nach dem Kauf des Produktes kann der Konsument entweder zufrieden oder enttäuscht sein. Für das Unternehmen ist die Nachkaufphase sehr wichtig. Denn in dieser entscheidet sich, ob der Käufer zum Kunden wird, oder nicht.[99] Eventuell erfolgt

---

93 Vgl. Kotler/Keller/Bliemel, 2007, S. 296.
94 Vgl. Foscht/Swoboda, 2007, S. 161.
95 Vgl. Schub von Bossiazky, 1992, S. 31.
96 Vgl. Foscht/Swoboda, 2007, S. 162.
97 Vgl. Reisch/Schernhorn, 2005, S. 180f.
98 Vgl. Reisch/Schernhorn, 2005, S. 180f.
99 Vgl. Kotler/Keller/Bliemel, 2007, S. 303ff.

nach dem Konsum sogar eine Beschwerde, wenn der Käufer mit der Leistung des Produktes nicht zufrieden war oder das Konsumgut wird einfach nur entsorgt. Auf jeden Fall wird aber das Unternehmen vom Käufer evaluiert. Idealerweise würde die Evaluierung für das Unternehmen sehr gut ausfallen, das würde bedeuten, dass die Käufer sehr zufrieden mit dem Produkt waren.[100]

Kroeber-Riel/Weinberg/Gröppel-Klein sehen dieses Phasenmodell jedoch eher skeptisch. Es ist doch eher unwahrscheinlich, dass das ganze Kaufverhalten in ein einziges Modell gefasst werden kann. So müsste das Modell schon alle Verhaltensweisen miteinbeziehen, vom impulsiven bis zum extensiven Kauf, was meistens nicht der Fall ist.[101]

Beim Kauf von Lebensmitteln kann bzw. wird es eine Vereinfachung dieses Kaufmodells geben. Zuallererst muss ein Bedarf festgestellt werden. Somit besucht der Käufer den Lebensmitteleinzelhandel und entscheidet sich dann anhand verschiedener Informationen, die wahrscheinlich schon vor dem Betreten des Lokals bekannt waren, für ein Produkt und kauft es. In der Nachkaufphase ist zu beachten, dass es auch im Lebensmitteleinzelhandel unzufriedene Kunden gibt.

Im weiteren Teil dieser Arbeit werden die unterschiedlichen Arten von Kaufentscheidungen erläutert.

2.4 Arten von Kaufentscheidungen

Das Kaufverhalten kann durch die kognitive Kontrolle unterschieden werden. Entweder gibt es Kaufentscheidungen mit stärkerer kognitiver Kontrolle oder schwächerer kognitiver Kontrolle. Im ersten Fall wären das z.B. extensive und limitierte Kaufentscheidungen und im zweiten Fall Gewohnheitsentscheidungen und Impulskäufe.[102] Der Begriff „kognitiv" wird definiert als „die gedankliche Steuerung der Kaufentscheidung"[103].

---

[100] Vgl. Foscht/Swoboda, 2007, S. 162.

[101] Vgl. Kroeber-Riel/Weinberg/Gröppel-Klein, 2009, S. 417f.

[102] Vgl. Weinberg, 1981, S. 13.

[103] Weinberg, 1981, S. 13.

Somit kann zwischen folgenden Möglichkeiten des Entscheidungsverhaltens unterschieden werden, die in Tabelle 3 gezeigt werden.

Stärkere kognitive Kontrolle	Schwächere kognitive Kontrolle
Extensiv	Habitualisiert
Limitiert	Impulsiv

Tabelle 3: Möglichkeiten des Entscheidungsverhaltens (In Anlehnung an: Weinberg, 1981, S. 13.)

Im Weiteren werden die einzelnen Arten von Kaufentscheidungen genauer erklärt.

Bei einer erstmaligen Entscheidung wird zwischen extensivem oder limitiertem Verhalten unterschieden und bei einer wiederholten Entscheidung zwischen habituellem oder impulsivem Verhalten:[104]

- Extensives Entscheidungsverhalten

Das Verhalten bei der Entscheidung wird gedanklich gesteuert – kognitiv. Dieser Kauf wird auch Suchkauf, Planungshandeln oder komplexe Entscheidung genannt.[105] Viele Informationen werden vor und nach dem Kauf gesammelt und verarbeitet.[106] Der Entscheidungsprozess dauert sehr lange und die Kaufabsicht bildet sich erst während des Entscheidungsprozesses.[107] Beispiele für extensives Entscheidungsverhalten wären z.B. der Kauf von einem Auto, einem Computer oder einer Wohnungseinrichtung.[108]

- Limitiertes Entscheidungsverhalten

Der Kauf passiert geplant und wird im Vorhinein gut überlegt. Die Kaufentscheidung wird anhand von Wissen und Erfahrung getroffen. Beim limitierten Entscheidungsverhalten ist die Informationssuche sehr wichtig, welche in interne und externe getrennt werden kann.

---

104 Vgl. Mayer/Illmann, 2000, S. 100.
105 Vgl. Kroeber-Riel/Weinberg/Gröppel-Klein, 2009, S. 423.
106 Vgl. Lachmann, 2003, S. 32f.
107 Vgl. Pepels, 2005, S. 20f.
108 Vgl. Mayer/Illmann, 2000, S. 100.

Bei der externen Informationssuche werden Informationen aus der Umwelt herangezogen, wie z.B. die Befragung der Familie und bei der internen werden Daten und Fakten vom eigenen Gedächtnis abgerufen.[109] Der Kauf ist nicht neu, jedoch von hoher Bedeutung. Es liegt bereits ein Schema von früheren Käufen vor, wobei nur noch die Alternativen bewertet werden müssen.[110] Der Kauf eines Teppichs wäre z.B. ein limitiertes Entscheidungsverhalten.[111]

- Habitualisiertes Entscheidungsverhalten

Diese Käufe passieren automatisch, es sind Routine-Käufe. Habitualisierte Käufe sind Gewohnheitskäufe, die im Gedächtnis verankert und dann unbewusst durchgeführt werden.[112] Erst wenn eine neue Entscheidung getroffen wird, ändert sich das Kaufverhalten.[113] Dieser Kauf wird immer wiederholt durchgeführt und die Informationsbeschaffung ist sehr gering.[114] Oft werden Güter des täglichen Bedarfs eingekauft.[115] Beispiele für habitualisiertes Entscheidungsverhalten wären z.B. der Kauf von Lebensmitteln oder Tageszeitungen.[116]

- Impulsives Entscheidungsverhalten

Das Entscheidungsverhalten bei Impulskäufen ist ungeplant, nicht rational und auch nicht gewohnheitsmäßig. Der Käufer handelt automatisch und entscheidet sich nach seinen Vorlieben.[117] Sie sind Spontankäufe, die eben ungeplant sind. Auslöser solcher Käufe sind Reize am Produkt, eventuell die Verpackung oder am Ort des Kaufes.[118] Ein Beispiel für diese Art von Kaufverhalten wäre z.B. beim Kauf von Schokolade.[119] Bilderinnerungen

---

109 Vgl. Kroeber-Riel/Weinberg/Gröppel-Klein, 2009, S. 424f.
110 Vgl. Pepels, 2005, S. 20f.
111 Vgl. Kotler/Keller/Bliemel, 2007, S. 293.
112 Vgl. Kroeber-Riel/Weinberg/Gröppel-Klein, 2009, S. 439.
113 Vgl. Schub von Bossiazky, 1992, S. 30f.
114 Vgl. Pepels, 2005, S. 20f.
115 Vgl. Lachmann, 2003, S. 32f.
116 Vgl. Kuß/Tomczak, 2007, S. 113.
117 Vgl. Kroeber-Riel/Weinberg/Gröppel-Klein, 2009, S. 447.
118 Vgl. Pepels, 2005, S. 20f.
119 Vgl. Kotler/Keller/Bliemel, 2007, S. 294.

und Aktualitätsvorstellungen sind beim Spontankauf sehr wichtig. Ein Bild kann den Konsumenten zeigen, dass das Produkt für ihn wichtig ist. Dieses passiert subjektiv.[120] Dieser Kauf wird oft dann durchgeführt, wenn wenig Zeit vorhanden ist.[121]

Beim Kauf von Bio-Produkten beim Diskonter handelt es sich um einen Routinekauf, d.h. einen habituellen Kauf. Meistens wird nicht nachgedacht, sondern einfach das Produkt gekauft, was immer erworben wird. Jedoch gibt es sicher einen Unterschied beim Kauf von Bio-Produkten und nicht biologischen Produkten. Eine gewisse Informationssuche wird schon vorhanden sein, doch danach wird das Produkt bedenkenlos gekauft. Es wird nicht mehr über den Kauf nachgedacht. Der Erstkauf bei Bio-Produkten kann jedoch auch ein impulsiver Kauf sein. Er könnte ungeplant passieren, indem im Supermarkt der biologische Käse besonders gut platziert wird oder der Käse ein Aktionsartikel ist.

Für diese Arbeit ist jedoch ein spezieller Aspekt des Käuferverhaltens von besonderer Relevanz und zwar die Motivforschung, im Speziellen die Kaufmotive, welche nachfolgend theoretisch näher erläutert werden.

---

[120] Vgl. Schub von Bossiazky, 1992, S. 30f.

[121] Vgl. Lachmann, 2003, S. 32f.

3. Motivforschung

Das Kaufverhalten wird kaum nur von einem Motiv gesteuert, meistens bestimmt in einer speziellen Situation eine Vielzahl von Motiven das Verhalten des Konsumenten.[122]

Die Aufgabe der Motivforschung ist die Aufklärung und Analyse von Bedürfnisstrukturen. Diese beinhalten das Erläutern des Konsumentenverhaltens und die Entwicklung neuer Produktideen. Die Motivforschung erklärt, warum Verbraucher bestimmte Produkte kaufen oder nicht.[123] „Diese Bedürfnisse aufzudecken, ist die wesentliche Aufgabe der Motivforschung."[124]

Um herauszufinden, was Menschen zum Kauf motiviert, werden die Antriebe des Kaufs und die kognitive Zielorientierung beschrieben. In welcher Beziehung stehen Emotionen und Triebe und die Handlungsabsichten der Konsumenten? Diese Frage sollte beantwortet werden, damit Auskünfte über die Kaufmotivation gefunden werden können.[125]

Die Motivation eines Kaufes zählt zu den psychologischen Einflussfaktoren, die bereits im Kapitel 2.2.4. erläutert wurden. Im vorherigen Kapitel wurde jedoch nicht genauer auf die unterschiedlichen Kaufmotive eingegangen.

In diesem Kapitel wird zuerst der Begriff „Motiv" erklärt, danach werden Motivtheorien und unterschiedliche Kaufmotive vorgestellt und im letzten Abschnitt dieses Kapitels wird genauer auf die Messung von Motiven eingegangen.

3.1 Der Begriff „Motiv"

Die Begriffe „Motivation" und „Motiv" sind voneinander zu unterscheiden. Motivation erklärt eine aktuelle Handlungsrichtung und ein Motiv hat einen andauernden Aspekt.[126]

---

[122] Vgl. Raab/Unger, 2005, S. 205.
[123] Vgl. Salcher, 1995, S. 184.
[124] Salcher, 1995, S. 179.
[125] Vgl. Kroeber-Riel/Weinberg/Gröppel-Klein, 2009, S. 167f.
[126] Vgl. Meffert, 1992, S. 52.

„Motivation ist der Prozess, der Menschen dazu veranlasst, auf bestimmte Art und Weise zu handeln.“[127]

Motive sind Ursachen, Beweggründe oder ein angestrebtes Ziel. Durch Motive werden Antriebsenergien freigesetzt und so versucht, das angestrebte Ziel, welches das Bedürfnis zu befriedigen ist, zu erreichen. Je stärker das Motiv ist, umso geringer muss der Aufwand sein. Wenn jedoch das Motiv nicht so stark ist, muss der Antrieb hoch sein, damit es zu einer Handlung kommt. Ein Kunde könnte z.B. die Verpackung als das Motiv für den Kauf ansehen.[128]

Motive sind Eigenschaften, die vor der Auswirkung aktiviert werden müssen. Motive sind mit Gefühl und Wissen verbunden. Durch das Gefühl wird ein Handlungsprozess und durch das Wissen ein Ziel entwickelt.[129] Motivation entsteht dann, wenn zur Problemlösung eine Handlungsrichtung vorgegeben wird.[130]

Unter Motiv wird auch die Kraft verstanden, die einen Menschen in eine bestimmte Richtung leitet, um einen Zustand zu beseitigen. Wenn ein Mensch bereit ist, sich ganz bestimmt zu verhalten, wird diese Bereitwilligkeit „Motiv“ genannt.[131] Wenn ein Mensch hungrig ist, kauft er sich z.B. einen Hamburger und das Motiv für den Kauf ist der Hunger. Der Zustand „hungrig“ wird beseitigt.

Motive setzen sich aus grundlegenden Antriebskräften, wie z.B. Trieben und Emotionen, und aus der Zielorientierung zusammen.[132] Emotionen sind grundlegende menschliche Antriebskräfte. Emotionen werden zur Motivation, wenn eine Zielorientierung vorhanden ist. Somit kann Motivation als „Emotion mit Zielorientierung“ angesehen werden.[133]

---

127 Solomon/Bamossy/Askegaard, 2001, S. 119.
128 Vgl. Salcher, 1995, S. 179.
129 Vgl. Trommsdorff, 2004, S. 118.
130 Vgl. Kuß/Tomczak, 2007, S. 44.
131 Vgl. Pepels, 2005, S. 55f.
132 Vgl. Schub von Bossiazky, 1992, S. 28.
133 Vgl. Kroeber-Riel/Weinberg/Gröppel-Klein, 2009, S. 99ff.

Meistens sind Motive unbewusst. Sie können jedoch einem Menschen bewusst werden, z.B. durch intensives Nachdenken.[134] Motive sind nicht beobachtbar und auch nicht direkt messbar.[135] Jedoch können Motive mithilfe von Methoden ermittelt werden.[136]

Es ist ersichtlich, dass der Begriff „Motiv" im Allgemeinen als eine Antriebskraft mit einer Zielorientierung verstanden wird, die einen andauernden Aspekt aufweist. Motive leiten das Kaufverhalten. Auch beim Kauf von Bio-Produkten bei Diskontern werden die Konsumenten von bestimmten Motiven geleitet, diese Produkte zu kaufen. Im nächsten Unterkapitel werden Motivtheorien und im Anschluss Kaufmotive näher untersucht.

3.2 Motivtheorien

Damit Motivation verstanden werden kann, muss zu aller erst geklärt werden, warum Menschen z.B. Bio-Produkte kaufen. Das WARUM, der Grund, ist ganz essentiell. Erst wenn Kaufmotive für Bio-Produkte bekannt sind, können Unternehmen mit diesem Wissen handeln.[137]

Es gibt drei bekannte Theorieansätze zur menschlichen Motivation, die monothematischen, die polythematischen und die athematischen Motivtheorien:[138]

- Monothematische Motivtheorien

Diese Motivtheorie besagt, dass immer nur ein Motiv das menschliche Verhalten erklärt. Konsumenten werden von einem Motiv beim Kauf geleitet. Als Beispiele wären hier das Streben nach Lust oder das Vermeiden von Unlust zu nennen.

- Polythematische Motivtheorien

Anhand dieser Motivtheorien wird erklärt, dass mehrere Motive den Kauf steuern. Einer der bekanntesten Vertreter dieser Theorie ist Maslow.
Die Bedürfnishierarchie wird im nächsten Abschnitt noch genauer erläutert.

---

[134] Vgl. Trommsdorff, 2004, S. 118.
[135] Vgl. Schub von Bossiazky, 1992, S. 28.
[136] Vgl. Karmasin, 2007, S. 68.
[137] Vgl. Solomon/Bamossy/Askegaard, 2001, S. 119.
[138] Vgl. Foscht/Swoboda, 2007, S. 54.

- Athematische Motivtheorien

Die monothematischen und die polythematischen Motivtheorien können die Individualität und die Dynamik der Konsumenten nicht erfassen. Daher ist eine allgemeine Theorie über die Motive nicht sinnvoll, sondern in jedem konkreten Fall einzeln aufzustellen.

Heutzutage gibt es kaum noch Motivationstheorien, die für individuelles Handeln universelle Erklärungen finden.[139]

Im nächsten Abschnitt dieser Arbeit werden beispielhaft zwei Motivtheorien vorgestellt, die Motivtheorie nach der Antriebskomponente und die Motivtheorie nach der kognitiven Komponente. Es wurden diese beiden Theorien ausgewählt, da bereits im Kapitel 2.2.4. von aktivierenden und kognitiven Determinanten des Kaufverhaltens gesprochen wurde. Somit passen die Motivtheorien nach der Antriebskomponente und nach der kognitiven Komponente zu dieser Arbeit. Außerdem sind Kroeber-Riel, Weinberg und Gröppel-Klein der Meinung, dass „Motivationen aus einer emotionalen Antriebs (Aktivierungs-)komponente und einer kognitiven Komponente (Wissenskomponente)“[140] bestehen.

3.2.1 Motivtheorie nach der Antriebskomponente

Maslow versucht zu verstehen, warum Menschen zu bestimmten Zeiten von bestimmten Bedürfnissen angetrieben werden. Er erklärt dieses anhand seiner Bedürfnis-Pyramide, wobei zuerst die unterste Ebene befriedigt werden muss, damit das Individuum zur nächsten gelangt.[141]

In Abbildung 4 ist diese Hierarchie der Bedürfnisse zu sehen.

---

[139] Vgl. Karmasin, 2007, S. 68.

[140] Kroeber-Riel/Weinberg/Gröppel-Klein, 2009, S. 177.

[141] Vgl. Maslow, 1970, S. 35ff.

Abbildung 4: Die Bedürfnis-Pyramide nach Maslow (In Anlehnung an: Maslow, 1970, S. 35ff.)

Bedürfnisse haben eine hierarchische Ordnung, zuerst werden die physiologischen Bedürfnisse befriedigt und erst später wird der Konsument durch die anderen Stufen der Pyramide motiviert zum Handeln.[142] Die niedrigen Motive werden auch als primäre Bedürfnisse und die höheren Motive werden auch als sekundäre Bedürfnisse bezeichnet.[143]
Primäre Motive sind angeboren und werden durch physiologische Ereignisse hervorgerufen.[144] Sekundäre Motive sind die Folge eines Lernprozesses.[145]

Zu den physiologischen Bedürfnissen zählen u.a. Hunger, Durst und Sex, und erst wenn das zufriedengestellt wurde, werden die Bedürfnisse nach Sicherheit befriedigt. Dazu zählen u.a. das Bedürfnis nach Struktur, Gesetz und Grenzen, Stabilität und Schutz. In der dritten Schicht werden die sozialen Bedürfnisse befriedigt, welche u.a. Liebe, Zugehörigkeitsgefühl und Zuneigung beinhalten. Hier ist wichtig, dass die sozialen Bedürfnisse gegeben und empfangen werden. In der vierten Hierarchie sind die Bedürfnisse nach Wertschätzung zu finden. Hier werden Selbstrespekt, Selbstwertgefühl, Anerkennung

---

[142] Vgl. Schub von Bossiazky, 1992, S. 28.
[143] Vgl. Trommsdorff, 2004, S. 123.
[144] Vgl. Foscht/Swoboda, 2007, S. 52.
[145] Vgl. Rosenstiel/Neumann, 2002, S. 243.

und Status verlangt. Die letzte Stufe der Pyramide ist das Bedürfnis nach Selbstverwirklichung. Dieser letzte Schritt ist von Person zu Person ganz unterschiedlich, ganz individuell.[146]

In Anlehnung an Foscht/Swoboda können die Motive nach Maslow mit dem Marketing in Verbindung gebracht werden. Die physiologischen Bedürfnisse, d.h. die Sicherung der Daseinsgrundlage, ist z.B. der Kauf von Essen, Möbeln, einem Auto, Trinken und Kleidung. In der nächsten Stufe, der Sicherheitsbedürfnisse, wird die Gesundheit, das eigene Hab und Gut geschützt vor Arbeitslosigkeit, Krankheit, Ungewissheit und dem Kaufrisiko. Der Konsument versucht diese Sicherheit durch den Kauf von Biokost, naturbelassenen Lebensmitteln, einer Krankenversicherung, Markenartikeln, Finanzberatung und durch Altenheime zu erlangen. Die sozialen Bedürfnisse, wie Liebe, Nächstenliebe, Zuneigung und Geselligkeit, werden durch den Kauf bei Nachbarschaftsläden, durch einen Spendenmarkt oder durch Gastronomie zufriedengestellt. Die Bedürfnisse nach Wertschätzung, Anerkennung, Ruhm und Prestige werden durch den Konsum von Nobelautos, „edle" Getränke, teure Kleidung oder durch exotische Reiseziele versucht zu befriedigen. Die letzte Stufe der Bedürfnishierarchie, die Selbstverwirklichung wird erreicht durch alternative Lebensweisen, Hobbies, wie Lesen oder Malen, durch Sport oder durch Religion. Jedoch erst wenn die unterste Stufe befriedigt wurde, werden die höheren Motive verhaltenswirksam.[147] Die Basisbedürfnisse, wie Existenz und Sicherheit, werden im Marketing kaum angesprochen, da diese meistens abgedeckt sind. So werden die höheren Bedürfnisse angesprochen, wie z.B. Personen, die nach Zugehörigkeit suchen. Als Beispiel ist hier eine Zahncreme zu nennen, die den Mundgeruch verdeckt und dadurch verhindert, von anderen Menschen abgestoßen zu werden. Zur Selbstverwirklichung zählen Produkte, wie z.B. Kreditkarten, HiFi-Geräte oder Autos.[148] Im Marketing wird diese Hierarchie von Maslow oft vereinfacht, da manche Produkte mehrere Bedürfnisse befriedigen können. Das Trinken ist z.B. ein Grundbedürfnis, d.h. ein physiologisches Motiv, jedoch kann das Trinken von Champagner auch ein Statussymbol sein. Denn durch den Champagner wird oft versucht, Anerkennung zu erlangen und das Image aufzubessern.

---

[146] Vgl. Maslow, 1970, S. 35ff.

[147] Vgl. Foscht/Swoboda, 2007, S. 55.

[148] Vgl. Pepels, 2005, S. 59.

Auch Sex ist in zwei Bedürfnisstufen zu finden, in den Grundbedürfnissen und in den sozialen Bedürfnissen, wo die Liebe dazu gehört.[149]

Salcher meint, dass jeder Mensch von mehreren Motiven gleichzeitig gesteuert wird. Somit ist die Bedürfnis-Pyramide von Maslow nicht mehr gültig, denn hier wird immer nur ein Bedürfnis befriedigt. Eine Vielzahl von Bedürfnissen lenkt das menschliche Verhalten.[150] Auch Pepels ist der Meinung, dass die Bedürfnispyramide fragwürdig ist, denn es mangelt ihr an Messbarkeit. Das Verhalten ist formbar und wird nicht durch fest vorgegebene Motive gesteuert. Die Bedürfnishierarchie wurde schon öfters durch Gegenbeispiele widerlegt. Manche Künstler gelangten oft zur Selbstverwirklichung, obwohl sie auf die Grundbedarfsdeckung verzichtet haben.[151] Trommsdorff kritisiert ebenfalls diese Hierarchiestufen, da die Begriffe und Hypothesen unzureichend definiert werden.[152] Weiters sind die kulturellen Unterschiede zu beachten. In Asien z.B. werden die Zugehörigkeitsbedürfnisse mehr geschätzt als das Wohlergehen des Einzelnen. Die Gruppenbedürfnisse werden eher als die des Einzelnen befriedigt.[153]

Zwischen den Autoren[154] gibt es unterschiedliche Meinungen zur Bedürfnishierarchie. Jedenfalls kann begründet werden, warum Menschen bestimmte Produkte kaufen. Der Kauf von Lebensmitteln zählt zu den physiologischen Bedürfnissen. Konsumenten werden von primären Bedürfnissen, wie z.B. von Hunger, getrieben und kaufen Lebensmittel. Der Kauf von Bio-Produkten geht jedoch über das physiologische Bedürfnis des Hungers hinaus. So könnte ein Motiv für den Kauf z.B. das Zugehörigkeitsgefühl einer Gruppe sein. Konsumenten möchten z.B. Anerkennung von einer Gruppe erzielen und kaufen deshalb biologische Produkte anstatt nicht biologischer Lebensmittel. So könnte das Image des Konsumenten in dieser Gruppe verbessert werden. Der Kauf von Bio-Produkten könnte

---

149 Vgl. Solomon/Bamossy/Askegaard, 2001, S. 126f.

150 Vgl. Salcher, 1995, S. 185.

151 Vgl. Pepels, 2005, S. 59.

152 Vgl. Trommsdorff, 2004, S. 123.

153 Vgl. Solomon/Bamossy/Askegaard, 2001, S. 128.

154 Vgl. Foscht/Swoboda, 2007, Maslow, 1970, Pepels, 2005, Schub von Bossiazky, 1992, Salcher, 1995, Solomon/Bamossy/Askegaard, 2001, Trommsdorff, 2004.

aber auch durch ein Sicherheitsbedürfnis entstehen. Der Schutz der Gesundheit könnte ein Motiv für den Kauf von biologischen Produkten sein. Konsumenten möchten sich sicher und gesund fühlen. Es ist ersichtlich, dass sich der Kauf von Bio-Produkten in mehrere Stufen der Bedürfnis-Pyramide von Maslow einteilen lässt.

3.2.2 Motivtheorie nach der kognitiven Komponente

Bei der kognitionspsychologischen Motivationsforschung ist die Zielorientierung des Menschen, welche die kognitive Komponente ist, im Vordergrund. Die Motivation, welche zu einer Handlung führt, ist von zwei Komponenten abhängig, dem Ziel-Mittel-Zusammenhang und dem subjektiv erwarteten Befriedigungswert des Ziels. Dies bedeutet, dass der Mensch das Ziel bewertet und untersucht, wie sehr ein Gegenstand zur Zielerreichung geeignet ist. Die aktivierende Komponente wird dabei außer Acht gelassen. Ein Beispiel zur Verdeutlichung: Ein Mensch geht ein Geschenk kaufen. Dabei erwartet sich der Käufer durch seine Handlung (den Kauf des Geschenks) ein Ergebnis, z.B. Freude des Beschenkten. Jedoch wird der Käufer auch von einer positiven Einschätzung dieses Ergebnis begleitet. Je sicherer sich der Käufer über die Freude des Beschenkten ist und je wichtiger ihm diese Anerkennung ist, desto stärker ist diese positive Einschätzung. Die kognitiven Motivationstheorien gehen von einer Leistungsmotivation aus. Jeder Mensch wird bei der Verfolgung seiner Ziele von subjektiven Miss- und Erfolgswahrscheinlichkeiten gelenkt.[155] Je schneller der Lernprozess bei wiederkehrenden Motiven erfolgt, desto eher können Erfolge erzielt werden. Es könnten z.B. frühere Erfahrungen mit dem Produkt diesen Prozess beeinflussen.[156] Die lernpsychologische Theorie hat gezeigt, dass die kognitive Motivtheorie auf gelernte Belohnungserwartungen zurückzuführen ist.[157] Wenn ein Ereignis sehr positiv war und es immer wieder auftritt, entsteht ein dauerhaftes Motiv.[158]

---

[155] Vgl. Kroeber-Riel/Weinberg/Gröppel-Klein, 2009, S. 176f.

[156] Vgl. Kuß/Tomczak, 2007, S. 44.

[157] Vgl. Trommsdorff, 2004, S. 121.

[158] Vgl. Salcher, 1995, S. 184.

Ein Nachteil der lernpsychologischen Motivtheorien ist, dass sie sehr verzweigt sind. Daher werden sie in der Konsumentenforschung nicht oft angewendet. In der Einstellungsforschung sind die kognitiven Theorien dagegen von großer Bedeutung.[159]

Beim Kauf von Bio-Produkten, welche beim Erstkauf erklärungsbedürftig sind, ist ein Lernvorgang notwendig. Konsumenten, die zum ersten Mal biologische Lebensmittel kaufen, müssen lernen, dass diese Produkte z.B. bessere Lebensqualität vermitteln. Weiters muss bedacht werden, dass der Erstkauf sehr wichtig ist. Denn wenn dieser für den Käufer zu einem positiven Erlebnis wird, kann z.B. die bessere Lebensqualität zu einem dauerhaften Kaufmotiv von Bio-Produkten werden.

Im nächsten Kapitel wird erklärt, welche Motive Konsumenten bewegen, ein Produkt zu kaufen. Unterschiedliche Kaufmotive werden aufgezählt und näher erklärt.

3.3 Kaufmotive

Kaufmotive sind zielgerichtete, gefühlsmäßige und kognitiv gesteuerte Motive, die das Konsumverhalten von Verbrauchern beschreiben sollen.[160] Jedoch haben Konsumenten ganz individuelle Kaufmotive, nicht nur die Bedürfnisse, die durch die Werbung geweckt werden. Es ist wichtig, diese persönlichen Kaufmotive zu erfahren und diese dann sinnvoll im Verkauf persönlich einzusetzen.[161]

Heutzutage sind die Konsumenten verwöhnt. Da es fast alles auf dem Markt zu erwerben gibt, brauchen sie ihre Bedürfnisse nicht zu reduzieren. Daher ist es sehr wichtig, die Konsumenten zum Kauf eines bestimmten Produktes zu motivieren.[162]

---

159 Vgl. Trommsdorff, 2004, S. 121.

160 Vgl. Trommsdorff, 2004, S. 125ff.

161 Vgl. Fiene, o.J., http://www.vnr.de/artikel/Das+Kaufmotiv+Ihrer+Kunden.html, Stand vom 06.11.2008.

162 Vgl. Karmasin, 2007, S. 73.

Im weiteren Teil dieser Arbeit werden einige Kaufmotive vorgestellt:

Ökonomik/Sparsamkeit/Rationalität

Das Angebot muss günstig sein.[163] Günstigere Lebensmittel werden nicht als qualitativ schlechter gesehen. Daher wird der Konsument eher preiswertere Produkte kaufen.[164] Es wird versucht, einen Bedarf zu decken und der Verbraucher wird sparsam und rational entscheiden. Jeder Konsument verhält sich aber unterschiedlich bei jedem Kauf, so könnte z.B. ein Kauf einer Waschmaschine rational und ökonomisch erfolgen, jedoch der Kauf eines Autos nicht.[165]

Ein Motiv für den Kauf von Bio-Produkten beim Diskonter könnte die Sparsamkeit sein. Lebensmittel beim Diskonter sind billiger als bei anderen Einzelhändlern. Menschen denken meistens rational und kaufen daher aus diesem Grund beim Diskonter Bio-Produkte. Dieses Motiv wird durch Aktionen angesprochen. Indem Supermärkte Aktionspreise anbieten, werden Konsumenten, die Produkte wegen ihrem niedrigen Preis kaufen, auf diese Aktionsartikel aufmerksam und probieren diese aus. Weiters könnten Aktionen wie „nimm 2 zahl 1" auch Konsumenten anlocken, die beim Einkaufen gerne sparen.

Prestige/Status/soziale Anerkennung

Konsumenten versuchen durch den Kauf, die Wertschätzung anderer zu erlangen. Durch Prestige erhalten Menschen einen bestimmten sozialen Status. Oft werden Produkte wegen ihrer äußeren Merkmale, sogenannte Statussymbole, gekauft, wie z.B. der Kauf von Kleidung, Autos oder Urlaubsreisen.[166] Der Kunde soll das Gefühl haben, dass er etwas Besonderes ist, dass er alleine dieses ganz spezielle Produkt besitzt.[167] Status, Prestige wird erworben, indem der Konsument teure Uhren, Parfüms und edle Weine kauft oder die

---

[163] Vgl. Fiene, o.J., http://www.vnr.de/artikel/Das+Kaufmotiv+Ihrer+Kunden.html, Stand vom 06.11.2008.

[164] Vgl. Sommer/Steinke, 2007, S. 28f.

[165] Vgl. Trommsdorff, 2004, S. 126.

[166] Vgl. Trommsdorff, 2004, S. 128.

[167] Vgl. Fiene, o.J., http://www.vnr.de/artikel/Das+Kaufmotiv+Ihrer+Kunden.html, Stand vom 06.11.2008.

neueste Mode trägt. Auch VIP-Events und Mitgliedschaften in den Elite-Clubs verschaffen soziale Anerkennung. Alle Produkte und Dienstleistungen, die die Leistung und Effizienz erhöhen, werden gerne gekauft, um den sozialen Status zu erhöhen.[168] Ein typisches Beispiel für dieses Kaufmotiv ist die Headline einer Werbung von Wüstenrot, die von der Baufinanzierung eines neuen Pools handelt. Es wird sozusagen versprochen, dass die Nachbarn wegen dem neuen Swimmingpool neidisch werden.[169]

Wie bereits im Kapitel 2.2.2 geklärt wurde, sind soziale Faktoren, wie Prestige, soziale Anerkennung und Status, Einflussfaktoren beim Kauf. Bio-Produkte könnten einen gewissen Status vermitteln, nämlich, dass Konsumenten mehr auf die Gesundheit oder Linie achten. Die soziale Anerkennung bzw. Wertschätzung von anderen Menschen ist in der westlichen Kultur sehr wichtig.

Lust/Abwechslung/Neugier/Genuss

Der Kunde möchte mit dem Produkt Spaß und Genuss erleben.[170] Lebensmittel werden wegen des Genusses gekauft. Sie sollten nicht einfach nur eine Nahrungsaufnahme darstellen.[171] Außerdem versuchen Konsumenten, einen angenehmen Zustand zwischen Stress und Langeweile zu erreichen, auf Abwechslung wird gezielt. Lust und Neugier sind auch Motive, die zum Kauf bewegen.[172] Die Kaufmotive Lust, Abwechslung, Neugier und Genuss sind z.B. in der Erlebnis-Gastronomie, der Reisebranche und der Unterhaltungselektronik zu erkennen. Es könnten deshalb Bücher zur Unterhaltung, Videos, oder Musik gekauft werden. Die Einladung zu Events oder Innovationsmessen versprechen auch Abwechslung. Um Genuss, Neugier und Abwechslung zu gewährleisten, werden Reisen oder Erlebnis-Einkäufe getätigt.[173] Die Zeitschrift „STERN" wirbt mit ihren sensationellen Schnappschüssen und mit ihren überraschenden Beiträgen, um so Menschen, die neugierig sind und Abwechslung suchen, zum Kauf zu aktivieren. Um

---

[168] Vgl. Häusel, 2007, S. 36.

[169] Vgl. Rosenstiel/Neumann, 2002, S. 243.

[170] Vgl. Fiene, o.J., http://www.vnr.de/artikel/Das+Kaufmotiv+Ihrer+Kunden.html, Stand vom 06.11.2008.

[171] Vgl. Sommer/Steinke, 2007, S. 28.

[172] Vgl. Trommsdorff, 2004, S. 129.

[173] Vgl. Häusel, 2007, S. 35.

Genuss zu vermitteln, versucht die Kaffemarke Jacobs Krönung mit ihrem „Verwöhnaroma“ die Käufer zu locken.[174]

Die drei Motive Neugier, Abwechslung und Genuss passen perfekt zu einem Kauf von biologischen Lebensmitteln. Konsumenten könnten etwas Neues ausprobieren wollen, daher wird zu Bio-Produkten gegriffen. Bio bedeutet eventuell auch Genuss und vor allem Neugier. Schmeckt Bio-Käse genauso wie nicht biologischer Käse? Diese Frage könnte ein Motiv für einen Kauf von Bio-Käse sein.

Sex/Erotik

Die Erotik bzw. Sex war und ist noch immer eines der führenden Kaufmotive in der Konsumforschung. Oft wurden Produkte, die nichts mit Erotik zu tun hatten, trotzdem mit ihr verbunden. Früher war Erotik ein knappes Gut, jetzt jedoch ist Sex kein Tabuthema mehr. Das soll jedoch nicht bedeuten, dass Erotik kein Motiv mehr für den Kauf ist, es hat nur nicht mehr so einen großen Stellenwert wie früher.[175] Sex und Erotik sind zwar primäre Motive, jedoch zählen sie indirekt auch zu den sekundären. Als Beispiele wären da der Tanz, ein Flirt oder eine besonders hübsche Frau in einer Werbeanzeige.[176] Die Sexualität ist bei einigen Produkten als Kaufmotiv bemerkbar, wie z.B. in der Kosmetik, der Mode, bei Autos oder Blumen. Die Blumen werden z.B. für das erste Treffen mitgenommen. Aber auch Geschenke, Schmuck oder Produkte, die den Wohlstand signalisieren, werden aufgrund von Sexualität bzw. Erotik gekauft.[177] Ein Beispiel für dieses Kaufmotiv war eine Parfum-Werbung von Yves Saint Laurent in England. Eine nackte Frau räkelt sich auf dem Boden. Sie sieht sehr verführerisch und erotisch aus.[178]

Sex und Erotik werden bei vielen Produkten bei der Vermarktung eingesetzt, wie z.B. auch bei Römerquelle. Die Spots von Römerquelle sind sehr erotisch und so mancher Mann

---

174 Vgl. Rosenstiel/Neumann, 2002, S. 243f.

175 Vgl. Karmasin, 2007, S. 77f.

176 Vgl. Trommsdorff, 2004, S. 131.

177 Vgl. Häusel, 2007, S. 39.

178 Vgl. Rosenstiel/Neumann, 2002, S. 243.

wird beim Kauf dieses Mineralwassers an den Spot gedacht haben. Auch der Käufer möchte dieses Prickeln beim Trinken spüren.

Liebe, der Wunsch nach einem emotionalen Partner

Jeder Mensch sehnt sich nach einer sich nahestehenden Person, von der er geliebt wird und die auch wieder Liebe zurück geben kann. Es wird versucht, für den Partner unentbehrlich zu sein. Zärtlichkeit, Fürsorge, Verwöhnung, all das spielt eine wichtige Rolle. Es ist wichtig, die Produkte mit diesen Kriterien zu verbinden, da Menschen diese als Kaufmotive sehen.[179] Auch die Fürsorge einer Mutter ist ein Kaufmotiv. Frauen, bzw. Mütter, wollen nur das Beste für ihre Familie. Die Liebe zu den Kindern und dem Partner ist mit dem Kauf immer verankert.[180] Es ist wichtig die richtige kommunikative Ansprache bei Müttern zu finden, die als Kaufmotiv nur die Liebe zu ihren Kindern sehen. Beispielsweise Kindernahrung oder Kinderkleidung werden durch die Kaufmotive Fürsorge oder Liebe von Müttern erworben. Aber auch das Spendenwesen, Produkte die die Umwelt schützen oder der Kauf von Blumen sind Beispiele für dieses Kaufmotiv.[181] Jedoch nicht nur die Liebe zu einem Mensch, sondern z.B. auch zu einem Haustier, einer Katze, könnte ein Kaufmotiv sein. Katzenbesitzer könnten nur das beste Katzenfutter kaufen, um dem Haustier die Liebe zu geben, die es in ihren Augen verdient hat.[182]

Die Liebe zu einem Partner oder einem Kind könnte ein Motiv für einen Kauf von Bio-Produkten beim Diskonter sein. Eine liebende Mutter möchte nur das Beste für ihr Kind und kauft deshalb biologische Lebensmittel. Jedoch ist Sparsamkeit und ökonomisches Wirtschaften auch ein wichtige Aufgabe einer Mutter und würde daher auch beim Diskonter einkaufen.

---

179 Vgl. Karmasin, 2007, S. 74f.

180 Vgl. Sommer/Steinke, 2007, S. 28.

181 Vgl. Häusel, 2007, S. 33f.

182 Vgl. Foscht/Swoboda, 2007, S. 58.

Bequemlichkeit

Der Käufer sollte keinen Aufwand erleiden. Konsumenten wollen immer mehr ein All-inklusive-Service.[183] Heutzutage gibt es kaum noch Hausfrauen, die den ganzen Tag am Herd stehen und kochen. Die Vorbereitung des Essens muss einfach und schnell gehen. Die Qualität darf darunter aber nicht leiden.[184] Unter Bequemlichkeit fällt auch Entspannung, wobei Coca Cola dieses Motive sehr gut vermarktet hat. Coca Cola hat einen Slogan erfunden, der dazu rät, eine Pause zu machen und Coca Cola zu trinken.[185]

Als Bequemlichkeit könnte nicht nur ein All-inklusive-Service verstanden werden, auch die Nähe zu einem Einzelhändler könnte der Grund für einen Kauf sein. Eventuell ist der nächste Einzelhändler ein Diskonter und deshalb wird der Konsument zum Stammkunden.

Geborgenheit/Normenunterwerfung

Menschen wünschen sich Zugehörigkeit, Freundschaft und Familie. Solche Verbraucher verhalten sich beim Kauf abhängig von den Einstellungen der Freunde oder Familie.[186] Menschen kaufen z.B. Kleidung oder ein Auto erst dann, wenn sie mit der Familie oder mit Freunden über die Alternativen diskutiert haben.[187] Das sogenannte Bindungs-motiv, die Zugehörigkeit einer Gruppe, veranlasst Konsumenten, zu kaufen. Als Beispiele werden Produkte gesehen, die den Einlass in eine Gruppe gewähren, wie z.B. Vereinstrikots, bestimmte Modestile, Kundenveranstaltungen für Stammkunden, Gruppenreisen oder die Mitgliedschaft in Vereinen.[188] Geborgenheit und Sicherheit werden sehr gut durch das Beispiel Allianz verkörpert. Allianz verspricht dem Kunden, sich Gedanken über seine Sicherheit zu machen.[189]

---

183 Vgl. Fiene, o.J., http://www.vnr.de/artikel/Das+Kaufmotiv+Ihrer+Kunden.html, Stand vom 06.11.2008.

184 Vgl. Sommer/Steinke, 2007, S. 28.

185 Vgl. Rosenstiel/Neumann, 2002, S. 243.

186 Vgl. Trommsdorff, 2004, S. 128f.

187 Vgl. Blackwell/Miniard/Engel, 2006, S. 87.

188 Vgl. Häusel, 2007, S. 32f.

189 Vgl. Rosenstiel/Neumann, 2002, S. 246.

Geborgenheit und Normenunterwerfung sind soziale Einflussfaktoren beim Kaufverhalten. Wie bereits in Kapitel 2.2.2. geklärt wurde, beeinflussen die Familie und die Freunde den Kauf von Produkten sehr. Gerade beim täglichen Einkauf, d.h. beim Lebensmitteleinkauf, wird der Käufer sehr vom Partner beeinflusst. Wenn dieser nur biologische Lebensmittel konsumiert, wird sich der Käufer auch danach richten. Ist der Käufer dann auch noch von Kindheitstagen gewohnt, zum Diskonter zu gehen, werden die Bio-Produkte beim Diskonter erworben.

Leistung

Leistungsmotivierte Menschen arbeiten sehr hart. Leistung hat in der westlichen Kultur einen hohen Stellenwert und wird oft verlangt. Daher ist es sehr wichtig, dass dieses Leistungsmotiv an die Produkte gekettet ist. Produkte, die die Leistung fördern, gibt es in vielen Bereichen.[190] Um Erfolge zu erzielen, sind Käufer gewillt, Produkte, die sie zu diesen Leistungen führen, zu kaufen. Die Raiffeisenbank versucht diese Konsumenten für sich zu gewinnen, indem sie versprechen, als Gemeinschaft aufzutreten und so dem Einzelnen zu helfen, den Weg für ihn frei zu machen. Die Raiffeisenbank arbeitet gemeinsam mit dem Kunden an seinem Erfolg.[191]

Da Leistung eine wichtige Rolle spielt, könnte diese ein Kaufmotiv sein. Bio-Produkte könnten z.B. mit körperlicher Leistung verbunden werden. Ein körperlich arbeitender Mann muss sich stark und gesund fühlen und braucht daher besonders nahrhaftes und biologisches Essen. Doch auch Sportler, wie z.B. ein Marathonläufer, muss sich sportlich fit fühlen, um die Leistung, einen 42 kilometerlangen Lauf, zu überstehen, zu vollbringen. In jedem Bereich, wo Leistung gefordert wird, sind Bio-Produkte gefragt.

Angst/Furcht/Risikoneigung

Furcht und Angst sind Motive, die die Kaufentscheidung beeinflussen. Jeder Mensch hat je nach Situation unterschiedliche Risikohemmschwellen. Wenn das Kaufrisiko zu hoch ist, wird mehr Information gesammelt, was wiederum mehr Geld und Zeit bedeutet. Um Risiko beim Kauf von Produkten zu minieren, werden z.B. Umtauschmöglichkeiten oder

---

190 Vgl. Karmasin, 2007, S. 86f.

191 Vgl. Rosenstiel/Neumann, 2002, S. 244.

Rückkaufgarantien angeboten.[192] Der Kauf muss sicher sein, es darf z.B. keine Verletzungsgefahr bestehen.[193] Menschen haben aber Ängste. Es gibt verschiedene Ängste, wie z.B. die Angst vor sozialer Missbilligung, z.B. Körpergeruch, oder die Angst vor dem Verlust wichtiger personaler Merkmale, z.B. Zähne oder Haare, oder die Angst vor rational einsichtigen Gefahren, z.B. Angst vor Straßenverkehr, oder Schmerzen. Produkte müssen diese Ängste bekämpfen.[194] Der Konsument hat den Wunsch nach Sicherheit, er möchte Angst und Furcht vermeiden. Daher werden z.B. Medikamente gekauft, oder ein Airbag und Sicherheitsgurt. Viele Käufer erwerben nur Traditions-Produkte, die ihnen schon lange bekannt sind und sie sich so sicher fühlen. Ein weiteres Beispiel für dieses Kaufmotiv ist der Kauf einer Alarmanalage, um so das Risiko eines Einbruches zu verringern.[195] Es sind jedoch nicht nur die Risiken des Kaufes zu beachten, auch das Abenteuer beim Kauf sollte hervorgebracht werden.[196]

Beim Kauf von Bio-Produkten beim Diskonter könnte auch ein Risiko entstehen. Konsumenten sind sich oft nicht sicher, ob die Produkte wirklich biologisch sind oder nicht.

Gesundheit/Lebensenergie

Viele Konsumenten verbinden Bio mit Gesundheit.[197] Bei einer Umfrage von AMA Marketing im Februar 2007 sagte die Hälfte aller Befragten aus, dass das Motiv für den Bio-Kauf Gesundheit sei. Wichtig ist auch, dass biologische Produkte keine chemischen Zusatzstoffe beinhalten.[198] Im Lebensmittelbereich wird das Kaufmotiv Gesundheit bzw. Lebensenergie immer stärker. Es ist heutzutage wichtig, nicht nur den Hunger zu stillen, sondern z.B. gesünder zu leben. Das Verlangen nach diesem „functional food" wird immer

---

192 Vgl. Trommsdorff, 2004, S. 132.

193 Vgl. Fiene, o.J., http://www.vnr.de/artikel/Das+Kaufmotiv+Ihrer+Kunden.html, Stand vom 06.11.2008.

194 Vgl. Karmasin, 2007, S. 83f.

195 Vgl. Häusel, 2007, S. 31f.

196 Vgl. Fiene, o.J., http://www.vnr.de/artikel/Das+Kaufmotiv+Ihrer+Kunden.html, Stand vom 06.11.2008.

197 Vgl. Daser, 2007, http://science.orf.at/science/news/147565, Stand vom 02.01.2009.

198 Vgl. AMA Marketing, 2007, S. 7, Stand vom 04.01.2009.

stärker. Mit „functional food" ist gemeint, dass die Nahrung nicht nur mehr den Hunger stillen soll, sondern auch andere Funktionen aufweisen soll, z.B. fettarme Nahrungsmittel, um auf die Figur zu achten.[199] Eine gesunde und ausgewogene Ernährung ist wesentlicher Bestandteil um den Körper fit zu halten. Jedoch ist nicht alles gesund, was gut schmeckt.[200]

Bio-Produkte sind functional food, denn sie stillen nicht nur den Hunger, sondern sind auch noch biologisch angebaut. Gesundheit und Lebensenergie sind zwei sehr wichtige Motive beim Kauf von Bio-Produkten bei Diskontern.

Die wichtigsten Kaufmotive bzw. jene, die gerade genauer erläutert wurden, sind in Tabelle 4 nochmals übersichtlich aufgelistet.

Ökonomik/Sparsamkeit/Rationalität	Prestige/Status/soziale Anerkennung
Lust/Abwechslung/Neugier/Genuss	Sex/Erotik
Liebe	Bequemlichkeit
Geborgenheit/Normenunterwerfung	Erfolg/Leistung
Angst/Furcht/Risikoneigung	Gesundheit/Lebensenergie

Tabelle 4: Kaufmotive (In Anlehnung an: AMA Marketing, 2007, S. 7, Stand vom 04.01.2009; Balckwell/Miniard/Engel, 2006, S. 87; Daser, 2007, http://science.orf.at/science/news/147565, Stand vom 02.01.2009; Fiene, o.J., http://www.vnr.de/artikel/Das+Kaufmotiv+Ihrer+Kunden.html, Stand vom 06.11.2008; Foscht/Swoboda, 2007, S. 57f.; Karmasin, 2007, S. 73ff.; Sommer/Steinke, 2007, S. 28f.; Trommsdorff, 2004, S. 126ff.)

Wie die Theorie zeigt, gibt es eine Vielzahl an Kaufmotiven. Diese werden noch genauer in der empirischen Untersuchung analysiert, vor allem im Bezug auf Bio-Produkte vom Diskonter. Um diese Analyse jedoch durchführen zu können, muss zuerst die Motivmessung erläutert werden.

---

199 Vgl. Foscht/Swoboda, 2007, S. 57.
200 Vgl. Sommer/Steinke, 2007, S. 29.

3.4 Motivmessung

Motivforschung wird schon lange betrieben und meistens wurden die emotionalen und die kognitiven Komponenten getrennt gemessen.[201] Das wird deshalb so gehandhabt, da die kognitive Komponente nur durch verbale Indikatoren und die aktivierende Komponente, die Motivstärke, anhand psychobiologischer Indikatoren gemessen werden kann.[202] Dies ist jedoch oft problematisch verlaufen, denn, wenn die Antriebskraft, d.h. das Emotionale, gemessen wurde, wurde meistens die kognitive Komponente vernachlässigt und umgekehrt. Heutzutage wird eher auf die kognitive Komponente eingegangen und auf die Emotionale wird vergessen. Am besten wäre eine Kombination mehrerer Verfahren. Um die kognitive Komponente zu messen, sind „warum-Fragetechniken" oder Skalen am geeignetsten.[203]

Motive, Verhaltensweisen werden häufig anhand von Befragungen gemessen und analysiert.[204] Die standardisierten Befragungen beinhalten Ratingskalen, wo die Befragten ankreuzen können, wie sie manches empfinden. Jedoch wird hier die relative Stärke der Motivation nicht gemessen. Als Beispiel, um dies besser zu verdeutlichen, könnte eine Befragung statt finden, wo Kunden ankreuzen müssen, ob sie hoch bis niedrig motiviert sind, einen Kaugummi zu kaufen, und danach, ob sie hoch oder niedrig motiviert sind, ins Kino zu gehen. Wenn der Befragte beides mit „sehr hoch" ankreuzt, ist jedoch noch nicht festgestellt, zu welchem er höher motiviert ist, die relative Stärke fehlt. Um dieses Problem in den Griff zu bekommen, könnten die Befragungen mit psychobiologischen Methoden kombiniert werden.[205] Neben den verbalen Indikatoren sind psychobiologische Methoden notwendig, um die Stärke und Qualität messen zu können. Zu den psychobiologischen Methoden zählen die Messung des Blutdrucks, der Stimmfrequenz, der Gehirnströme oder des Herzschlags.[206] Weiters gibt es noch biochemische Messungen, z.B. die Registrierung der Hormonausschüttung durch Blutanalysen, biothermische Messungen, z.B. die Messung

---

[201] Vgl. Kroeber-Riel/Weinberg/Gröppel-Klein, 2009, S. 179.
[202] Vgl. Foscht/Swoboda, 2007, S. 58f.
[203] Vgl. Kroeber-Riel/Weinberg/Gröppel-Klein, 2009, S. 179.
[204] Vgl. Salcher, 1995, S. 13.
[205] Vgl. Kroeber-Riel/Weinberg/Gröppel-Klein, 2009, S. 186.
[206] Vgl. Foscht/Swoboda, 2007, S. 47f.

der Veränderung der Hauttemperatur oder Hautwiderstandsmessungen. Hautwiderstandsmessungen werden am häufigsten für die Messung von Aktivierung verwendet. Bei diesem Verfahren werden dem Probanden Elektroden an die Hand geklebt. Danach werden Werbespots oder Anzeigen gezeigt und die Reaktionen der Probanden gemessen. Je niedriger der Hautwiderstand, desto emotionaler hat der Proband auf die Werbung reagiert.[207]

Es werden jedoch auch offene Interviews geführt, wo keine Antworten vorgegeben werden. Hier kann sich der Befragte mehr entfalten und es kann besser auf den Befragten eingegangen werden. Es ist wesentlich länger als eine normale Befragung, aber dafür auch gründlicher.[208] Mit dem Tiefeninterview wird versucht, die unbewussten Motive zu erforschen. Die dafür benötigte Fragetechnik verlangt jedoch psychologische Vorkenntnisse. Um Kaufmotive zu messen, ist jedoch die Gruppendiskussion besser geeignet. In einer Gruppendiskussion werden Themen besprochen, wobei ein natürlicher Kommunikationsablauf gegeben ist.[209] Ein wesentlicher Vorteil der Gruppendiskussion ist der Schneeballeffekt. Dieser bedeutet, dass die Reaktion eines Mitglieds eine Gegenreaktion eines anderen Mitglieds auslösen kann. So können verborgene Motive hervorgebracht werden.[210]

Weiters gibt es mehrere verschiedene Testverfahren, die zur qualitativen Motivforschung eingesetzt werden.[211] Projektive Tests zählen zur geschlossenen Befragung. Die Befragten sollten ihre Wünsche und Bedürfnisse in die Antworten projizieren. So kann auf ihr Verhalten geschlossen werden.[212] Zu den projektiven Tests zählen u.a. der Cartoon-Test, wo Personen miteinander sprechen, jedoch in Cartoon-Form. Sprechblasen sind aufgezeichnet, jedoch nur eine ist mit einer Frage gefüllt. Die anderen Blasen sind leer und die Probanden müssen dann ihre Antworten hineinschreiben. So könnten Motive erfahren

---

207 Vgl. Schub von Bossiazky, 1992, S. 40ff.
208 Vgl. Foscht/Swoboda, 2007, S. 59.
209 Vgl. Trommsdorff, 2004, S. 153f.
210 Vgl. Salcher, 1995, S. 45.
211 Vgl. Trommsdorff, 2004, S. 153f.
212 Vgl. Foscht/Swoboda, 2007, S. 59.

werden. Weiters gibt es noch den Satzergänzungs-Test, wo die Probanden den angefangenen Satz vollenden müssen. Neben diesen beiden Verfahren gibt es dann noch die Collagen-Technik, wo die Probanden Zeitschriften bekommen und Bilder ausschneiden müssen, um zu einem bestimmten Thema eine Collage anzufertigen. Auch hier wird versucht, die verdeckten Konsummotive zu entdecken. Neben den projektiven Tests gibt es noch assoziative Verfahren.[213] Nieschlag, Dichtl und Hörschgen sehen die Satzergänzungstests als assoziative Verfahren. Weiters gehören auch noch die Wortassoziationstests dazu. Hier müssen die Probanden zu bestimmten Reizwörtern all das sagen, was sie damit verbinden. Die Probanden müssen z.B. zum Wort „Sommer" alles erwähnen, was ihnen dazu einfällt. So könnten Wörter wie Urlaub, Strand oder Sonne mit Sommer assoziieren.[214]

Es ist ersichtlich, dass die Motive für den Kauf von Bio-Produkten beim Diskonter durch die Befragung gemessen werden können. Es gibt mehrere Verfahrensmöglichkeiten, wie das Tiefeninterview, die Gruppendiskussion oder projektive Verfahren. Für diese Arbeit ist jedoch nur die Gruppendiskussion relevant, wobei projektive Techniken und Assoziationsverfahren eingesetzt werden. Dies wird noch näher im Kapitel 7.3. erläutert.

---

213 Vgl. Kroeber-Riel/Weinberg/Gröppel-Klein, 2009, S. 179ff.

214 Vgl. Nieschlag/Dichtl/Hörschgen, 2002, S. 448.

4. Biologische Lebensmittel

Biologische Lebensmittel sind gesünder und schmecken nach mehr. Durch die biologische Landwirtschaft wird nicht nur auf den Menschen, sondern auch auf die Umwelt geachtet. Tiere und Pflanzen werden geschätzt und dementsprechend behandelt. Bio-Produkte sind schmackhafter und qualitativ hochwertiger.[215]

Im diesem Kapitel werden die Themen „Bio-Produkte“ und „Qualitätssiegel“ angesprochen. Im ersten Unterkapitel werden allgemein Informationen über biologische Produkte gegeben, z.B. was sind biologische Lebensmittel, welche Kriterien müssen sie erfüllen, wann dürfen sich Produkte „biologisch“ nennen und wie sieht es mit dem heutigen Bio-Konsum aus. Im zweiten Unterkapitel werden verschiedene Qualitätssiegel gezeigt.

4.1 Bio-Produkte

Bio-Produkte sind schon so sehr beliebt wie das nicht biologische Lebensmittelangebot. Im Diskonter sind Bio-Produkte auch preiswerter zu bekommen. Bio bedeutet Lifestyle und Wellness.[216]

Im folgenden Kapitel werden kurz die Bio-Entwicklung und die Bio-Prinzipien erläutert, beginnend mit der Entwicklung und dem heutigen Boom, weiterführend mit den Vorschriften und Richtlinien, die beim Anbau und der Verarbeitung einzuhalten sind.

4.1.1 Bestimmungen für Bio-Produkte

Bio-Produkte müssen "ohne Verwendung von gentechnisch veränderten Organismen und/oder von auf deren Grundlage hergestellten Erzeugnissen hergestellt werden".[217] Biologische Produkte sind Gentechnik-frei, d.h. bei biologischer Landwirtschaft werden

---

215 Vgl. Erntebauern, o.J., http://www.erntebauern.at/bio-lebensmittel.html, Stand vom 08.01.2009.

216 Vgl. Holler, 2007, http://www.wiso-net.de/webcgi?START=A60&DOKV_DB=ZECO&DOKV_NO=LMZ080724112&DOKV_HS=0&PP=1, Stand vom 02.01.2009.

217 Austria Bio Garantie, o.J.a, http://www.abg.at/index.php?site=bio/bio-gentechnik, Stand vom 02.01.2009.

keine gentechnisch veränderten Organismen eingesetzt. Es kann auch keine Beeinflussung der Nachbarfelder geben, da es in Österreich verboten ist, gentechnisch veränderte Organismen anzubauen. Meistens kommen die gentechnisch veränderten Organismen mit Importen nach Österreich.[218] Neben dem Gentechnik-frei müssen noch folgende Grundprinzipien beachtet werden:[219]

- Möglichst geschlossene Stoffkreisläufe – damit sind u.a. Futtermittel vom eigenen Betrieb, oder das Einhalten der Düngekreisläufe oder der Verzicht von chemisch-synthetische Pflanzenschutzmittel gemeint.
- Artgerechte Tierhaltung – hierzu zählen u.a. kurze Transporte, oder ausschließlich biologische Fütterung, oder regelmäßiger Auslauf ins Freie.

Weitere Prinzipien, die bei der Biolandwirtschaft eingehalten werden müssen, sind:[220]

- Kein Kunstdünger – Kunstdünger wird beim Anbau von Getreide, Feldfrüchten, Obst und Gemüse vermieden.
- Schonende Bodennutzung – die Bodenfruchtbarkeit wird erhalten, nur schonende Bearbeitung und Verwendung natürlicher Dünger.
- Nützen natürlicher Selbstregulierungsmechanismen – natürliche Regulationsmechanismen und Selbstheilungsprozesse werden genutzt.

Nur Bio-Lebensmittel dürfen die folgenden Bezeichnungen tragen:[221]

- aus biologischem oder ökologischem Anbau
- aus kontrolliert biologischem Anbau
- aus biologischer oder ökologischer Landwirtschaft
- aus biologischem oder ökologischem Landbau

---

[218] Vgl. Bio Austria, 2006b, http://www.bio-austria.at/konsumenten__1/was_ist_bio__1/gentechnik/bio_lebensmittel_sind_gentechnik_frei, Stand vom 02.01.2009.

[219] Vgl. AMA-Marketing, o.J.c, http://www.ama-marketing.at/index.php?id=grundprinzipien, Stand vom 02.01.2009.

[220] Vgl. Lebensministerium Öffentlichkeitsarbeit, 2005, http://www.biolebensmittel.at/article/articleview/40902/1/12422/, Stand vom 02.01.2009.

[221] Vgl. Bio Austria, 2006a, http://www.bio-austria.at/konsumenten__1/was_ist_bio__1/bio_sicher_erkennen__1/bio_lebensmittel_sicher_erkennen, Stand vom 02.01.2009.

Es sind einige Prinzipien bzw. Richtlinien beim Anbau und der Verarbeitung von biologischen Produkten einzuhalten. Mit diesem Vorwissen können sich die Konsumenten dann auch sicher sein, wirklich biologische Lebensmitteln zu kaufen. Weiters wird im Kapitel 4.2. noch das Qualitätssiegel beschrieben, welches auch noch auf den biologischen Status eines Produktes hinweist.

4.1.2 Bio-Trend

Bio ist heutzutage fast überall zu finden. Vor ca. sechs Jahren war der Bio-Umsatz nur ein Drittel dessen, was er heute ist. In jedem Supermarkt gibt es Bio-Produkte, auch bei Diskontern sind sie bereits zu finden. Die Wende begann mit der BSE-Krise vor ca. fünf Jahren.[222] BSE bedeutet Bovine Spongiforme Encephalopathie und wird auch Rinderwahnsinn genannt.[223] Während der Krise wurde das deutsche Bio-Siegel eingeführt. Viele Unternehmen nutzten dieses Siegel und brachten biologische Produkte auf den Markt.[224] Damals stiegen die Umsätze für biologische Lebensmittel um ca. 66 Prozent.[225]

In Österreich begann im Jahre 1994 die Bio-Einführung bei den Supermärkten. Am Anfang wurden nur 30 Produkte angeboten, jetzt sind es mehr als 400 Bio-Produkte, die in den Supermärkten zu finden sind. Mehr als 7000 Biobauern verkaufen ihre Produkte an Supermärkte. So ist es möglich, dass mehr als 60 Prozent des Bio-Umsatzes an die Supermarktketten gehen. Das sind ungefähr 150 Mio. Euro jährlich.[226]

AC Nielsen hat 2008 rund 1000 Österreicher/innen zum Thema „Bio-Produkte" befragt. 44 Prozent der Befragten kaufen gelegentlich Bio-Produkte und 33 Prozent kaufen in einigen Warengruppen biologische Lebensmittel. Nur 9 Prozent kaufen regelmäßig und 13 Prozent erwerben nie biologische Produkte. Die biologischen Lebensmittelkategorien Eier, Obst,

---

222 Vgl. Schwartau/Valet, 2007, S. 53f.

223 Vgl. Budka, o.J., http://www.netdoktor.at/krankheiten/fakta/bse.htm, Stand vom 29.01.2009.

224 Vgl. Schwartau/Valet, 2007, S. 53f.

225 Vgl. Kühn/King/Koschel, 2007, S. 26.

226 Vgl. AMA-Marketing, o.J.a, http://www.bioerleben.at/Bio_in_Supermaerkten.84.0.html, Stand vom 13.02.2009.

Gemüse, Milch und Fleisch werden am häufigsten erworben. Für die Vermarktung von Bio-Produkten ist es interessant, dass 72 Prozent der Befragten auf Sonderangebote/Aktionen im Lebensmitteleinzelhandel achten und 48 Prozent auf Werbungen reagieren.[227]

Heutzutage steigen Bio-Produkte wert- und mengenmäßig. Konsumenten kaufen Bio. Der Bio-Markt boomt weiterhin, auch bei Diskontern. Alle Warengruppen steigen.[228] Laut einer Studie von RollAMA Marketing werden diese Aussagen unterstützt. Angesehen wurden die Warengruppen Fleisch und Geflügel, Wurst, Milch und Milchprodukte, Käse, Obst, Gemüse, Eier, Kartoffeln, Tiefkühl-Produkte, teilweise Fertiggerichte. Brot und Gebäck wurden allerdings ausgeschlossen.[229]

In Abbildung 5 ist erkennbar, dass der Bio-Konsum wertmäßig bei manchen Warengruppen anstieg. 2007 wurden in Österreich 3,2 Prozent Fleisch und Geflügel gekauft, im Gegensatz zu 2005, wo nur 2,5 Prozent Bio-Fleisch konsumiert wurde. Jedoch ist auch ersichtlich, dass der Erwerb von biologischer Butter, Kartoffeln und vor allem Eiern gesunken ist.[230]

---

227 Vgl. AC Nielsen, 2008b, S. 27ff., Stand vom 13.02.2009.

228 Vgl. Lebensministerium Öffentlichkeitsarbeit, 2008, http://lebensmittel.lebensministerium.at/article/articleview/55715/1/8135/, Stand vom 02.01.2009.

229 Vgl. RollAMA Marketing, o.J., S. 3, Stand vom 02.01.2009.

230 Vgl. RollAMA Marketing, o.J., S. 3, Stand vom 02.01.2009.

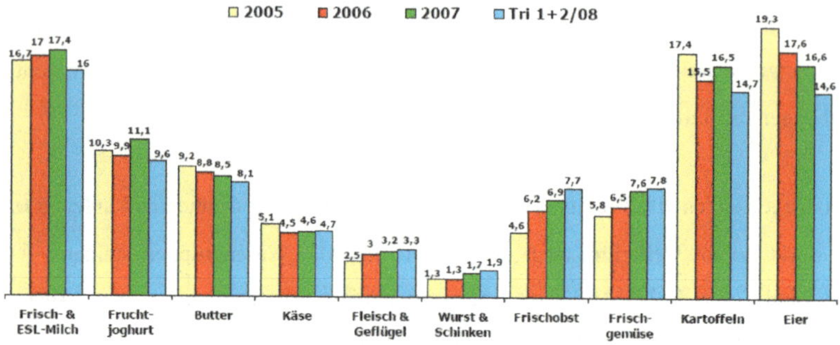

Abbildung 5: Bio-Anteile in Österreich 2005 - 2008 (Quelle: RollAMA Marketing, o.J., S. 3, Stand vom 02.01.2009.)

Eine weitere Studie von A.C. Nielsen zeigt, dass die Nachfrage nach Bio-Lebensmitteln steigt. Jeder dritte Käufer greift zu biologischen Produkten. 69 Prozent der Bio-Käufer erwerben frisches Obst und Gemüse am liebsten. Jeder fünfte Konsument kauft Bio-Fleisch. Aber auch Milchprodukte und Eier boomen.[231] Bio-Käse ist das umsatzstärkste Milchprodukt. Die steigende Nachfrage nach Bio-Käse ist gewaltig. Wegen Gesundheit, Vertrauen und Geschmack werden Bio-Produkte gekauft.[232]

Doch warum kaufen Menschen Bio-Produkte? 50 Prozent der Befragten nennen als Motiv die Gesundheit, wobei 15 Prozent biologische Lebensmittel erwerben, um auf die Gesundheit ihrer Kinder zu achten. Zehn Prozent denken an die Verbesserung der Umwelt und 16 Prozent kaufen Bio-Produkte, da diese tierfreundlicher sind. Im Gegensatz dazu kaufen über 53 Prozent keine Bio-Produkte, da diese zu teuer sind. 22 Prozent kaufen keine biologischen Lebensmittel, da sie an der Herstellung zweifeln und acht Prozent der Befragten glauben nicht, dass ökologische Produkte wirklich gesünder sind.[233] Bereits

---

231 Vgl. o.A., 2008e, http://www.wiso-net.de/webcgi?START=A60&DOKV_DB=ZECO&DOKV_NO=HAND070809022&DOKV_HS=0&PP=1, Stand vom 02.01.2009.

232 Vgl. Holler, 2007, http://www.wiso-net.de/webcgi?START=A60&DOKV_DB=ZECO&DOKV_NO=LMZ080724112&DOKV_HS=0&PP=1, Stand vom 02.01.2009.

233 Vgl. AC Nielsen, 2007, S. 6f., Stand vom 13.02.2009.

2005 wurden die Kaufmotive für Bio-Produkte weltweit durchgeführt. In der folgenden Abbildung 6 werden die Ergebnisse dargestellt.[234]

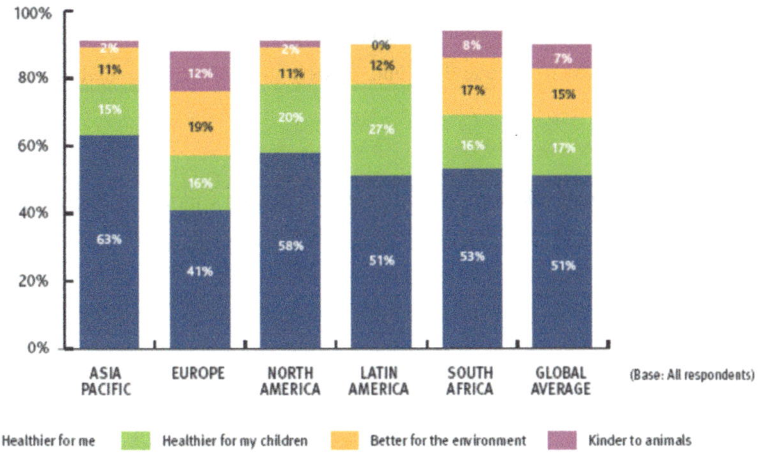

Abbildung 6: Kaufmotive bei Bio-Produkten 2005 (Quelle: AC Nielsen, 2005, S. 4, Stand vom 13.02.2009.)

Wie zu erkennen ist, denken 41 Prozent der befragten Personen aus Europa, dass Bio-Produkte gesünder sind und 16 Prozent kaufen sie, da die ökologischen Produkte gesünder für die Kinder sind. 12 Prozent kaufen biologische Lebensmittel, da diese tierfreundlicher sind, und 19 Prozent, da diese besser für die Umwelt sind. Die Unterschiede zwischen dem Jahr 2005 und 2007 sind nicht gravierend. Jedoch wurde die Befragung von 2007 nur in Österreich und jene Untersuchung von 2005 in ganz Europa durchgeführt.[235]

Nach der BSE-Krise begann die „Bio-Zeit“. Die Nachfrage nach Bio-Produkten stieg bis heute. Daraus lässt sich schließen, dass auch mehr Bio-Lebensmittel beim Diskonter verkauft werden. Bio ist kein Trend mehr, er ist bereits eine Lebenseinstellung, die von vielen Menschen verfolgt wird.

---

[234] Vgl. AC Nielsen, 2005, S. 4, Stand vom 13.02.2009.
[235] Vgl. AC Nielsen, 2005, S. 4, Stand vom 13.02.2009.

4.2 Qualitätssiegel

„Wo Bio draufsteht, ist Bio drinnen!"[236] Es ist europaweit geregelt, dass Produkte, die ein Bio-Qualitätssiegel tragen, auch wirklich von biologischer Herkunft sind, d.h. sie werden nach bestimmten Richtlinien und Vorgaben hergestellt.[237] Die drei wichtigsten Kriterien bei Lebensmitteln sind hohe Qualität, unabhängige Kontrollen und nachvollziehbare Herkunft.[238]

Damit Konsumenten erkennen, ob die Lebensmittel auch wirklich ökologisch sind, müssen die Produkte mit einem der folgenden Zeichen versehen werden:[239]

---

[236] Austria Bio Garantie, o.J.c, http://www.abg.at/index.php?site=bio/woranerkennensiebio, Stand vom 02.01.2009.

[237] Vgl. Austria Bio Garantie, o.J.c, http://www.abg.at/index.php?site=bio/woranerkennensiebio, Stand vom 02.01.2009.

[238] Vgl. Greßl, o.J., http://www.ama-marketing.at/index.php?id=231, Stand vom 02.01.2009.

[239] Vgl. Austria Bio Garantie, o.J.c, http://www.abg.at/index.php?site=bio/woranerkennensiebio, Stand vom 02.01.2009.

Das Siegel der Bio-Kontrollstelle, z.B. ABG (Austria Bio Garantie)-Signet	Das staatliche Bio-Zeichen der AMA
Das Bio-Zeichen der EU	Das Logo eines Biobauern bzw. eines Verbandes, z.B.: Demeter
Das Logo eines Biobauern bzw. eines Verbandes, z.B.: Bio Austria	Das Logo eines Biobauern bzw. eines Verbandes, z.B.: Harbach
Das Logo eines Biobauern bzw. eines Verbandes, z.B.: Biolandwirtschaft Ennstal	Das Logo eines Biobauern bzw. eines Verbandes, z.B.: ORBI
Das Markenzeichen von Großerzeugern oder Handelsketten, z.B. Natur pur	Das Markenzeichen von Großerzeugern oder Handelsketten, z.B. Natur aktiv
Das Markenzeichen von Großerzeugern oder Handelsketten, z.B. Bio+	Das Markenzeichen von Großerzeugern oder Handelsketten, z.B. Ja!Natürlich

Tabelle 5: Biozeichen (Quelle: Austria Bio Garantie, o.J.b, http://www.abg.at/index.php?site=bio/biozeichen, Stand vom 02.01.2009.)

Die drei wichtigsten Bio-Erkennungszeichen in Österreich sind das Logo von Bio-Austria, das AMA-Bio-Zeichen und das EU-Bio-Zeichen. Somit kann sogleich erkannt werden, ob das Produkt wirklich biologisch hergestellt wurde.[240] Weitere Kennzeichen für biologische Lebensmittel sind die Begriffe „Öko“ oder „Bio“. Diese dürfen nur für kontrollierte Produkte verwendet werden, da diese Begriffe durch die europaweite EG-Öko-Verordnung geschützt sind. Weiters muss die Öko-Kontrollstellennummer auf jedem verpackten Bio-Produkt vorhanden sein. Außerdem muss ab 2009 jedes Bio-Produkt mit dem EU-Bio-Siegel vermerkt werden. Werden nicht biologische Produkte mit einem Bio-Siegel versehen und halten sich die Hersteller nicht an die Richtlinien, gibt es Sanktionen in Form von Geldbußen und Freiheitsstrafen.[241] Das staatliche Kontrollzeichen wird von der AMA Agrarmarkt Austria vergeben. Es gibt unterschiedliche Zeichen der AMA. Oben in der Tabelle 5 ist das rote Zeichen zu sehen, welches bedeutet, dass das Produkt aus Österreich stammt. Maximal 30 Prozent der Bestandteile dürfen von einem anderen Land kommen. Als Beispiel wird das Bananenjoghurt gesehen, wo das Joghurt zu 100 Prozent aus Österreich und die Bananen aus einem anderen Land stammen. Bio-Produkte, die von anderen Ländern nach Österreich kommen, sind mit einem schwarzen AMA-Siegel versehen.[242]

Die Bio-Kontrollstellen kontrollieren alle biologischen Lebensmittel und nur dann, wenn auch alles einwandfrei ist, wird es mit einem Bio-Siegel vermerkt. Daher ist die Gefahr, dass nicht biologische Produkte als ökologisch verkauft werden, eher unwahrscheinlich.

---

[240] Vgl. Bio Austria, 2006c, http://www.bio-austria.at/konsumenten__1/was_ist_bio__1/bio_sicher_erkennen__1/mit_bio_erkennungszeichen_bio_auf_einen_blick, Stand vom 02.01.2009.

[241] Vgl. Schwartau/Valet, 2007, S. 54f.

[242] Vgl. AMA-Marketing, o.J.b, http://www.bioerleben.at/Bio_setzt_Zeichen.99.0.html?&L=0, Stand vom 13.02.2009.

5. Lebensmitteleinzelhandel

Unternehmen, die Waren einkaufen, um sie dann wieder weiter zu verkaufen, sind Handelsbetriebe. Der Einzelhändler ist dadurch gekennzeichnet, dass er an den Letztverbraucher verkauft und deshalb haushaltsübliche Mengen führt.[243]

Im Lebensmitteleinzelhandel hat sich in den letzten Jahren einiges verändert. Manche Traditionsunternehmen, wie z.B. Konsum oder Meinl, wurden geschlossen und neue Unternehmen, wie z.B. Plus und REWE, wurden im österreichischen Markt eingeführt. Weiters war ein Trend in Richtung des Diskonters zu bemerken und in Richtung Zusammenschlüsse, wie z.B. die REWE Gruppe.[244]

In diesem 5. Kapitel wird kurz das Wesen des Lebensmitteleinzelhandels allgemein und danach im Speziellen der Diskonter erklärt. Da für diese Arbeit jedoch auch die Lebensmitteldiskonter in Österreich, ihre Markenpolitik und die Bio-Produkte beim Diskonter relevant sind, stellen diese drei Themen Unterkapitel dar.

5.1 Das Wesen des Lebensmitteleinzelhandels

Einzelhandelsbetriebe verkaufen überwiegend an den Endverbraucher.[245] Daher sind sie das Verbindungsstück zwischen dem Verbraucher und der Produktion. Es kann sein, dass noch eine Zwischenstufe z.B. der Großhandel, in die Absatzkette miteinbezogen wird.[246]

Der Lebensmitteleinzelhandel beschäftigt sich mit Gütern des täglichen Bedarfs. Zu diesen Alltagsgütern zählen Nahrungs- und Genussmittel, Drogeriewaren, wie Körperpflegeartikel, und konsumnahe Non-Food-Artikeln, wie Hygienepapier, Glühbirnen oder Batterien, alles in allem Verbrauchsgüter. Jedoch werden ab und zu auch Gebrauchsgüter verkauft, was jedoch von der Betriebsform abhängt.[247]

---

[243] Vgl. Berekoven, 1995, S. 2.

[244] Vgl. Müllauer, 2008, S. 1, Stand vom 08.01.2009.

[245] Vgl. Baum, 2002, S. 41.

[246] Vgl. Birker/Voss, 2000, S. 8.

[247] Vgl. Jauschowetz, 1995, S. 15.

Beim Einzelhandel gibt es eine Vielzahl an Betriebsformen.[248] Eine Betriebsform stellt eine Kombination aus Waren bzw. Dienstleistungen, die unternehmensübergreifend im Handel agieren, dar.[249] „Unter einer Betriebsform sei das Erscheinungsbild eines Handelsbetriebes in seinem Absatzmarkt verstanden, so wie es sich im Einsatz der absatzpolitischen Instrumente äußert.“[250] Folgende Merkmale sind u.a. für die unterschiedlichen Lebensmitteleinzelhandels-Betriebsformen charakteristisch:[251]

- Preisniveau (hoch, mittel, diskontierend)
- Art des Kundenkontakts (Bedienung, Selbstbedienung)
- Art des Standorts (Stadt, Stadtrand, Wohngebiet)
- Größe und Zusammensetzung des Sortiments

Ein weiteres Merkmal für die Unterscheidung der Betriebsformen ist z.B. die Größe der Verkaufsfläche.[252] Auch die Filialisierung, die Anzahl der Verkaufsstellen, eignet sich als ein Kriterium für die Unterscheidung der Betriebsformen.[253] Betriebe mit ähnlichen oder gleichen Merkmalen lassen sich zu einer Betriebsform zusammenschließen. Es existiert jedoch kein Katalog mit einheitlichen Kriterien für die jeweiligen Betriebsformen.[254]

Die Wahl der Betriebsform ist eine strategische Entscheidung, denn diese kann zu Erfolg oder Misserfolg führen. In der Vergangenheit zeigte sich, dass manche Unternehmen eine neue Betriebsform gründeten und damit den Weg für große Handelsunternehmen geebnet haben, z.B. bei den Warenhäusern das Warenhaus Karstadt.[255]

Berekoven unterteilt alle Betriebsformen des Einzelhandels in drei große Gruppen: den Versandhandel, den stationären Handel und den ambulanten und halbambulanten Handel.

---

[248] Vgl. Baum, 2002, S. 41f.
[249] Vgl. Ahlert/Kenning, 2007, S. 111.
[250] Müller-Hagedorn, 2005, S. 81.
[251] Vgl. Jauschowetz, 1995, S. 41.
[252] Vgl. Berekoven, 1995, S. 28.
[253] Vgl. Haller, 2001, S. 34.
[254] Vgl. Baum, 2002, S. 42.
[255] Vgl. Müller-Hagedorn, 2005, S. 80.

Zum Versandhandel zählen der Universal- und der Spezialversand. Der stationäre Handel unterteilt sich wieder in zwei Untergruppen, die Ladengeschäfte und der restliche stationäre Einzelhandel. Zum ersten zählen u.a. das Fachgeschäft, die Boutique, das Gemischtwarengeschäft, das Warenhaus, das Kaufhaus, der Verbrauchermarkt, das SB-Warenhaus (SB steht für Selbstbedienung), der Diskonter und der Fachmarkt. Zum restlichen stationären Einzelhandel gehören die Tankstelle, der Kiosk, der Automatenhandel und der Handel vom Lager. Als letzte große Gruppe wird der ambulante und halbambulante Handel genannt, wobei dazu u.a. der Straßenhandel, die Markthalle, der rollende Verkaufswagen, das Hausierer-Gewerbe und der Markthandel zählen.[256]

Dies wird in Tabelle 6 nochmals übersichtlich dargestellt.

Versandhandel	**Stationärer Handel**		**Ambulanter & halbambulanter Handel**
Universalversand	Ladengeschäfte	Restlicher stationärer Einzelhandel	Straßenhandel
Spezialversand	Fachgeschäft	Tankstelle	Markthalle
	Boutique	Kiosk	Rollender Verkaufswagen
	Gemischtwarengeschäft	Automatenhandel	Hausierer-Gewerbe
	Warenhaus	Handel vom Lager	Markthandel
	Kaufhaus		
	Verbrauchermarkt		
	SB-Warenhaus		
	Diskonter		
	Fachmarkt		

Tabelle 6: Systematik des Einzelhandels (Quelle: Berekoven, 1995, S. 28.)

256 Vgl. Berekoven, 1995, S. 28.

Es lässt sich somit von dieser Tabelle 6 ablesen, dass die Lebensmitteleinzelhändler zu den Ladengeschäften gezählt werden.

Zu den Food- und Near-Food-Betriebstypen zählen der Supermarkt, der Verbrauchermarkt, das SB-Warenhaus und der Hypermarkt, der Diskonter, der Convenience Store und der Drogeriemarkt.[257] Zum selbständigen nicht organisierten Einzelhandel im Nahrungsmittelbereich zählen der Kiosk, das Spezialgeschäft, der Gemischtwarenladen, der SB-Laden und der Supermarkt. Dem selbständig organisierten Einzelhandel werden auch der Gemischtwarenladen, der Selbstbedienungs-Laden, der Supermarkt und der Verbrauchermarkt zugerechnet.[258]

Es gibt eine Vielzahl an verschiedenen Betriebsformen, die auch beim Umsatz und der Anzahl Unterschiede aufweisen. Das traditionelle Fachgeschäft wird immer weniger nachgefragt. Bei dem Verbrauchermarkt und den SB-Warenhäusern stiegen die Umsätze. Hinzu kommt, dass ein Trend bei den Filialgeschäften und den Diskontformen in den letzten Jahren festgestellt wurde.[259]

Die am häufigsten vertretenen Betriebstypen im österreichischen Lebensmitteleinzelhandel sind der Verbrauchermarkt, der Supermarkt, der Diskonter, der Nachbarschaftsladen und der Convenience Store. Die eben genannten Food-Betriebstypen werden im Weiteren genauer erläutert:

Verbrauchermarkt

Der Verbrauchermarkt ist ein Großbetrieb des Einzelhandels, der ein breites und tiefes Sortiment an Nahrungs- und Genussmitteln aufweist.[260] Außerdem hat er ein breites und flaches Sortiment mit kurz- und mittelfristigen Gebrauchs- und Verbrauchsgütern.[261] Die Verkaufsfläche variiert zwischen 800 m² und 6000 m². Selbstbedienung ist ein gängiger

---

257 Vgl. Liebmann/Zentes/Swoboda, 2008, S. 396.

258 Vgl. Marschner, 1982, S. 47.

259 Vgl. Haller, 2001, S. 39.

260 Vgl. Ahlert/Kenning, 2007, S. 116.

261 Vgl. Haller, 2001, S. 37.

Service bei den Verbrauchermärkten. Konsumenten holen sich ihre Ware selbst und gehen dann zur Kasse bezahlen. Manchmal gibt es jedoch Bedienungspersonal, z.B. bei Frischeprodukten. Ca. 50 Prozent des Sortiments sind Food-Artikeln und der Rest kommt aus dem Non-Food-Bereich. Meistens bringt der Non-Food-Bereich mehr als ein Drittel des Umsatzes. Verbrauchermärkte sind meistens an guten Verkehrsanbindungen mit großem Parkplatzangebot zu finden. Die Kunden dieses Lebensmitteleinzelhändlers sind preisbewusst und mobil.[262] Der Verbrauchermarkt ist dem Selbstbedienungswarenhaus sehr ähnlich. Der einzige Unterschied ist, dass ein Verbrauchermarkt eine geringere Verkaufsfläche aufweist.[263] Verbrauchermärkte werden immer mehr durch ihre Convenience-Orientierung von den Kunden geschätzt. Kunden können ein sogenanntes „One-Stop-Shopping" durchführen. Sie bekommen alle Artikel in diesem Geschäft, da auf größeren Verkaufsflächen ein breiteres Sortiment angeboten werden kann.[264]

Supermarkt

Im Lebensmittelhandel haben sich die Supermärkte profilieren können. Durch ihre gute Warenhaltbarkeit, wo Waren problemlos länger gelagert werden konnten, machten sie Erfolge. Auch durch ihre Verpackungen wurde nur positives den Kunden kommuniziert. Der Supermarkt hat eine Verkaufsfläche von etwa 400 bis 800 m². Jedoch nicht nur Lebensmittel, sondern auch Artikel aus dem Non-Food-Bereich, wie z.B. Bekleidung, Schreibwaren oder Haushaltswaren werden im Supermarkt verkauft. Meistens umfasst das Sortiment zwischen 5000 bis 7000 Artikeln.[265] Neben den Nahrungs- und Genussmitteln werden auch Frischwaren, wie z.B. Obst, Gemüse und Fleisch verkauft.[266] Die Lebensmittel und die Non-Food-Waren für den kurzfristigen Bedarf werden in der mittleren Preisklasse angeboten. Es herrscht vorwiegend Selbstbedienung, wobei es auch einen Bedienungsbereich gibt.[267] Die Qualifikation der Mitarbeiter in diesem Bereich ist relativ hoch. Durch ihre attraktive Ausstattung und ihrer gute Lage, meistens wohnortnah

---

262 Vgl. Kotler/Keller/Bliemel, 2007, S. 903.

263 Vgl. Baum, 2002, S. 47.

264 Vgl. Liebmann/Zentes/Swoboda, 2008, S. 403.

265 Vgl. Kotler/Keller/Bliemel, 2007, S. 902.

266 Vgl. Haller, 2001, S. 37.

267 Vgl. Baum, 2002, S. 47.

aber auch in Vororten angesiedelt, können sie Kunden für sich gewinnen.[268] Ein Schwachpunkt des Supermarktes ist sein heterogenes Sortiment, welches er auf einer eher kleineren Verkaufsfläche verkaufen möchte. Der Frischebereich leidet oft darunter, da für diesen oft nur wenig Platz vorhanden ist. Oft wird deshalb auch ein Supermarkt vom Diskonter überholt. Bekannte Supermärkte sind REWE und Spar.[269]

Diskonter

Das Diskontprinzip ist meistens im Lebensmittelhandel zu finden. Führende Vertreter sind Aldi (Hofer), Lidl, Plus und Penny. Das charakteristischste Merkmal des Diskonters ist seine aggressive Preispolitik. Es wird versucht, Waren mit Niedrigpreisen anzubieten. Weitere Merkmale des Diskonters sind kostengünstige Standorte, billige Ausstattung der Verkaufsräume, Selbstbedienung und ein Sortiment problemloser Artikel. Die Kunden dieses Lebensmitteleinzelhändlers verzichten aufgrund der niedrigen Preise auf Service. Die Verkaufsflächen des Diskonters waren anfänglich zwischen 250 und 300 m^2, weiteten sich jedoch auf 500 bis 700 m^2 aus.[270] Wenn Diskonter eine hohe Werbeintensität verfolgen, dann ist ihre Angebotsstrategie einer permanenten Sonderangebotsstrategie sehr ähnlich.[271] Wichtig beim Diskontprinzip ist die hohe Umschlagshäufigkeit der Waren. Dadurch kann auch der niedrige Preis gewährleistet werden.[272] Diskonter haben oft ihre Standorte an kostengünstigen Stadtrandlagen.[273]

Der Diskonter wird noch ausführlicher im Kapitel 5.2. erläutert.

Nachbarschaftsladen

Der Nachbarschaftsladen ist der klassische Einkaufsladen, ein sogenannter „Tante-Emma-Laden". Dieser Lebensmitteleinzelhändler kann preislich nicht mit den größeren Unternehmen mithalten und muss sich daher voll und ganz auf die Kunden in seiner Nähe

---

268 Vgl. Liebmann/Zentes/Swoboda, 2008, S. 401.
269 Vgl. Ahlert/Kenning, 2007, S. 116.
270 Vgl. Kotler/Keller/Bliemel, 2007, S. 904.
271 Vgl. Haller, 2001, S. 38.
272 Vgl. Baum, 2002, S. 48.
273 Vgl. Liebmann/Zentes/Swoboda, 2008, S. 405.

konzentrieren. Der Marktanteil ist kaum erwähnenswert und so muss die persönliche Atmosphäre im Laden stimmen.[274] Die Verkaufsfläche des Geschäfts ist sehr klein. Der Standort ist wohnungsnah und frequenzintensiv.[275] Der Nachbarschaftsladen ist, durch die hohe Konkurrenz der billigeren Lebensmitteleinzelhandelsketten, kaum noch zu finden.[276]

Convenience Store

Eine Erweiterung des Nachbarschaftsladens ist der Convenience Store. Durch eine gezielte Sortimentspolitik können sie, obwohl ihr Preisniveau höher ausfällt, ihre Kunden halten. Ein besonderes Merkmal sind ihre besonderen Öffnungszeiten.[277] Es ist durchaus üblich, bis zu 24 Stunden geöffnet zu haben.[278] Auch durch ihre hochwertige und erlebnisorientierte Ladengestaltung und Warenpräsentation sind Convenience Stores gut besucht. Solche Geschäfte sind z.B. an Bahnhöfen, Flughäfen oder Tankstellen zu finden.[279] Die Verkaufsfläche wird sehr klein gehalten, aber ein One-Stop-Shopping ist möglich. Meistens werden pro Einkauf nur wenige Artikel gekauft, aber die Kundenfrequenz ist trotzdem sehr hoch.[280]

Zu den wichtigsten österreichischen Lebensmitteleinzelhändler zählen Unternehmen wie die REWE Group, Spar, Hofer, ADEG, ZEV MARKANT, Kastner, Kiennast, Pfeiffer, Wedl, Zielpunkt, Lidl und M-Preis. In der folgenden Tabelle 7 werden die wichtigsten Kennzahlen dieser Lebensmitteleinzelhändler miteinander verglichen. Es ist ersichtlich, dass die REWE Group den größten Anteil des Marktes für sich beansprucht. Sie deckt den Lebensmitteleinzelhandel indem sie Verbrauchermärkte, Supermärkte und Diskonter aufweisen kann. Spar kann ebenfalls einen großen Marktanteil mit 27,7 Prozent vorweisen. Das Unternehmen Spar besitzt sogar mehr Geschäfte als die REWE Group. Der Diskonter Hofer hat trotz seiner geringen Geschäftsanzahl über 19 Prozent des Marktanteils. Die

---

[274] Vgl. Kotler/Keller/Bliemel, 2007, S. 901.
[275] Vgl. Haller, 2001, S. 38.
[276] Vgl. Baum, 2002, S. 45.
[277] Vgl. Kotler/Keller/Bliemel, 2007, S. 901.
[278] Vgl. Haller, 2001, S. 38.
[279] Vgl. Baum, 2002, S. 45.
[280] Vgl. Liebmann/Zentes/Swoboda, 2008, S. 406.

anderen Diskonter Plus und Lidl sind in Österreich nicht sehr oft vertreten und dies spiegelt sich auch im Marktanteil wider. Es ist jedoch zu erwähnen, dass alle Zahlen von Hofer und Lidl von AC Nielsen nur geschätzt wurden. AC Nielsen sehen Verbrauchermärkte ab einer Verkaufsfläche von 1000 m² und Supermärkte als Geschäfte mit einer Verkaufsfläche von 400 bis 999 m².[281]

Unter-nehmen	**Geschäfts-anzahl**	**Verbraucher-märkte**	**Super-märkte**	**Unselb-ständige Händler**	**Diskonter**	**Markt-anteil 2007**
REWE Group	1388	Merkur	Billa	Sutterlüty	Penny	30%
Spar	1421	Interspar, Eurospar, Maximarkt	Eurospar, Spar	Spar		27,7%
Hofer	410				Hofer	19,7%
ADEG	693	Magnet	ADEG Aktiv, ADEG	ADEG Aktiv, ADEG		5,5%
ZEV Markant, Kastner, Kiennast, Pfeiffer, Wedl	966	TABOR, PRO Kaufland, WELAS	NAH & FRISCH, UNIMARKT	NAH & FRISCH + Kaufleute		5,3%
Zielpunkt	365		Zielpunkt		PLUS	4,5%
Lidl	168				Lidl	3,2%
M-Preis	146		M-Preis			

Tabelle 7: Rahmendaten vom Lebensmitteleinzelhandel in Österreich (Quelle: AC Nielsen, 2008a, S. 13, Stand vom 13.02.2009.)

281 Vgl. AC Nielsen, 2008a, S. 12f., Stand vom 13.02.2009.

Im Laufe der Jahre hat sich der österreichische Lebensmitteleinzelhandel verändert, was in Abbildung 7 gut reflektiert wird. Die Anzahl der Geschäfte hat sich etwas reduziert, jedoch ist der Umsatz weiter gewachsen. Vom Jahr 2006 auf das Jahr 2007 ist der Umsatz um ca. 0,6 Milliarden Euro gestiegen, das sind 3,8 Prozent. Die Anzahl der Geschäfte ist von 2006 auf 2007 um ca. 130 gesunken.[282]

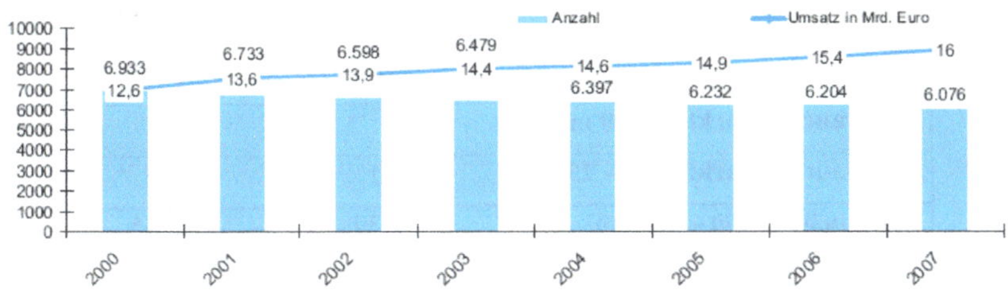

Abbildung 7: Umsatz des Lebensmitteleinzelhandels in Österreich von 2000 - 2007 (Quelle: AC Nielsen, 2008b, S. 14, Stand vom 13.02.2009.)

Um diese Umsatzzahlen noch besser zu verdeutlichen, werden die wichtigsten Lebensmitteleinzelhändler mit ihrem Umsatz in MIO Euro von 2006 und 2007 nochmals einzeln gezeigt:[283]

REWE Group	2006: 4577	2007: 4789,3
Spar	2006: 4244	2007: 4424,6
Zielpunkt	2006: 719	2007: 716,5
Hofer/Lidl	2006: 3450	2007: 3650

Dies ergibt Veränderungen bei der REWE Group von 4,6 Prozent, bei Spar von 4,3 Prozent, bei Zielpunkt von -0,3 Prozent und bei Hofer/Lidl von 5,8 Prozent. Bei allen Einzelhändlern, außer dem Zielpunkt, gab es einen Anstieg des Jahresumsatzes.[284]

---

282 Vgl. AC Nielsen, 2008a, S. 14f., Stand vom 13.02.2009.

283 Vgl. AC Nielsen, 2008a, S. 17, Stand vom 13.02.2009.

284 Vgl. AC Nielsen, 2008a, S. 17, Stand vom 13.02.2009.

Nicht nur der Umsatz hat sich im Lebensmitteleinzelhandel verändert, auch die Anzahl der Betriebstypen zeigt Änderungen auf. In Tabelle 8 ist zu erkennen, dass die Verbrauchermärkte, welche eine Verkaufsfläche über 2500 m² vorweisen, sich von 2006 auf 2007 um zwei Geschäfte reduziert haben. Auch die kleineren Verbrauchermärkte sind weniger geworden. Die Anzahl der Supermärkte ist jedoch gestiegen. Auch die Diskonter Hofer und Lidl konnten eine Erweiterung der Geschäftsstellen vorweisen.[285]

	Anzahl der Geschäfte	
	2006	**2007**
Verbrauchermarkt > 2500 m²	77	75
Verbrauchermarkt 1000 – 2500 m²	281	278
Supermärkte 400 – 1000 m²	2539	2555
Großer LH 250 – 400 m²	837	787
Kleiner LH bis 250 m²	1917	1803
Hofer/Lidl	553	578

Tabelle 8: Geschäftstypen des Lebensmitteleinzelhandels in Österreich (Quelle: AC Nielsen, 2008a, S. 19, Stand vom 13.02.2009.)

Es ist ersichtlich, dass die Diskonter auf der Überholspur sind. Dieses wird im folgenden Abschnitt noch mehr verdeutlicht, da der Diskonter genauer beschrieben wird. Seine Charakteristika und Besonderheiten werden herausgearbeitet.

5.2 Diskonter

Der erste Lebensmittel-Diskonter wurde in den USA gegründet. Vorerst wurde er als eine vorrübergehende Lösung im Lebensmitteleinzelhandel gesehen, jedoch war er vor dem zweitem Weltkrieg sehr erfolgreich. Auch seine unterschiedlichen Erscheinungsformen trugen zur endgültigen Einführung bei.[286]

---

[285] Vgl. AC Nielsen, 2008a, S. 19, Stand vom 13.02.2009.

[286] Vgl. Marschner, 1982, S. 58.

Der Diskonter ist eine Betriebsform des Einzelhandels, welcher ein enges Sortiment zu niedrigen Preisen anbietet. Bei der Werbung verfolgt der Diskonter eine Sonderangebotsstrategie, d.h. die Produkte, die in der Werbung vermarktet werden, werden als Sonderangebote gezeigt. Nur große Einzelhandelsunternehmen betreiben das Diskont-Prinzip, da sie große Einkaufsmengen bewältigen können.[287]

Folgende Charakteristika beschreiben Diskonter:[288]

- Es herrscht Selbstbedienung.
- Die Geschäftsausstattung ist einfach.
- Das Preisniveau ist niedrig.
- Das Sortiment ist breit und flach, ca. 700 bis 3000 Artikel.
- Beispiele für Diskonter im deutschsprachigen Raum wären Aldi, Lidl und Schlecker.

Das Preisniveau kann deshalb so niedrig gehalten werden, da nicht nur in großen Mengen eingekauft wird, sondern auch die Handelsleistungen, wie z.B. das Auspacken der Ware aus den Kartons, minimiert bzw. auf den Kunden übertragen werden.[289] Weitere Charakteristika eines Diskonters im Lebensmittelbereich wären die schnelldrehenden Produkte, die Eigenmarken oder namenlosen Marken und keine aufwendige Warenpräsentation.[290] Auf einer Verkaufsfläche zwischen 200 und 600 Quadratmeter werden die Lebensmittel des Alltags angeboten. Wichtig ist auch die Erreichbarkeit und die ausreichende Anzahl an Parkplätzen.[291]

Im Lebensmittelbereich lässt sich zwischen Hard-Diskonter und Soft-Diskonter unterscheiden. Das Hauptunterscheidungsmerkmal der beiden Diskontformen ist die Anzahl der angebotenen Artikel. Hard-Diskonter boten zwischen 600 und 800 Artikel an und verkauften früher nur wenig Frischware. Heutzutage jedoch hat sich so einiges

---

287 Vgl. Haller, 2001, S. 38.
288 Vgl. Birker/Voss, 2000, S. 20.
289 Vgl. Ahlert/Kenning, 2007, S. 116.
290 Vgl. Marschner, 1982, S. 59.
291 Vgl. Baum, 2002, S. 48f.

verändert, sogar der Hard-Diskonter führt Frischware, wie Fleisch, Molkereiprodukte, Obst und Gemüse. Der Soft-Diskonter führt zwischen 1200 und 1500 Artikel.[292]

Diskonter können in jeder gewünschten Größe auftreten. Die großen Diskonter sind wegen ihrer Größe vorwiegend im Lebensmittelhandel vertreten.[293] Diskonter sind aber auch in anderen Branchen zu finden, jedoch muss Aldi, der österreichische Hofer, als der Prominenteste genannt werden.[294] Neben dem großen Diskonter gibt es noch den Fachdiskonter, den Markenartikel-, den Handelsmarkenartikel-, den Einheitspreisdiskonter und die Diskontboutiquen:[295]

- Fachdiskonter – Dieser ist ein klein- bis mittelflächiges Einzelhandelsunternehmen, welches ein schmales und flaches Sortiment anbietet. Meistens werden Waren des täglichen Gebrauchs ohne Service verkauft.
- Markenartikeldiskonter – Diese verkaufen vorherrschend Markenartikel.
- Handelsmarkendiskonter – Diese setzen überwiegend Handelsmarken ab.
- Einheitspreisdiskonter – Hier werden Waren mit einem oder einigen Einheitspreisen versehen.
- Diskontboutiquen – In den letzten Jahren wird z.B. Kleidung, Parfüms oder Schmuck verkauft.

Um nicht nur die Unterschiede zwischen den verschiedenen Arten des Diskonters herauszuarbeiten, werden in Abbildung 8 die Unterscheidungsmerkmale zu anderen Betriebsformen des Einzelhandles dargestellt.

---

292 Vgl. Liebmann/Zentes/Swoboda, 2008, S. 405.
293 Vgl. Marschner, 1982, S. 59.
294 Vgl. Ahlert/Kenning, 2007, S. 116.
295 Vgl. Haller, 2001, S. 35.

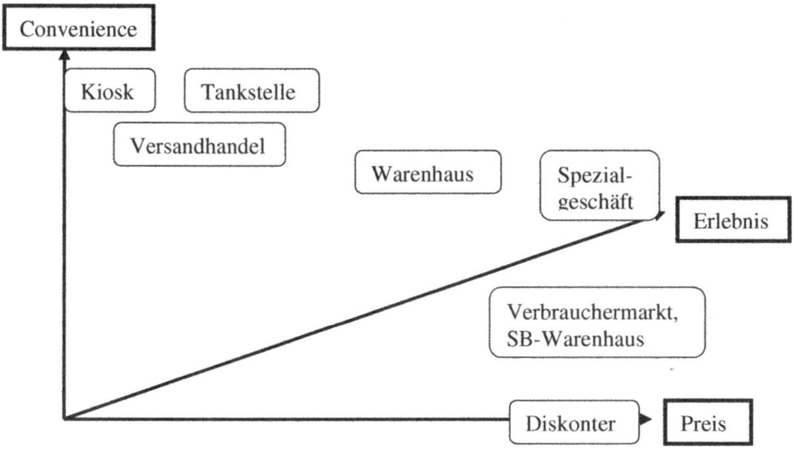

Abbildung 8: Diskonter im Vergleich zu anderen Betriebsformen (Quelle: Baum, 2002, S. 51.)

Das Preisniveau ist eines der entscheidenden Unterscheidungsmerkmale zu anderen Betriebsformen, wie z.B. den Spezialgeschäften. In Abbildung 8 lässt sich gut erkennen, wo der Diskonter im Vergleich zu anderen Betriebsformen des Einzelhandels einzuordnen ist. Er fährt auf der Preisschiene, im Gegensatz zum Kiosk, bei dem Bequemlichkeit sehr wichtig ist. Der Preis dominiert beim Diskonter. Auch der Erlebnisfaktor, welcher die Steigerung der Lebensqualität bewirken sollte, dominiert beim Diskonter nicht.[296]

Im Allgemeinen lässt sich feststellen, dass das ausschlaggebendste Charakteristikum des Diskonters das niedrige Preisniveau ist. Somit lässt sich feststellen, dass Konsumenten, die beim Diskonter kaufen, u.a. wegen der niedrigen Preise diese Unternehmen bevorzugen. Da Bio-Produkte beim Diskonter auch billiger sind als bei anderen Betriebsformen des Einzelhandels, könnte der Preisvorteil auch für den Kauf von Bio-Produkten bei Diskontern eine Rolle spielen.

Im nächsten Unterkapitel wird die Situation der Diskonter in Österreich erläutert.

---

296 Vgl. Baum, 2001, S. 51.

5.2.1 Lebensmitteldiskonter in Österreich

Zu den österreichischen Lebensmitteldiskontern zählen die Unternehmen Hofer, Lidl, Plus und Penny. Hofer hat im Jahr 2007 den größten Marktanteil mit 19,7 Prozent, danach folgt Zielpunkt mit 4,5 Prozent, wahrscheinlich gefolgt von Penny, wo nur der Marktanteil der gesamten REWE Group bekannt ist und als vierter Diskonter Österreichs erreicht Lidl einen Marktanteil von 3,2 Prozent. Hofer besitzt die meisten Geschäfte mit einer Anzahl von 410 und einem Umsatz von ca. 3 Mrd. Euro. Lidl kann 168 Geschäfte und einen Umsatz von ca. 500 Mio. Euro vorweisen.[297] Penny hat österreichweit 255 Filialen.[298] Der Diskonter erwirtschaftete im Jahr 2007 einen Umsatz von ca. 600 Mio. Euro.[299] Im Geschäftsjahr 2007/2008 besaß Zielpunkt 364 Standorte und macht einen Umsatz von ca. 660 Mio. Euro.[300]

In der nächsten Tabelle 9 werden die vorherigen Daten noch einmal übersichtlich dargestellt. Es ist zu beachten, dass die 30% Marktanteil bei Penny, den Marktanteil der ganzen REWE Group zeigen.

	Hofer	**Lidl**	**Penny**	**Zielpunkt**
Geschäftsanzahl	410	168	255	364
Umsatz in Mio. Euro	3152	512	613,7	659
Marktanteil 2007	19,7%	3,2%	30%	4,5%

Tabelle 9: Geschäftsdaten der Diskonter in Österreich (In Anlehnung an: AC Nielsen, 2008a, S. 13ff., Stand vom 13.02.2009; Penny, o.J.a, http://www.penny.at/Layouts/pe_Default.aspx?pageId=111573&folderId=43514, Stand vom 17.02.2009; presseportal.de, 2008, http://www.presseportal.de/pm/52007/1199703/rewe_group, Stand vom 16.2.2009; o.A., 2008f,

297 Vgl. AC Nielsen, 2008a, S. 13ff., Stand vom 13.02.2009.

298 Vgl. Penny, o.J.a, http://www.penny.at/Layouts/pe_Default.aspx?pageId=111573&folderId=43514, Stand vom 17.02.2009.

299 Vgl. presseportal.de, 2008, http://www.presseportal.de/pm/52007/1199703/rewe_group, Stand vom 16.02.2009.

300 Vgl. o.A., 2008f, http://www.oe24.at/wirtschaft/Zielpunkt_Oesterreich_baut_Geschaeftsfuehrung_um_333914.ece, Stand vom 16.02.2009.

http://www.oe24.at/wirtschaft/Zielpunkt_Oesterreich_baut_Geschaeftsfuehrung_um_333914.ece, Stand vom 16.2.2009.)

In den weiteren Unterkapiteln werden diese vier Diskonter hinsichtlich ihrer Geschichte, Sortiment und der Geschäftsdaten durchleuchtet.

5.2.1.1 Hofer

Hofer ist ein Tochterunternehmen der deutschen Unternehmensgruppe Aldi Süd. Das Unternehmen hat sich durch ihr Diskontprinzip im österreichischen Markt profilieren können. Durch die eigenständige Preis- und Sortimentspolitik kann Hofer seine qualitativ guten Produkte zu niedrigen Preisen anbieten. Nicht nur in Österreich sondern weltweit hat sich dieses Prinzip bewährt. Neben Ländern wie Großbritannien, Irland, Schweiz, Slowenien, den USA und Australien ist das Unternehmen auch in Österreich mit ca. 415 Filialen vertreten. Im Jahr 2008 gab es Neueröffnungen in Ungarn.[301]

Hofer behauptet von sich die Produkte anzubieten, die den Konsumenten den größten Nutzen bringen. Es wird versucht, sich auf das Wesentliche zu konzentrieren:[302]

- Konzentriertes Sortiment – Es werden ca. 850 Basisartikel des täglichen Bedarfs vertrieben. Zweimal pro Woche werden ca. 20 bis 30 Aktionsartikel angeboten. Durch den schnellen Warenumschlag können frische Artikel garantiert werden.
- Kompromisslose Qualitätsphilosophie – Hofer kontrolliert die Qualität der Produkte selbst und es werden immer wieder zusätzliche Qualitätstests in Lebensmittellabors durchgeführt.
- Durchdachtes Verkaufssystem – Durch eine übersichtliche Produktpräsentation, welche in allen Filialen gleich ist, erleichtert Hofer seinen Kunden das Einkaufen. Zusätzlich können durch dieses Verkaufssystem die Kosten gering gehalten werden.
- Verantwortungsbewusstes Management – Durch flache Hierarchien, ein hohes Verantwortungsbewusstsein und große Entscheidungskompetenz der Führungskräfte kann Hofer seine Ziele erreichen.

---

[301] Vgl. Hofer KG, 2009c, http://www.hofer.at/at/html/company/unternehmen1.htm, Stand vom 17.02.2009.

[302] Vgl. Hofer KG, 2009b, http://www.hofer.at/at/html/company/philosophie.htm, Stand vom 17.2.2009.

- Hochwertige Eigenmarken statt Markenartikel – Um die Unabhängigkeit und dadurch billigere Preise zu gewährleisten, bietet Hofer fast keine Markenartikel an. Hofer kann durch seine Eigenmarken gute Qualität zu niedrigen Preisen erzeugen, was dem Unternehmen einen hohen Stammkundenanteil verbuchen lässt.

Die Bio-Linie „Natur aktiv" kann viele unterschiedliche Produktgruppen vorweisen. Während der Gruppendiskussion werden folgende Produkte dieser Bio-Linie von Hofer verkostet und mit anderen Bio-Produkten von Diskontern verglichen:[303]

Natur aktiv Bio Vollmilch	
Natur aktiv Bio Leichtkäse	
Natur aktiv Bio Natur Joghurt	

Tabelle 10: Bio-Produkte von Hofer (Quelle: Hofer KG, 2009a, http://www.hofer.at/at/html/company/daten_fakten.htm, Stand vom 07.01.2009.)

303 Vgl. Hofer KG, 2009a, http://www.hofer.at/at/html/company/daten_fakten.htm, Stand vom 07.01.2009.

Obwohl es in den letzten Jahren einen allgemeinen Rückgang der Lebensmitteleinzelhandelsgeschäfte gab, konnte Hofer keinen Abbau verbuchen. Im Jahr 2005 gab es 368 Filialen in Österreich. Im folgenden Jahr 2006 wurde diese auf 397 Geschäfte ausgebaut und im Jahr 2007 konnte Hofer sogar schon 407 Filialen vorweisen. Auch beim Umsatz konnten Gewinne verbucht werden. In den letzten Jahren stieg der Umsatz im Jahr 2005 von rund 2,8 Mrd. Euro im Jahr 2006 auf ca. 3 Mrd. Euro und im Jahr 2007 erreichte Hofer eine Umsatz von rund 3,2 Mrd. Euro.[304]

5.2.1.2 Lidl

Lidl wurde in den 30er Jahren in Deutschland, in Schwaben, als „Lidl & Schwarz Lebensmittel-Sortimentsgroßhandlung“ gegründet. Später hat sich das Unternehmen geteilt und das Diskontlebensmittelgeschäft Lidl ist entstanden. Der zweite Teil des alten Unternehmens hat sich mit Selbstbedienungswarenhäusern und Verbrauchermärkten, wie Kaufland und Handelshof, selbständig gemacht. Heute gehört Lidl zur Schwarz Unternehmensgruppe und ist ein erfolgreicher Lebensmitteleinzelhändler, der in ganz Europa tätig ist. Lidl ist einer der wenigen Diskont-Lebensmitteleinzelhändler, der in fast jedem Land Europas vertreten ist. 1998 wurden in Österreich die ersten Lidl-Filialen eröffnet und seitdem wird die Anzahl der Geschäfte aufgestockt. Lidl versucht, mit bestmöglicher Qualität und niedrigen Preisen seine Kunden zufriedenzustellen. Es werden Artikel des täglichen Bedarfs eingekauft und dann an den Konsumenten weiterverkauft.[305]

Zu den Unternehmensgrundsätzen zählen u.a. folgende Punkte:[306]

- Kundenzufriedenheit bestimmt das Handeln.
- Das Preis-Leistungsverhältnis bestimmt die Marktposition.
- Durch kurze Entscheidungswege können Erfolge verbucht werden.
- Die Mitarbeiter werden fair behandelt und mit Lob und Anerkennung wird nicht gespart.

---

[304] Vgl. AC Nielsen, 2008a, S. 16, Stand vom 17.02.2009.

[305] Vgl. Lidl Austria GmbH, o.J.a, http://www.lidl.at/at/home.nsf/pages/c.service.au.history.index, Stand vom 17.02.2009.

[306] Vgl. Lidl Austria GmbH, o.J.d, http://www.lidl.at/at/home.nsf/images/grundsaetze/$file/01_Unternehmen.gif, Stand vom 17.02.2009.

Neben den Eigenmarken Lidl-Bioness, Lidl-Dulano, Lidl-Piratinos und Lidl-Linessa werden wöchentlich Produkte mit niedrigen Aktionspreisen angeboten. Es werden nicht nur Lebensmittel, sondern auch Dinge des täglichen Bedarfs verkauft.[307] Lidl-Bioness bietet Bio-Produkte mit hochwertiger Qualität an.[308] Mit Lidl-Dulano wurde eine Eigenmarke geschaffen, die ein breites Sortiment an Wurst und Schinken führt. Mit hoher Qualität und niedrigen Preisen werden diese Lidl-Produkte verkauft.[309] Lidl-Linessa steht für kalorienreduzierte und fettarme Produkte von Lidl. Lidl-Linessa Lebensmittel gibt es in allen Kategorien, wie Wurst, Käse, Milchprodukte, Getränke, Süßwaren, Feinkost, Tiefkühlkost und Knabberwaren, wie Chips. Bei Lidl soll nicht nur Geld, sondern auch Kalorien gespart werden.[310] Lidl-Piratinos ist eine Kinder-Eigenmarke von Lidl, die für leichten Käse und Fruchtdrinks steht.[311]

Zu der Bio-Linie Lidl-Bioness zählen viele unterschiedliche Produktgruppen. Während der Gruppendiskussion werden folgende Produkte von Lidl-Bioness verkostet und mit anderen Bio-Produkten von Diskontern verglichen:[312]

---

[307] Vgl. Lidl Austria GmbH, o.J.c, http://www.lidl.at/at/home.nsf/pages/i.home, Stand vom 17.02.2009.

[308] Vgl. Lidl Austria GmbH, 2009a, http://www.lidl-bioness.at/, Stand vom 17.02.2009.

[309] Vgl. Lidl Austria GmbH, 2009b, http://www.lidl-dulano.at/, Stand vom 17.02.2009.

[310] Vgl. Lidl Austria GmbH, o.J.b, http://www.lidl-linessa.at/, Stand vom 17.02.2009.

[311] Vgl. Lidl Austria GmbH, 2009c, http://www.lidl-piratinos.at/infos.php?se=18, Stand vom 17.02.2009.

[312] Vgl. Lidl-Bioness, 2009, http://www.lidl-bioness.at/sortiment.php?se=5, Stand vom 16.03.2009.

Bioness Bio Vollmilch	
Bioness Bio Bergkäse	
Bioness Bio Joghurt natur	

Tabelle 11: Bio-Produkte von Lidl (Quelle: Lidl-Bioness, 2009, http://www.lidl-bioness.at/sortiment.php?se=5, Stand vom 16.03.2009.)

Im Jahr 2007 gab es 168 Lidl-Filialen, wobei ein Anstieg in den letzten Jahren zu erkennen ist. Im Jahr 2005 waren 130 Geschäfte am Markt, 2006 stieg die Anzahl auf 155. Jedoch nicht nur die Anzahl der Filialen, sondern auch der Umsatz hat sich verbessert. Im Jahr 2005 konnte ein Umsatz von ca. 402 Mio. Euro verbucht werden. Im nächsten Jahr war ein Anstieg auf 462 Mio. Euro zu erkennen und im Jahr 2007 gab es einen Umsatz von 512 Mio. Euro.[313]

5.2.1.3 Penny

Penny Austria gehört zur REWE Group Austria, wie auch noch Billa, Merkur, Bipa, Johann Andert, Wegenstein, ITS Billa und Eurobilla. Penny ist der Lebensmitteldiskonter der REWE Group und ist europaweit mit ca. 2700 Filialen tätig. Im Jahr 2003 wurde der erste Penny Markt Österreichs eröffnet.[314]

---

313 Vgl. AC Nielsen, 2008b, S. 16, Stand vom 17.02.2009.

314 Vgl. Penny, o.J.a, http://www.penny.at/Layouts/pe_Default.aspx?pageId=111573&folderId=43514, Stand vom 17.02.2009.

Das Sortiment besteht aus ca. 1000 Artikeln des täglichen Bedarfs. Es werden nicht nur Markenartikel, sondern auch hochwertige Eigenmarken verkauft. Dazu zählen:[315]

- DELIKATESSA-Lebensmittel - wie u.a. Teigwaren, Zucker, Gewürze, Eier, Senf und Ketchup
- MILCHKANNE-Milch und Molkereiprodukte – wie u.a. Vollmilch, Buttermilch, Sauerrahm, Teebutter, Frischkäse, Tilsiter, Gouda und Joghurt
- ECHT B!O Produkte – das Bio-Sortiment umfasst Produkte, wie z.B. Zwiebeln, Kartoffeln, Butter, Tomaten, Kräuter und Freilandeier
- SWEET GOLD Süßwaren – wie z.B. Trinkkakao, Schokobananen, Karottenkuchen, Rum Kokos Kugeln, Haselnussschnitten und Milchkaramellen
- WAKE UP Getränke – hier gehört u.a. Cola, Orangenlimonade, Zitronenlimonade, Sodawasser, Apfelnektar und Orangenektar dazu
- GOURMET GOLD Tiefkühlprodukte – wie z.B. Kaisergemüse, Junge Erbsen, Cremespinat, Rahmfisolen und Rotkraut
- RICKI und ROCKY Tiernahrung – Tierfutter wie u.a. Katzenfutter und Hundefutter
- CELIMOLL Hygieneartikel – wie z.B. Toilettenpapier, Taschentücher und Servietten
- POTZ BLITZ Reinigungsmittel – wie u.a. Vollwaschmittel, Feinwaschmittel, Scheuermilch, Glasreiniger und Badreiniger

Drei Produkte der Bio-Linie ECHT B!O sind für die Gruppendiskussion relevant. Auch diese Produkte von Penny werden verkostet und mit anderen Bio-Produkten von Diskontern verglichen:[316]

---

315 Vgl. Penny, o.J.c, http://www.penny.at/Layouts/pe_Default.aspx?pageId=110357&folderId=43742, Stand vom 17.02.2009.

316 Vgl. Penny, o.J.b, http://www.penny.at/Layouts/pe_NaviTop.aspx?pageId=110362&folderId=43892&LinkContent=pe_Quotes.aspx, Stand vom 16.03.2009.

ECHT B!O Vollmilch	
ECHT B!O Tilsiter	
ECHT B!O Naturjoghurt	

Tabelle 12: Bio-Produkte von Penny (Quelle: Penny, o.J.b, http://www.penny.at/Layouts/pe_NaviTop.aspx?pageId=110362&folderId=43892&LinkContent=pe_Quotes.aspx, Stand vom 16.03.2009.)

Auch der Diskonter Penny, welcher zur REWE Group gehört, verbucht Gewinne. Penny ist mit seinen Diskontläden vor allem außerhalb Deutschlands sehr erfolgreich. In Österreich stieg der Umsatz im Geschäftsfahr 2007 um neun Prozent, womit ca. 600 Mio. Euro erreicht wurden.[317] Österreichweit hat Penny ca. 255 Filialen.[318]

5.2.1.4 Zielpunkt

Im Jahr 1976 wurden die ersten Zielpunkt-Classic Filialen eröffnet. Danach wurde das Unternehmen Zielpunkt immer weiter ausgebaut und vor allem ein Frische-Bereich wurde hinzugefügt. Zielpunkt gehört zur deutschen Tengelmann-Gruppe. 2003 wurde der Hard-

---

317 Vgl. presseportal.de, 2008, http://www.presseportal.de/pm/52007/1199703/rewe_group, Stand vom 16.02.2009.

318 Vgl. Penny, o.J.a, http://www.penny.at/Layouts/pe_Default.aspx?pageId=111573&folderId=43514, Stand vom 17.02.2009.

Diskonter Plus eröffnet, jedoch wurden mit Oktober 2008 alle 97 Plus Filialen in die Zielpunkt-Marke integriert.[319]

Das Unternehmen ist hauptsächlich im Osten Österreichs tätig. Er ist ein Lebensmitteleinzelhändler, der zu Diskontpreisen verkauft. Das Sortiment von Zielpunkt ist sehr vielfältig, es reicht von hochwertigen Markenartikel bis zu qualitativhochwertigen Eigenmarken. Vor allem die zwei ernährungsbewussten Linien „Viva Vital" und die Bio-Marke „Bio Bio" sind bei Zielpunktkunden sehr beliebt. Die Fleisch- und Wurstware erhält Zielpunkt vom Feinkost-Spezialist „Schirnhofer".[320] Um die regionale Produktion der Lebensmittel zu fördern, werden regionale Produkte vermehrt in das Sortiment des jeweiligen Filialstandortes aufgenommen. Somit kann Zielpunkt eine frische Ware aus Österreich gewährleisten. Außerdem kann so eine kürzere Transportzeit der Lebensmittel garantiert werden.[321]

Die Bio-Marke „Bio Bio" von Zielpunkt weist unterschiedliche Produktarten auf. Da das Bio Bio Naturjoghurt aus dem Sortiment genommen wurde, können bei der Gruppendiskussion nur folgende Produkte mit anderen Bio-Produkten von Diskontern verglichen werden:[322]

---

[319] Vgl. Zielpunkt GmbH & Co KG, o.J.b, http://www.zielpunkt.at/Geschichte_29.html, Stand vom 17.02.2009.

[320] Vgl. Zielpunkt GmbH & Co KG, o.J.d, http://www.zielpunkt.at/UeberUns_28.html, Stand vom 17.02.2009.

[321] Vgl. Zielpunkt GmbH & Co KG, o.J.c, http://www.zielpunkt.at/ImRegal_18.html, Stand vom 17.02.2009.

[322] Vgl. Zielpunkt GmbH & Co KG, o.J.a, http://www.zielpunkt.at/BioBio_54.html, Stand vom 16.03.2009.

Bio Bio Vollmilch	
Bio Bio Bergkäse	

Tabelle 13: Bio-Produkte von Zielpunkt (Quelle: Zielpunkt GmbH & Co KG, o.J.a, http://www.zielpunkt.at/BioBio_54.html, Stand vom 16.03.2009.)

Zielpunkt möchte nicht mehr als Hard-Diskonter, sondern als Soft-Diskonter agieren. Zielpunkt hatte im Juli 2008 364 Filialen und erwirtschaftete rund 659 Mio. Euro Umsatz.[323]

Es ist ersichtlich, dass alle vier Einzelhändler eindeutig nach dem Diskontprinzip verkaufen. Wie bereits erwähnt, wird bei dieser genaueren Betrachtung klar, dass Hofer Marktführer ist, dicht gefolgt von Penny. An dritter Stelle befindet sich Zielpunkt und als vierter reiht sich Lidl noch dazu. Dies ist an der Anzahl der Geschäftsstandorte, des Marktanteils und des Umsatzes gut zu erkennen.

Wie bereits erwähnt, haben die meisten Diskonter Eigenmarken, die sie dann billiger als Markenartikel an den Endkonsumenten weiterverkaufen. Im nächsten Kapitel wird die Markenpolitik beim Diskonter näher erläutert.

---

323 Vgl. o.A., 2008f, http://www.oe24.at/wirtschaft/Zielpunkt_Oesterreich_baut_Geschaeftsfuehrung_um_333914.ece, Stand vom 16.02.2009.

5.2.2 Marken beim Diskonter

Diskonter, wie z.B. Aldi bieten branchenübergreifend vorrangig nur Handelsmarken an.[324] Der Diskonter Hofer führt hauptsächlich hoch qualitative Eigenmarken. Aufgrund der Eigenmarken ist es Hofer deshalb möglich, so billige Preise für seine Produkte zu verlangen. Dazu zählen z.B. das Speiseeis „Grandessa", oder das Waschmittel „Tandil" und auch u.a. die Bio-Linie „Natur aktiv".[325] Es ist bewiesen, dass Konsumenten Bio-Marken und Öko-Marken mit höherer Qualität verbinden.[326]

Im folgenden Kapitel wird erklärt, was Handelsmarken sind und welche Arten von Handelsmarken es gibt.

5.2.2.1 Handelsmarken

„Eine Handelsmarke ist eine Marke, die sich im rechtlichen Eigentum einer Handelsunternehmung befindet und mit der die jeweilige Handelsunternehmung Artikel bezeichnet."[327]

Handelsmarken sind Unterformen der Markenware, die aussagen, wer das rechtliche Eigentum der Marke trägt und wer das Recht hat, sie zu verwenden.[328] Handelsmarken werden auch Eigenmarken genannt. Sie sind das Gegenteil von Herstellermarken, da in diesem Fall der Handel der Markeneigner ist.[329]

Handelsunternehmen bauen ihr Sortiment oft mit Handelsmarken aus. Handelsmarken haben, abhängig von der Betriebsform, einen größeren oder kleineren Anteil am Umsatz. Zu den Handelsmarken lassen sich oft Produkte, wie Fertiggerichte, Tiefkühlkost, Obst- und Gemüsekonserven, oder Hygieneartikel zählen. Mit der Entwicklung von Eigenmarken erweitert sich der Aktionsrahmen des Händlers. Handelsunternehmen sind dann nicht mehr

---

324 Vgl. Liebmann/Zentes/Swoboda, 2008, S. 511.
325 Vgl. Hofer KG, o.J., http://www.stadt-wien.at/index.php?id=hofer, Stand vom 07.01.2009.
326 Vgl. Liebmann/Zentes/Swoboda, 2008, S. 511.
327 Ahlert/Kenning/Schneider, 2000, S. 28.
328 Vgl. Müller-Hagedorn, 2005, S. 57.
329 Vgl. Berekoven, 1995, S. 134.

von den Herstellern abhängig. Weiters kann sich der Einzelhändler durch die Handelsmarken von seiner Konkurrenz abgrenzen, da die anderen Unternehmen nicht diese Marken anbieten können.[330] Durch diese Wettbewerbsprofilierung wird der Händler auch zum Hersteller. Die Eigenmarken werden vom Händler selbst entwickelt, gestaltet, eingeführt und gesteuert.[331] Weiters wird die Produktionsmenge festgelegt und der Preis gebildet.[332] Jedoch nicht nur die Wettbewerbsprofilierung ist eine Funktion der Handelsmarke, auch die Bindung zum Kunden soll dadurch verstärkt werden. Durch die Eigenmarken können emotionale Bindungen zum Kunden hergestellt werden. Doch der wohl am ehesten von den Konsumenten bemerkte Vorteil von Handelsmarken ist der niedrige Preis, trotz gleichbleibender Qualität.[333]

Handelsmarken können im niedrigen bis hohen Preissegment positioniert sein und sind nicht mehr nur im niedrigen bis mittleren Preisniveau zu finden. Im Lebensmittelbereich hat sich z.B. das deutsche Unternehmen „Butter Lindner“ im Hochpreissemgent positioniert.[334]

Eigenmarken sind Handelsmarken und daher sind die Bio-Marken, wie z.B. „Natur aktiv“, „BioBio“ oder „Bioness“ Handelsmarken von Diskontern. Handelsmarken können auch preiswerter angeboten werden, da diese von den Händlern produziert und verkauft werden. Die Hersteller sind somit in der Wertschöpfungskette nicht mehr vorhanden. Jedoch gibt es verschiedene Arten von Marken. Die gesundheitsbewusste Linie von Hofer „Natur aktiv“ ist z.B. eine Dachmarke. Jedoch wird dieses im nächsten Unterkapitel genauer erläutert.

5.2.2.2 Arten von Handelsmarken

Es gibt mehrere Arten von Handelsmarken, welche nach der Anzahl der Marken entweder in eine Einzelmarke, Warengruppenmarken oder Sortimentsmarken unterteilt werden.[335]

---

330 Vgl. Birker/Voss, 2000, S. 30f.
331 Vgl. Haller, 2001, S. 142.
332 Vgl. Baum, 2002, S. 215.
333 Vgl. Ahlert/Kenning, 2007, S. 149.
334 Vgl. Haller, 2001, S. 144f.
335 Vgl. Birker/Voss, 2000, S. 32.

Nicht nur die Anzahl, auch der inhaltliche Bezug kann ein Unterscheidungsmerkmal von Handelsmarken sein:[336]

- Einzelmarke – Nur ein Artikel wird unter dieser Marke angeboten. Er kann sich jedoch in der Größe oder Farbe der Verpackung unterscheiden.[337] Durch diese Individualmarke können die besonderen Charakteristika eines Produktes hervorgehoben werden.[338] Die Marke löst sich sozusagen vom Unternehmen. Die Konsumenten schenken ihr Vertrauen der Marke und eher weniger dem anbietenden Unternehmen. Als Beispiel wäre hier das Waschmittel „Tandil" von Hofer zu nennen.[339]
- Warengruppenmarken – Unter einer Warengruppe wird eine Dachmarke verstanden, die mehrere ähnliche Waren unter sich hat. Der Sinn dahinter sind Synergieeffekte. Denn wenn ein Produkt dieser Dachmarke z.B. in der Werbung auftritt, wird es dann mit der ganzen Dachmarke verbunden.[340] Nicht nur durch die Werbung können Synergieeffekte gewonnen werden, sondern durch den Aufbau eines Markennamens überhaupt. Denn dieser verursacht sehr hohe Kosten und mit einer Warengruppenmarke können Kosten gespart werden.[341] Jedoch müssen die Produkte unter der Dachmarke nicht alle preislich gleich sein, es können welche im höheren und manche im unteren Preissegment liegen.[342] Als Beispiel für Warengruppenmarken können die Handelsmarken von Deichmann genannt werden.[343] Auch „Privileg" von Quelle zählt zu den Warengruppenmarken.[344]
- Sortimentsmarken – Unter Sortimentsmarken werden Marken verstanden, die ganze Warenbereiche führen. Auch hier können sehr hohe Synergieeffekte entstehen.[345] Sortimentsmarken werden auch als Unternehmensmarken bezeichnet. Diese

---

336 Vgl. Ahlert/Kenning/Schneider, 2000, S. 29.
337 Vgl. Birker/Voss, 2000, S. 32.
338 Vgl. Haller, 2001, S. 145f.
339 Vgl. Berekoven, 1995, S. 135.
340 Vgl. Birker/Voss, 2000, S. 32.
341 Vgl. Baum, 2002, S. 217.
342 Vgl. Haller, 2001, S. 146.
343 Vgl. Ahlert/Kenning/Schneider, 2000, S. 51.
344 Vgl. Berekoven, 1995, S. 135.
345 Vgl. Liebmann/Zentes/Swoboda, 2008, S. 514.

repräsentieren das ganze Handelsunternehmen anhand eines Logos. Als Beispiel für solch eine Unternehmensmarke ist „Dr. Oetker“ zu nennen.[346] Auch der Markenname kann das Handelsunternehmen repräsentieren, z.B. Albrecht-Kaffe für Aldi.[347] Weiters gehören auch noch „Ikea“ und „Obi“ zu den Sortiments- bzw. Firmenmarken.[348]

Es gibt mehrere Arten von Handelsmarken. Welche Marke für das Handelsunternehmen am günstigsten ist, muss jedes Unternehmen selbst entscheiden. Die Einzelmarke hat den Vorteil, sich nur auf ein Produkt zu konzentrieren. Mit der Warengruppemarke können Synergieeffekte gewonnen werden und die Sortimentsmarke kann ein ganzes Handelsunternehmen repräsentieren.

5.2.3 Bio beim Diskonter

Der Anteil an Bio-Produkten beim Diskonter steigt. Seit 2003 ist der Anteil mengenmäßig um ca. zehn Prozent gestiegen und jetzt liegt er bereits über 35 Prozent. Gründe für diesen Anstieg sind u.a. die Einführung von Bio-Eigenmarken der Diskonter. Immer mehr Konsumenten kaufen biologische Lebensmittel beim Diskonter. Bevorzugte Käufer sind Familien mit Kindern. Denn auch bei Bio-Ware vom Diskonter ist das Preisniveau deutlich unter dem der anderen Lebensmitteleinzelhändler.[349] Daher ist Bio-Ware wieder preiswerter und hat somit höhere Bedeutung erlangt. In Deutschland verfügen Aldi, Lidl und die anderen Diskonter schon über den Bio-Markt. Plus war jedoch mit der Marke BioBio der erste Anbieter.[350]

Die Eigenmarke von Plus „BioBio“ ist seit 2002 vertreten und führt bereits mehr als 60 Produkte aus unterschiedlichen Gruppen, wie z.B. Tiefkühlgerichte, Fertiggerichte oder

---

346 Vgl. Birker/Voss, 2000, S. 32.

347 Vgl. Ahlert/Kenning/Schneider, 2000, S. 29.

348 Vgl. Haller, 2001, S. 145.

349 Vgl. Lebensministerium Öffentlichkeitsarbeit, 2007, http://www.lebensmittelnet.at/article/articleview/55712/1/8149, Stand vom 04.01.2009.

350 Vgl. Holler, 2007, http://www.wiso-net.de/webcgi?START=A60&DOKV_DB=ZECO&DOKV_NO=LMZ080724112&DOKV_HS=0&PP=1, Stand vom 02.01.2009.

Milchprodukte. Aber nicht nur Plus erkennt den Bio-Trend, auch Lidl versucht, durch die Einführung der Eigenmarke „Bioness" im April 2006 die Konsumentenwünsche zu befriedigen. Das Sortiment von Bioness ist sehr weitläufig von der Bio-Wurst bis zum Bio-Müsli. Da Plus und Lidl mit dem Bio-Trend mitziehen, führte Penny auch im Jahr 2006 die Bio-Linie „Naturgut" ein. Penny ist es wichtig, gute, qualitativ hochwertige ökologische Produkte dem Kunden zu verkaufen, jedoch zum Diskont-Preis.[351] Auch der Diskonter „Hofer" baut seine Eigenmarke „Zurück zum Ursprung" aus. Juli 2009 werden die bisherigen Milchprodukte auf biologisch umgestellt wobei Fleisch und Eier hinzu kommen. Derzeit verkauft der Diskonter biologisches Brot, Gemüse und Milchprodukte.[352] Hofer führt jedoch nicht nur die Dachmarke „Zurück zum Ursprung", sondern auch die Bio-Marke „Natur aktiv", welche schon seit 2002[353] besteht. Natur aktiv-Produkte sind ökologische Lebensmittel, wie z.B. Bio-Nudeln, Bio-Obst, Bio-Brot, Bio-Fleisch, Bio-Gemüse, Bio-Olivenöl und Bio-Milchprodukte.[354]

Obwohl es im Handel Preissenkungen bei Milch gab, blieben die Preise für Bio-Milch beim Diskonter gleich.[355] Biologische Lebensmittel werden trotz Preissenkungen am ehesten bei den Diskontern gekauft. Die billigen Eigenmarken der Diskonter sind preiswerter.[356] Trotz der billigen Preise ist die Qualität der Bio-Diskont-Ware notgedrungen nicht schlechter. Die ÖKO-TEST Verlag GmbH hat dies getestet und bestätigt, dass Konsumenten den Bio-Produkten vom Diskonter vertrauen können. Die Qualität leidet nicht unter den niedrigen Preisen.[357] Trotz Qualität differenzieren sich die unterschiedlichen Bio-Produkte immer noch anhand des Preises voneinander. Da der

---

351 Vgl. o.A., 2008b, http://www.oekolandbau.de/verbraucher/kaufen/bio-im-supermarkt/bio-im-discounter/, Stand vom 06.01.2009.

352 Vgl. o.A., o.J., http://www.oe24.at/wirtschaft/Diskonter_Hofer_baut_Bio-Sortiment_aus_395595.ece, Stand vom 06.01.2009.

353 Vgl. Hofer KG, 2009a, http://www.hofer.at/at/html/company/daten_fakten.htm, Stand vom 07.01.2009.

354 Vgl. Hofer KG, o.J., http://www.stadt-wien.at/index.php?id=hofer, Stand vom 07.01.2009.

355 Vgl. o.A., 2008c, http://www.bioland.de/erzeuger/aktuelles/bio-milch/meldungen-bio-milch.html, Stand vom 06.01.2009.

356 Vgl. Imlinger, 2008, http://diepresse.com/home/wirtschaft/economist/437597/index.do, Stand vom 06.01.2009.

357 Vgl. Öko-Test Verlag, 2006, http://www.oekotest.de/cgi/ot/otgs.cgi?doc=40455, Stand vom 06.01.2009.

Diskonter Bio-Produkte zu einem niedrigeren Preis anbietet, ist bei diesem Preiskampf noch lange kein Ende zu sehen.[358]

Es wurde festgestellt, dass Bio-Käufer lieber Bio-Produkte in Supermärkten oder bei Diskontern erwerben. Die früher einmal gefragten Reformhäuser und Bio-Läden sind heute nicht mehr gefragt. Supermärkte und Diskonter bieten einfach eine gute Mischung an Eigenmarken, Marken, Bio und regionalen Produkten an.[359] Auf der anderen Seite meint Michael Radau, Gründer der SuperBioMarkt AG, bei einem Interview, dass Diskonter nicht geeignet sind für den Bio-Verkauf. Der Hauptgrund dafür ist, dass Menschen die Beratung beim Kauf von Bio-Produkten verlangen. Diese Beratung ist jedoch bei Diskontern nicht vorhanden. Daher kann das Diskontkonzept mit Bio-Produkten auf Dauer nicht funktionieren.[360]

Trotz mancher Bedenken, funktioniert der Verkauf von Bio-Produkten bei Diskontern gut. Denn immerhin wollen die Diskonter Hofer, Lidl, Penny und Plus ihre Eigenmarken ausbauen. Der Bio-Anteil der Diskonter steigt und wird von den Konsumenten nachgefragt. Der Hautgrund dafür wird sicherlich der Preisvorteil sein. Denn es ist bewiesen, dass die Diskont-Bio-Produkte preiswerter sind als die der anderen Einzelhändler.

---

358 Vgl. o.A., 2008a, http://www.wiso-net.de/webcgi?START=A60&DOKV_DB=ZECO&DOKV_NO=AFZ060818049&DOKV_HS=0&PP=1, Stand vom 06.01.2009.

359 Vgl. Sulzmann, 2008, http://www.wiso-net.de/webcgi?START=A60&DOKV_DB=ZECO&DOKV_NO=LMZ090812161&DOKV_HS=0&PP=1, Stand vom 06.01.2009.

360 Vgl. Koch, 2008, http://www.taz.de/1/zukunft/konsum/artikel/1/bio-und-discount-vertragen-sich-nicht/, Stand vom 06.01.2009.

6. Conclusio

Um eine empirische Analyse bezüglich der Kaufmotive bei Bio-Produkten von Diskontern durchführen zu können, ist es notwendig, die einzelnen Aspekte dieser Thematik theoretisch näher zu erläutern. In den Kapiteln 2 bis 5 wurde u.a. festgestellt, dass das Kaufverhalten von einigen Faktoren beeinflusst wird. Nicht nur die kulturellen Faktoren, wie z.B. Rasse oder soziale Schicht, auch die sozialen und persönlichen Faktoren spielen eine wesentliche Rolle. Die Familie oder aber auch die Werte und Einstellungen bestimmen das Kaufverhalten sehr. Psychologische Faktoren, wie z.B. Motivation, Emotion, Wahrnehmung oder Gedächtnis haben einen starken Einfluss beim Kauf von Produkten. All diese Faktoren müssen bei der Vermarktung von Bio-Produkten vom Diskonter berücksichtigt werden. Gerade bei biologischen Produkten, wo das Vertrauen und die Glaubwürdigkeit eine große Rolle spielen, werden Käufer von Faktoren, wie der Familie oder Freunden, stark beim Einkauf beeinflusst. Kinder, die das Einkaufsverhalten der Eltern kennen, werden höchst wahrscheinlich auch später einmal zu Bio-Produkten greifen, wenn sie dieses von den Eltern kennen. Auch der Lebenspartner hat gerade beim täglichen Einkauf enorm viel Einfluss.

Nicht nur die Einflussfaktoren, sondern auch der Kaufentscheidungsprozess sollten näher angesehen werden. Beim Kaufentscheidungsprozess, welcher aus mehreren Phasen besteht, ist zu berücksichtigen, dass beim Kauf von Lebensmitteln eine Vereinfachung des Prozesses möglich ist. Die Vorkaufphase, die Kaufphase und die Nachkauf-/Nutzungsphase werden eher nur bei komplexeren Käufen durchlaufen. Jedoch auch beim Erstkauf von Bio-Produkten beim Diskonter kann es eine Vorkaufphase geben. Informationen bezüglich der Produkte werden gesammelt, danach wird selektiert und dann gekauft. Nach dem Kauf werden die Bio-Produkte bewertet. Weiters lassen sich vier Arten von Kaufentscheidungen feststellen, extensiv, limitiert, habitualisiert und impulsiv. Der Kauf von Routineprodukten, wie Lebensmitteln, ist ein habitualisierter Kauf. Der Erstkauf von Bio-Produkten kann jedoch auch ein impulsiver sein, da dieser ungeplant und spontan ist.

Warum werden Bio-Produkte gekauft, welche Motive stehen dahinter? Es lässt sich feststellen, dass verschiedenste Motive auf das Kaufverhalten einwirken. Manche Käufer handeln rational und versuchen sparend, d.h. ökonomisch, einzukaufen. Das ökonomische

Wirtschaften ist heutzutage eine der Hauptaufgaben einer Mutter, die für eine ganze Familie sorgt. Es ist daher möglich, dass sie wegen dem Preisvorteil zum Diskonter einkaufen geht. Auch die Liebe zu einem Partner, zur Familie oder Sex und Erotik führen zum Kauf von Produkten. Die Abwechslung oder die Neugier auf etwas Neues, wie z.B. Bio-Produkte vom Diskonter, können einen Kauf veranlassen. Ein weiteres Kaufmotiv für Bio-Produkte ist die Gesundheit. Vor allem Eltern kaufen biologische Lebensmittel, um die eigenen Kinder gesünder zu ernähren. Bio-Produkte vermitteln eine gewisse Sicherheit, die Eltern ihren Kinder mitgeben möchten. Andere wiederum kaufen Produkte, da diese zu einer sozialen Anerkennung oder eines besseren Images führen. Es wäre z.B. möglich, dass biologische Produkte gekauft werden, damit andere Menschen sehen, dass der Käufer sich gesund und „figurbewusst" ernährt. Das Image könnte so aufgebessert werden. Eine Vielzahl von Motiven wirkt auf das Kaufverhalten ein. Diese können anhand verschiedenster Verfahren, wie z.B. durch eine Gruppendiskussion, erforscht werden.

Auch beim Bio-Boom sind bestimmte Motive für diesen Trend erkennbar. Die Umweltverbesserung, die gesunde Ernährung, die Gesundheit der Kinder und die artgerechte Haltung der Tiere sprechen für diesen Boom. Vor allem aber die gesunde Ernährung der Konsumenten und ihrer Kinder sind ein Grund für den vermehrten Konsum von biologischen Produkten. Bei biologischen Lebensmitteln muss auf einige Bestimmungen geachtet werden, wie z.B. keine Verwendung von Kunstdünger und schonende Bodennutzung. Verschiedenste Kontrollstellen, wie z.B. die Austria Bio Garantie, überprüfen, ob die Lebensmittel auch wirklich von ökologischem Anbau sind. Nur die Produkte, wo alle Bestimmungen befolgt wurden, werden mit einem Qualitätssiegel versehen. Das Qualitätssiegel kann entweder mit einem Logo von der Austria Bio Garantie, von der EU, vom Agrarmarkt Austria oder von einem Biobauern stammen. Auch die Bio-Produkte vom Diskonter sind mit einem Qualitätssiegel versehen. Viele dieser unterschiedlichen Zeichen sind sehr verschieden. Wichtig ist aber, dass die Käufer dem Qualitätssiegel vertrauen. Die Glaubwürdigkeit der Bio-Produkte vom Diskonter wird heutzutage immer stärker. Immer mehr Konsumenten vertrauen dem Diskonter und dem Bio-Siegel.

Im Lebensmitteleinzelhandel hat sich in den letzten Jahren ein Trend zum Diskonter entwickelt. Das Diskontprinzip, Eigenmarken zu billigen Preisen zu verkaufen, läuft gut

und die Konsumenten nehmen es an. Diskonter, wie Hofer, Lidl, Zielpunkt und Penny, sind auf der Überholspur. Ihr Marktanteil hat sich in den letzten Jahren vergrößert. Dazu hat u.a. die Einführung von Bio-Produkten beigetragen. Der Diskonter spricht durch sein breites und flaches Sortiment von ca. 700 bis 3000 Artikeln viele Käufer an. Die Kunden verzichten gerne auf das Service und auf eine aufwendige Geschäftsausstattung, um die niedrigen Preise zu erhalten.
Der führende Lebensmitteldiskonter in Österreich ist Hofer, gefolgt von Lidl, Penny und Zielpunkt. Alle Diskonter bieten Bio-Produkte billiger an als andere Lebensmitteleinzelhändler. Die Eigenmarkenstrategie der Diskonter ist auch bei biologischen Produkten erfolgreich. Marken wie „Natur aktiv“, „Lidl-Bioness“, „ECHT B!O“ und „Bio Bio“ gewinnen an Bedeutung. Der Anteil an Bio-Produkten beim Diskonter steigt.

Es ist erkennbar, dass biologische Produkte boomen. Die Konsumenten möchten gesunde Lebensmittel und kaufen daher eher Bio-Produkte. Da die Diskonter mit ihren hochwertigen Eigenmarken zu billigen Preisen immer beliebter werden, müssen andere Lebensmitteleinzelhändler, wie Spar, Adeg oder Pfeiffer, ihren Marktanteil ernsthaft verteidigen.

7. Qualitative Untersuchung der Kaufmotive von Bio-Produkten bei Diskontern

Zweck dieser qualitativen Untersuchung ist es, die Kaufmotive von Bio-Produkten bei Diskontern zu erforschen und zu interpretieren. Die zentrale Fragestellung „Welche Motive lassen sich beim Kauf von Bio-Produkten bei Diskontern bei Konsumenten feststellen?" soll beantwortet werden. Ziel ist es zu erfahren, warum die Befragten biologische Produkte bei Lebensmitteldiskontern kaufen bzw. nicht kaufen. Anhand einer Gruppendiskussion sollen die Kaufmotive herausgefunden werden.

In diesem 7. Kapitel werden zuallererst die Hypothesen aufgestellt, welche am Ende der empirischen Analyse bestätigt oder verworfen werden. Die Hypothesen leiten sich von der bisher aufgezeigten Theorie ab. Danach werden die Unterschiede der qualitativen und der quantitativen Marktforschung herausgearbeitet. Im Weiteren wird theoretisch die Methode der Empirie, die Gruppendiskussion, erläutert. Im Speziellen wird erklärt, was eine Gruppenexploration ist, wie sie abläuft und wie die Auswertung erfolgt. Am Ende dieses Kapitels ist die Beschreibung des Ablaufs der empirischen Analyse zu finden. Die Untersuchung wird beschrieben und nach der Auswertung werden die Ergebnisse interpretiert und die Hypothesen geprüft.

7.1 Hypothesenkatalog

Anhand der Theorie werden Hypothesen abgeleitet, die mit der folgenden empirischen Untersuchung bestätigt oder verworfen werden können. Die Hypothesen sind der zentrale Rahmen der empirischen Analyse.

Die meisten Kaufentscheidungen werden nicht vom Käufer alleine getroffen. Einflussfaktoren mischen beim Kauf sehr stark mit. Die unterschiedlichsten Faktoren, wie Kultur, Familie, Freunde oder soziale Schichtzugehörigkeit, könnten der Grund für den Kauf eines Produktes sein. Auch der Kauf von Bio-Produkten kann von diesen Faktoren beeinflusst werden.[361] Daher lässt sich folgende Hypothese ableiten:

---

[361] Vgl. Kapitel 2.2.

Hypothese 1: Der Kauf von Bio-Produkten beim Diskonter wird von der Familie beeinflusst.

Kaufentscheidungen können verschiedene Ursachen vorweisen. Ein erstmaliger spontaner, ungeplanter Einkauf kann z.B. bei Schokolade auftreten. Wenn es jedoch um den Kauf von Produkten geht, wo mehr Fachwissen und Informationen gefragt sind, wie z.B. beim Kauf eines Auto, wird Planung verlangt. Ist aber der Kauf nicht unbekannt, die Informationssuche aber unabdingbar, kann ein Teppichboden gekauft werden. Beim Kauf von alltäglichen Gütern ist der Kauf ganz automatisch, er ist reine Routine.[362] Davon ausgehend soll folgende Hypothese überprüft werden:

Hypothese 2: Der Kauf von Bio-Produkten beim Diskonter ist ein habitualisiertes Entscheidungsverhalten.

Die Motivforschung versucht, die Bedürfnisse der Menschen aufzudecken. Durch ihre Hilfe können z.B. neue Produktideen verwirklicht werden. Es wird herausgefunden, warum manche Produkte gekauft oder nicht erworben werden.[363] Kaufmotive veranlassen den Verbraucher zum Kauf von Produkten. Eine ganze Reihe an Kaufmotiven lassen sich heutzutage feststellen.[364] Folgende Hypothese lässt sich daher ableiten:

Hypothese 3: Das Motiv „Gesundheit" veranlasst den Kauf von Bio-Produkten.

Der Diskonter ist ein Lebensmitteleinzelhändler mit einem engen Sortiment. Die niedrigen Preise sind für diese Betriebsform charakteristisch. Durch die Führung von Eigenmarken können Diskonter das Preisniveau sehr niedrig halten.[365] Das Diskontprinzip hat sich in den letzten Jahren sehr bewährt. Die Lebensmitteldiskonter in Österreich, Hofer, Penny,

---

362 Vgl. Kapitel 2.4.
363 Vgl. Kapitel 3.
364 Vgl. Kapitel 3.3.
365 Vgl. Kapitel 5.2.; Kapitel 5.2.2.

Lidl und Zielpunkt, konnten Erfolge vorweisen.[366] Daher lassen sich folgende Hypothesen für die Gruppendiskussion ableiten:

Hypothese 4: Der Diskonter ist bei den Konsumenten eine beliebte Betriebsform des Lebensmitteleinzelhandels.

Hypothese 5: Konsumenten erkennen einen typischen Diskont-Käufer anhand seines Einkommens, Berufs und Familienstand.

Bio-Produkte werden unter ganz bestimmten Bedingungen hergestellt, wie z.B. artgerechte Tierhaltung oder keine Verwendung von Kunstdünger. Die Kontrollstellen kontrollieren die Produkte und erst, wenn alles ordnungsgemäß abgelaufen ist, werden die biologischen Produkte mit einem Qualitätssiegel vermerkt. Unterschiedliche Siegel garantieren die biologische Herkunft.[367] Somit lassen sich folgende Hypothesen für die Gruppenexploration ableiten:

Hypothese 6: Konsumenten können einen geschmacklichen Unterschied zwischen den drei Bio-Joghurts feststellen.

Hypothese 7: Konsumenten erkennen die Hälfte der gezeigten Qualitätssiegel.

Durch den Bio-Boom bieten Diskonter immer mehr Bio-Produkte an. Hofer, Penny, Lidl und Zielpunkt haben alle eigene Bio-Marken. Durch ihren Preisvorteil, der auch bei Bio-Produkten zu sehen ist, sind die Diskonter eine harte Konkurrenz für Bio-Märkte. Eine Vielfalt an unterschiedlichen Produktgruppen, wie z.B. Obst, Gemüse, Brot und Milchprodukte, werden beim Diskonter angeboten.[368] Daraus lässt sich folgende Hypothese für die Gruppendiskussion ableiten:

---

[366] Vgl. Kapitel 5.2.1.

[367] Vgl. Kapitel 4.1.1.; Kapitel 4.2.

[368] Vgl. Kapitel 5.2.3.

Hypothese 8: Konsumenten vertrauen bezüglich biologischer Herkunft dem Diskonter weniger als einem anderen Lebensmitteleinzelhändler.

Um diese aufgestellten Hypothesen zu überprüfen, werden im nächsten Kapitel vorerst die Methodik der empirischen Analyse theoretisch erläutert und die Vorgehensweise der Gruppendiskussion näher beschrieben.

7.2 Methodik der Untersuchung

In diesem Kapitel 7.2 wird die Methodik der Untersuchung erläutert. Die qualitative Marktforschung wird eingeordnet und das Instrument „Gruppendiskussion" wird erklärt. Zusätzlich wird der Ablauf und die Auswertung einer Gruppenexploration theoretisch geschildert.

7.2.1 Einordnung der qualitativen Marktforschung

Mit der Marktforschung sollen Daten erhoben werden. Es können entweder neue Daten gewonnen, sogenannte Primärdaten, oder bereits vorhandene Daten, sogenannte Sekundärdaten, verwendet werden. Da die Gewinnung von Primärdaten sehr kostspielig ist und die Beschaffung auch meistens länger dauert, sollte im Vorhinein gut überlegt werden, welche Art von Daten verwendet werden kann. Sekundärdaten wurden bereits für eine andere Marktforschungsstudie erhoben.[369] Sie passen daher nicht immer optimal zu dem neuen Projekt. Außerdem sind diese Daten meistens nicht aktuell.[370] Durch das Internet haben Sekundärdaten aber eine neue Bedeutung bekommen. In den meisten Fällen werden zu Beginn von Marktforschungsprojekten Sekundärdaten verwendet. Gut wäre es, wenn dabei ein erster Marktüberblick geschaffen werden kann, damit die darauffolgende Primärforschung effizienter eingesetzt werden kann. Sekundärdaten könnten vorhandende Informationen aus amtlichen Statistiken, aus Verlagen, Verbandsstatistiken oder aus betriebsinternen Statistiken sein. Die Primärerhebung wird dann eingesetzt, wenn Meinungen, Verhaltensweisen oder Motive erforscht werden müssen.[371]

---

369 Vgl. Homburg/Krohmer, 2008, S. 24.

370 Vgl. Fantapié Altobelli, 2007, S. 34.

371 Vgl. Salcher, 1995, S. 11f.

In der folgenden Abbildung 9 sind die Methoden zur Gewinnung von Daten dargestellt. Die Primärdaten lassen sich durch Befragung, durch Beobachtung oder durch das Experiment erheben. Bei der Befragung kann entweder qualitativ oder quantitativ vorgegangen werden. Zur qualitativen Marktforschung zählen u.a. das Tiefeninterview oder die Gruppendiskussion. Die Methoden der quantitativen Befragung können mündlich, schriftlich, telefonisch oder per Online-Befragung durchgeführt werden. Die quantitative Marktforschung ist immer standardisiert.[372]

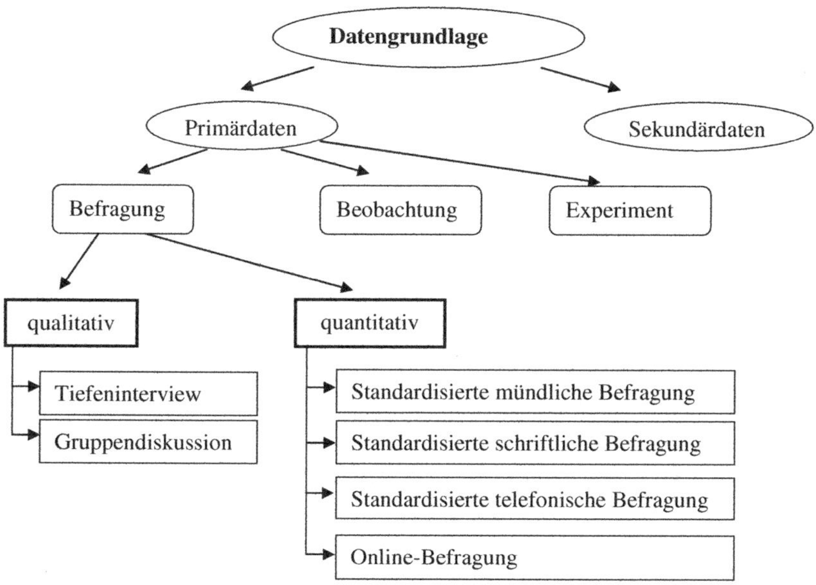

Abbildung 9: Methoden zur Gewinnung der Datengrundlage (Quelle: Homburg/Krohmer, 2008, S. 25.)

Bei der qualitativen Befragung ist die Anzahl der Befragten begrenzt. Die Antwortmöglichkeiten sind flexibel gestaltet und können von Befragten zu Befragten unterschiedlich sein.

---

372 Vgl. Homburg/Krohmer, 2008, S. 25.

Diese Methoden werden angewendet bei:[373]

- der Ergründung tiefliegender Kundenbedürfnisse
- dem Test von Prototypen neuer Produktideen
- der Image-Marktforschung
- dem frühzeitigen Erkennen von Markttrends
- der Gewinnung von neuen Produktideen

Beim qualitativen Interview hat sich der Interviewer an einen Fragebogen-Leitfaden zu halten. Die Reihenfolge der Fragen wird dem Interviewer überlassen. Es gibt auch die Möglichkeit des offenen Fragebogens, wo die Fragenreihenfolge und die Frageformulierung meistens vorgegeben werden. Der Befragte kann jedoch selbst entscheiden, wie seine Antwort ausfällt, er hat mehr Spielraum.[374]

Zu den qualitativen Marktforschungsbefragungsmethoden zählen u.a. das Tiefeninterview und die Gruppendiskussion:[375]

Tiefeninterview

Bei einem Tiefeninterview wird die „non-direktive Gesprächstechnik" eingesetzt, wobei es keine vorgelegte Struktur gibt. Die Dauer eines Tiefeninterviews liegt zwischen ein bis zwei Stunden. Da dieses sehr zeitaufwendig ist, sollte die Atmosphäre entspannend und ungestört sein. Weiters sollte der Interviewer nur den Befragten aktivieren, sonst aber eher die passive Rolle übernehmen. Seine Meinung ist nicht gefragt. Wenn es nötig ist, kann er die Meinung des Befragten wiederholen. Diese Vorgehensweise wird „non-direktiv" genannt. Vor dem Interview sollte ein Themenleitfaden erstellt werden. Das Interview wird per Tonband aufgenommen. Der Interviewer sollte solche Tiefeninterviews bereits durchgeführt haben, eine gewisse Erfahrung ist von Vorteil.[376] Da der Interviewer einen großen Einfluss auf den Befragten ausüben kann, werden hohe Anforderungen an den

---

[373] Vgl. Homburg/Krohmer, 2008, S. 25f.

[374] Vgl. Salcher, 1995, S. 16.

[375] Vgl. Homburg/Krohmer, 2008, S. 25.

[376] Vgl. Pepels, 2008, S. 208f.

Interviewer gestellt. Am besten wären Interviewer mit psychologischer Ausbildung.[377] Ein Interviewleitfaden, welcher dem Interviewer hilft, einen gewissen Rahmen beizubehalten, wäre von Vorteil. Mit dem Tiefeninterview wird versucht, durch psychologische Fragen die Denk- und Handlungsweise des Befragten zu verstehen.[378] Hauptzweck des Tiefeninterviews ist es, die ins Unterbewusstsein gedrängten Motive hervorzulocken. Oft wird diese Methode bei der Konsumforschung angewendet.[379] Nicht nur mehr die Frage: „Was essen Sie am liebsten?“, sondern das „Warum“ wird hinterfragt. Mit dem Tiefeninterview können ganz persönliche Sachen abgefragt werden, ohne dass sich der Befragte unbehaglich fühlt.[380] Tiefeninterviews sind in den Anfangsphasen von Forschungen sehr effektiv. Da der Befragte keinen Rahmen bei seinen Antworten hat, können die unterschiedlichsten Aspekte des Themas angesprochen werden. Jedoch ist diese Erhebungsmethode sehr kostspielig.[381]

Gruppendiskussion

„Gruppeninterviews (Focusgruppen) gewinnen aufgrund der wirtschaftlichen Entwicklung immer mehr an Bedeutung. Als Instrument der qualitativen Marktforschung ist man heute stärker als früher an der Kenntnis von Einstellungen, Beurteilungen, Meinungen und Argumentationen als früher interessiert.“[382]

Die Gruppendiskussion wird im nächsten Kapitel 7.3. genauer durchleuchtet.

„Der grundlegende Unterschied zwischen der Gruppendiskussion und dem Tiefeninterview liegt in der Anzahl der Probanden. Im Tiefeninterview ist dies immer nur ein Proband, der dem Interviewer gegenübersitzt. Bei der Gruppendiskussion sind neben dem Gruppenleiter immer mehrere Probanden einbezogen.“[383]

---

[377] Vgl. Nieschlag/Dichtl/Hörschgen, 2002, S. 447.
[378] Vgl. Homburg/Krohmer, 2008, S. 26.
[379] Vgl. Trommsdorff, 2004, S. 153f.
[380] Vgl. Salcher, 1995, S. 28.
[381] Vgl. Böhler, 2004, S. 88.
[382] Weis/Steinmetz, 2008, S. 123.
[383] Kamenz, 2001, S. 112.

Die qualitativen Methoden werden in der Marktforschung gerne angewendet, vor allem bei der Erforschung von Kaufmotiven. Da mehrere Meinungen miteinander unterschieden werden sollen, wurde die Gruppendiskussion als Methode ausgewählt.

7.2.2 Gruppendiskussion

„Menschen in einer Gruppe können Leistungen erbringen, zu denen sie alleine nicht in der Lage wären.“[384]

Gruppendiskussionen werden oft im Rahmen der psychologischen Marktforschung eingesetzt. Mit der Gruppenexploration werden meistens im Vorfeld Daten gesammelt, die danach für weitere Untersuchungen dienen sollten.[385] Diese Erhebungsmethode wird oft in der Motivforschung, wo Kaufmotive erforscht und analysiert werden, verwendet.[386]

7.2.2.1 Begriffsdefinition

Kurt Lewin, ein amerikanischer Sozialpsychologe, hat in den 1930er Jahren zum ersten Mal die Methode der Gruppendiskussion verwendet. Er wollte damit die Dynamik des Gruppenprozesses erforschen. Außerdem wollte er die unterschiedlichen Verhaltensweisen zwischen Individuum und Gruppe analysieren.[387] Ab den 50er Jahren wurde die Gruppendiskussion auch in der Marktforschung eingesetzt.[388]

Eine Gruppendiskussion ist eine Diskussion zwischen acht bis zehn Verbrauchern zu einem bestimmten Thema. Ein Diskussionsleiter, im Idealfall ein Psychologe, lenkt die Diskussionsrunde. Mit dieser Gruppenexploration werden nicht nur das Individualverhalten, sondern auch gruppendynamische Aspekte erfasst. Weiters werden

---

384 Schub von Bossiazky, 1992, S. 70.
385 Vgl. Salcher, 1995, S. 44.
386 Vgl. Trommsdorff, 2004, S. 154.
387 Vgl. Blank, 2007, S. 281.
388 Vgl. Kepper, 2008, S. 186.

verborgene Motive und Einstellungen durch die Gruppe eher hervorgebracht, als bei einem Einzelinterview. Auch die Ängste und Hemmungen werden verdrängt, da dies kein gewöhnliches Einzelinterview darstellt. Durch den „Schneeballeffekt", womit die Reaktion und die Gegenreaktion der anderen Teilnehmer verstanden wird, werden Gedanken freigesetzt, die sonst vielleicht verborgen geblieben wären.[389] Mit einer Gruppendiskussion soll eine alltagsähnliche Atmosphäre geschaffen werden, wo Meinungen ausgetauscht werden können.[390]

Durch die Gruppendynamik, die bei einer Gruppendiskussion entsteht, kann besonders spontan reagiert werden und es gibt gute Voraussetzungen für das Finden von neuen Ideen.[391] Es muss nicht nur ein Thema, sondern es können auch mehrere Themen besprochen werden. Eine Gruppenexploration dauert in der Regel ein bis zwei Stunden. Jede Diskussion hat seine eigene Dynamik und kann daher auch nicht statistisch verglichen werden. Mit einer Gruppendiskussionen kann z.B. folgendes erforscht werden:[392]

- Kaufverhalten – z.B. Entscheidungsprozess für den nächsten Urlaub
- Produktbeziehungen – z.B. das Angebot an Babynahrungsmitteln aus der Sicht junger Mütter
- Verpackungen und Werbemittel – z.B. Anzeigenentwürfe für einen neuen Sportwagen
- Markenimages – z.B. das Image einer Biermarke

Gruppendiskussionen sind ökonomisch. Sie sind nicht zeitintensiv und sind relativ preiswert. Mit diesem Instrument können schnell Ergebnisse erzielt werden. Jedoch stehen Gruppendiskussionen auch Vorbehalte gegenüber. Es wird erwähnt, dass durch ihre Zeit-

---

389 Vgl. Salcher, 1995, S. 44f.
390 Vgl. Berekoven/Eckert/Ellenrieder, 2006, S. 96.
391 Vgl. Schub von Bossiazky, 1992, S. 70.
392 Vgl. Pepels, 2008, S. 206f.

und Kostenersparnis die Aussagekraft fehlt. Auch durch ihre fehlende statistische Repräsentativität liefern sie nur teilweise gültige Ergebnisse.[393]

Mit dieser Gruppenexploration können tiefliegende Motive und Einstellungen zu Bio-Produkten vom Diskonter angesprochen werden. Durch die Vielfalt verschiedener Gruppen werden diverse Meinungen und Verhaltensweisen hervorgebracht. Daher werden drei Gruppen für die Diskussion von Bio-Produkten beim Diskonter ausgewählt.

7.2.2.2 Ablauf einer Gruppendiskussion

In jeder Diskussionsrunde wird ein Moderator das Gruppengespräch leiten. Dieser agiert ähnlich wie ein Interviewer im non-direktiven Interview. Er hat die Aufgabe, die Diskussion zu beginnen und in Gang zu halten. Weiters sollte er besonders schüchterne Personen ermutigen und bei Ausuferungen eingreifen. Vor allem die Meinungsführer müssen vom Diskussionsleiter in Zaum gehalten werden.[394] Der Diskussionsleiter muss neutral bleiben, er darf seine Meinung nicht äußern.[395] Es ist aber erlaubt, das Gesagte in anderen Worten zu wiederholen, zum besseren Verständnis.[396] Die Gruppendynamik muss vom Moderator abgeschwächt werden, damit Verzerrungseffekte vermieden werden können. Er darf dabei jedoch nicht autoritär auftreten. Er würde sonst die Spontanität des Gruppengeschehens zerstören. Der Moderator muss sich naiv und verständnislos stellen und alles Gesagte hinterfragen. Der Diskussionsleiter könnte z.B. den Befragten bitten, seine Worte nochmals zu erläutern.[397] Die Aufgaben des Moderators sind folgende:[398]

- Zu Beginn der Gruppendiskussion sollte der Moderator eine vertrauenswürdige und angenehme Atmosphäre schaffen.
- Er stellt sich kurz selbst vor und gibt einen kurzen Überblick über die Exploration.

---

[393] Vgl. Dammer/Szymkowiak, 1998, S. 30ff.
[394] Vgl. Salcher, 1995, S. 45f.
[395] Vgl. Pepels, 2008, S. 206.
[396] Vgl. Kepper, 2008, S. 187.
[397] Vgl. Dammer/Szymkowiak, 1998, S. 62ff.
[398] Vgl. Blank, 2007, S. 287f.

- Er klärt die Teilnehmer über die Auswertung, die Anonymität, die Tonbandaufnahme und eventuell die Beobachtung durch einen Einwegspiegel auf.
- Der Moderator erklärt kurz das Thema, worum es geht, und stellt die Regeln bezüglich des Umgangs untereinander auf.
- Danach beginnt eine Vorstellungsrunde der Probanden und eine Einführung in das Thema mit einfachen „Hinführungsfragen".
- Nach der Einführung beginnt die eigentliche Diskussion. Danach ist es von Gruppendiskussion zu Gruppendiskussion unterschiedlich. Es hängt viel vom Geschick des Moderators ab.

Wenn die Diskussion eher schleppend verläuft, sollte der Diskussionsleiter versuchen, Fragen verschärft oder überspitzt nach zu formulieren, um so die Teilnehmer zu provozieren. Die Konsequenzen mancher Aussagen könnten aufgezeigt werden, um zum weiteren Nachdenken anzuregen.[399]

Zur Unterstützung hat der Moderator einen Leitfaden, der die Themen beinhaltet, die während des Gesprächs behandelt werden sollten. Die Frageformulierungen und die Reihenfolge sind abhängig von der Gruppendiskussion.[400] Zu aller erst sollte geklärt werden, was mit der Gruppendiskussion erfahren werden sollte.[401] Die wichtigsten fünf Fragen sollten ausformuliert im Leitfaden stehen. Weiters ist er ein Stichwortkatalog mit den Themen, die angesprochen werden sollten.[402] Gut geführte Gruppendiskussionen halten sich möglichst eng an den Leitfaden. Jedoch sollte der Leitfaden nur als eine unvollständige Landkarte gesehen werden, wo noch einige Felder fehlen. Jede Diskussion hat ihre eigenen Schwerpunkte, die bei der Moderation beachtet werden müssen. Daher

---

399 Vgl. Lamnek, 2005, S. 449.

400 Vgl. Salcher, 1995, S. 45f.

401 Vgl. Blank, 2007, S. 288.

402 Vgl. Schub von Bossiazky, 1992, S. 79.

kann es vorkommen, dass sich die Gruppenexplorationen trotz gleicher Leitfäden in andere Richtungen bewegen.[403]

Bei der Zusammenstellung der Gruppe ist es notwendig, dass die Teilnehmer von dem Diskussionsthema selbst betroffen sind. Es werden nicht nur die soziodemographischen Kriterien, wie Alter, Geschlecht, Familienstand etc., sondern auch psychographische Kriterien, wie Wissenstand über das Thema oder Lifestyle, berücksichtigt.[404] Wenn es z.B. um Babynahrung geht, wären werdende Mütter oder Mütter mit Kleinkindern die idealen Probanden. Meistens werden drei bis fünf Explorationen durchgeführt. Es ist möglich, homogene oder heterogene Gruppen zu formen. Der Vorteil der homogenen Gruppe ist, dass die Gruppenmitglieder alle sehr ähnliche Einstellungen und Meinungen zum Thema haben. Es kann sich eine eigene Gruppensprache entwickeln, wobei ein einheitliches Meinungsbild geschaffen werden kann. Die Gruppenmeinung wird ergänzt und bestätigt.[405] Eine mögliche Polarisierung zwischen den Probanden kann so vermieden werden. Heterogene Gruppen könnten viel lebhafter, aber auch kontroverser ablaufen als homogene Gruppen.[406] Bei den heterogenen Gruppen werden Teilnehmer mit unterschiedlichen Meinungen zusammengemischt. Diese Exploration fällt meistens sehr emotional aus und die eigentlichen Hintergründe können aufgedeckt werden.[407] In der Regel werden eher homogenere Gruppe empfohlen wegen der möglichen Polarisierung.[408]

Meistens finden Gruppenexplorationen in Studios statt, wo technisches Equipment vorhanden ist. Ein Einwegspiegel und die Möglichkeit von Videoaufnahmen sollten gegeben sein. Hinter dem Einwegspiegel ist ein weiterer Raum, wo meistens die Auftraggeber sich alles ansehen können, was während der Diskussion passiert. Nicht oft finden Gruppendiskussionen bei Teilnehmern zu Hause statt. Jedoch bei manchen Themen

---

403 Vgl. Dammer/Szymkowiak, 1998, S. 94ff.
404 Vgl. Blank, 2007, S. 295.
405 Vgl. Salcher, 1995, S. 46ff.
406 Vgl. Blank, 2007, S. 295.
407 Vgl. Salcher, 1995, S. 46ff.
408 Vgl. Kepper, 2008, S. 186.

wäre dieses nicht schlecht, da es eine natürliche Atmosphäre verschafft. So können eventuell noch mehr Consumer Insights gewonnen werden.[409]

Nach der Durchführung einer Gruppendiskussion müssen die Ergebnisse ausgewertet und ein Bericht erstellt werden.[410]

7.2.2.3 Auswertung einer Gruppendiskussion

„Bei der anschließenden Analyse der Aufzeichnungen werden dann Rückschlüsse auf verborgene Kaufmotive, Einstellungen u. ä. gezogen."[411] Während der Gruppendiskussion wird ein Tonband oder eine Videokamera das Gespräch aufzeichnen. Danach wird ein maschinengeschriebenes wörtliches Protokoll erstellt, was zur Auswertung dient.[412] Gruppendiskussionen können bereits auch online durchgeführt werden.[413] Früher konnte die Diskussion vom Auftraggeber durch einen Einwegspiegel beobachtet werden. Heutzutage wird eher das Tonband verwendet. Nach der Gruppenexploration erfolgt eine Längsschnitts- und Querschnittsanalyse. In der Längsschnittsanalyse werden sich die Meinungen der jeweiligen Gruppen einzeln angesehen und miteinander verglichen. In der Querschnittsanalyse werden dann die häufig vertretenen Meinungen aller Gruppendiskussionsteilnehmer gegenübergestellt.[414] Es ist jedoch auch möglich, dass nicht Vollabschriften, sondern nur zusammenfassende Berichte oder sogar stichwortartige Notizen als Protokoll reichen. Dieses hängt ganz vom Marktforscher ab. Nach der Diskussion muss eine Vollabschrift nicht nötig sein, es kann durchaus genügen, wenn die wichtigsten Punkte zusammengefasst werden. Es ist oft der Fall, dass während der Diskussion ein Protokollant stichwortartig mitschreibt.[415] Bei mehreren Gruppendiskussionen zu einem Thema ist es möglich, fallübergreifende Analysen

---

[409] Vgl. Blank, 2007, S. 297.
[410] Vgl. Kamenz, 2001, S. 113.
[411] Berekoven/Eckert/Ellenrieder, 2006, S. 97.
[412] Vgl. Salcher, 1995, S. 46.
[413] Vgl. Fantapié Altobelli, 2007, S. 54.
[414] Vgl. Schub von Bossiazky, 1992, S. 80f.
[415] Vgl. Blank, 2007, S. 298.

vorzunehmen. Dieses ist vor allem dann sinnvoll, wenn die Gruppen anders zusammengesetzt wurden.[416]

7.2.2.4 Beschreibung des Ablaufs der empirischen Analyse

Nach der theoretischen Recherche über den Ablauf und die Auswertung einer Gruppendiskussion begann die Vorbereitung für die Gruppenexplorationen:

1. Es wurden die Kriterien für die Teilnehmer festgelegt. Die Probanden mussten Haushaltsführer sein und zum Diskonter einkaufen gehen. Je nachdem, ob sie Bio-Produkte beim Diskonter konsumieren, wurden sie in eine homogene und zwei heterogene Gruppen eingeteilt.
   - Die heterogene Gruppe 1 setzte sich aus acht Frauen zusammen, wobei vier biologische Produkte beim Diskonter sehr wohl kaufen und die anderen vier jedoch nicht. In dieser Gruppe waren zwei Frauen älter als 45 Jahre alt und die anderen sechs Teilnehmerinnen zwischen 18 und 30 Jahre alt.
   - Die homogene Gruppe bestand aus sechs Probanden, wobei davon fünf weibliche Teilnehmerinnen waren. Alle Gruppenmitglieder waren nicht älter als 30 Jahre und kaufen Bio-Produkte beim Diskonter.
   - In der zweiten heterogenen Gruppe waren fünf Teilnehmer weiblich und zwei männlich. Ein Mann war älter als 45 Jahre und eine Frau älter als 60 Jahre. Die anderen Teilnehmer waren nicht älter als 30 Jahre. In dieser Gruppe waren vier Nicht-Bio-Käufer und drei Personen, die biologische Produkte beim Diskonter sehr wohl kaufen.
2. Danach wurde ein Leitfaden erstellt. Mit Hilfe dieses Leifadens konnte der Moderator die Gruppendiskussion besser leiten und in Gang halten. Der Leitfaden, welcher im Anhang zu finden ist, war in neun Teile gegliedert:
   - Einleitung: Hier wurden die Probanden begrüßt und das Thema vorgestellt. Weiters wurden Spielregeln für die Diskussion festgelegt. Um das Eis zu brechen, wurde mit einer Vorstellungsrunde der Teilnehmer begonnen.

---

416 Vgl. Kepper, 2008, S. 188.

- Einkaufsverhalten allgemein: Allgemeine Fragen zum Einkaufsverhalten wurden gestellt. Die Teilnehmer sollten durch diese Fragen in das Thema eingeführt werden und sich besser kennen lernen.
- Diskonter allgemein: Ein gemeinsames Verständnis über diesen Lebensmitteleinzelhandel sollte hergestellt werden. Die Vor- und Nachteile des Diskonters sollten erarbeitet werden.
- Typischer Diskont-Käufer: Passend zum Diskonter wurde als nächstes ein typischer Diskont-Käufer von der Gruppe beschrieben.
- Einzelnen Diskonter: Nachdem der Diskont-Käufer geklärt war, wurden die einzelnen Diskonter angesehen. Die Vor- und Nachteile und die damit verbundenen Assoziationen von Hofer, Lidl, Penny und Zielpunkt wurden mit der Gruppe ermittelt.
- Bio-Produkte allgemein: Der sechste Abschnitt handelte über Bio-Produkte allgemein. Die Gründe für den Bio-Boom, der typische Bio-Käufer und die Qualitätssiegel der Bio-Produkte wurden hier besprochen.
- Bio beim Diskonter: In diesem Teil wurde die Verbindung zwischen biologischen Produkten und Diskontern behandelt. Ein Vergleich bezüglich Bio-Produkte zu anderen Lebensmittelhändlern sollte auch hergestellt werden.
- Verkostung: Der vorletzte Teil des Leitfadens handelte von der Verkostung.
- Zusammenfassung: Am Ende gab es die Zusammenfassung der wichtigsten Statements der jeweiligen Gruppendiskussionen.

3. Weiters wurden verschiedene assoziative und projektive Verfahren in die Gruppendiskussion eingebaut, um bei der Gruppendiskussion mehr Informationen zu bekommen. Ein Cartoon-Test mit einem Satzergänzungstest wurde erstellt.

In den nachfolgenden Abbildungen 10 und 11 sind die zwei Cartoon-Tests zu sehen.

Abbildung 10: Cartoon-Test 1 zu biologischem Obst

Abbildung 10 soll die Meinungen und Einstellungen der Gruppenmitglieder bezüglich biologischen Obsts hervorbringen. Anhand Abbildung 11 wurden die Verhaltensweisen der Teilnehmer bezüglich biologischer Produkte befragt.

Abbildung 11: Cartoon-Test 2 zu biologischen Produkten

Anhand dieser Übung sollten die Teilnehmer mehr über ihre Gründe und Motive für den Kauf von Bio-Produkten preisgeben. Weiters wurden Bio-Qualitätssiegel vorbereitet, um zu erkennen, welche Gütesiegel bekannt sind. Folgende Siegel wurden verwendet:

- Austria Bio Garantie
- EU-Bio-Zeichen
- Demeter
- Orbi
- Natur pur Siegel von Spar
- AMA-Gütesiegel

Alle Bio-Qualitätssiegel wurden bereits im Kapitel 4.2. in Tabelle 5 bildlich dargestellt.

Um zu erfahren, wie der heutige typische Diskont-Käufer aussieht, wurden Bilder mit Personen vorbereitet. Die Gruppe sollte dann entscheiden, welche Menschen typischerweise zum Diskonter einkaufen gehen.

Folgende Tabelle 14 zeigt die Bilder, welche bei der Gruppendiskussion verwendet wurden.

Die Entspannte	Frau mit Hund

Älteres Paar	Frau mit Kind

Sportler	Junges Paar

Geschäftsmann	

Tabelle 14: Bilder von ausgewählten „typischen" Diskont-Käufern

Zusätzlich sollten die Teilnehmer aus einem Pool von Charaktereigenschaften jene heraussuchen, welche zu einem Diskonter passen. Tabelle 15 zeigt die Eigenschaften, welche für die Gruppendiskussionen vorbereitet wurden.

altmodisch	familiär
arrogant	gepflegt
bodenständig	kinderlieb
bequem	kreativ
chaotisch	niveaulos
dominant	strikt
dynamisch	sympathisch
ehrlich	

Tabelle 15: Ausgewählte Charaktereigenschaften – Zuordnung zu Diskonter

4. Weiters wurden Bio-Käse, Bio-Joghurt und Bio-Milch von Hofer, Penny, Lidl und Zielpunkt für die Verkostung während der Diskussion ermittelt. Diese drei Produktgruppen wurden ausgewählt, da Käse, Joghurt und Milch gut vergleichbar sind. Außerdem war es möglich, diese Produkte in allen vier Diskontern in biologischer Form zu kaufen. Bei der Vorbereitung wurde jedoch festgestellt, dass das Bio-Joghurt vom Zielpunkt nicht mehr verkauft wird. Daher wurde bei der Verkostung von Joghurt das Unternehmen Zielpunkt nicht miteinbezogen. Die Verkostung hatte folgenden Verlauf:
    - Es wurden vier Teller mit kleinen Käsewürfeln ausgeteilt. Jeder Käse hatte eine Nummer. So war für den Moderator erkennbar, welche Nummer zu welchem Käse gehörte. Die Teilnehmer nahmen sich von jedem Teller ein Stück Käse und probierten diesen.
    - Danach wurden drei Schüsseln Joghurt ausgeteilt. Auch hier hatte jedes Joghurt eine Nummer, um den Diskonter zu dem richtigen Joghurt zuordnen zu können. Die Teilnehmer kosteten der Reihe nach die Joghurts.
    - Als drittes wurde die Milch verkostet. Jeder Proband bekam vier Becher Milch, wobei jeder Becher mit einer Nummer versehen war. Auch die Milch wurde getestet.
5. Weiters wurde ein Kurzfragebogen für die Verkostung erstellt. Anhand dieses Kurzfragebogens konnten die Teilnehmer ihre Bewertungen dokumentieren. Jeder Käse, jedes Joghurt und jede Milch wurde mit sehr gut, gut, weniger gut oder überhaupt nicht gut bewertet. Zusätzlich mussten die Teilnehmer das Produkt dem

Diskonter zuordnen. Außerdem konnten die Probanden eine Beschreibung des Produktes abgeben. Es wurde z.B. eingetragen, dass der Käse Nummer eins vom Hofer ist und sehr gut schmeckt, da er rahmig ist. Der Kurzfragebogen ist im Anhang zu finden.

6. Auch ein soziodemographischer Fragebogen ist verfasst worden. Hier wurden die Variablen Geschlecht, Alter, Beruf, höchster Schulabschluss, monatliches Haushaltsnettoeinkommen, Haushaltsgröße, Familienstand und Anzahl der Kinder berücksichtigt. Zusätzlich wurde abgefragt, ob es im Umkreis von zehn Kilometer der Wohnsituation der Teilnehmer einen Diskonter gibt.
7. Der letzte Vorbereitungsschritt war die Gestaltung des Diskussionsraums. Alle Gruppendiskussionen wurden in einem Raum durchgeführt, wo in der Mitte ein großer Tisch stand. Alle Diskussionsmitglieder konnten sich ansehen und anhand der vorbereiteten Namenskärtchen auch direkt ansprechen. Weiters wurden die Flip-Charts, die Qualitätskärtchen und die zwei Fragebögen vorbereitet. Zusätzlich wurde für die Verkostung alles eingekauft. Damit sich die Teilnehmer wohl fühlten, wurden Getränke und Snacks während der Diskussion angeboten.

Nach gründlicher Vorbereitung wurde die erste Gruppendiskussion mit acht Teilnehmern am 19.03.2009 durchgeführt. Diese heterogene Gruppe ist mit vier Teilnehmern besetzt worden, die Bio-Produkte vom Diskonter kaufen. Die anderen vier Probanden kauften keine biologischen Produkte. Für diese Gruppe wurden nur Frauen ausgesucht, da diese hauptsächlich Haushaltsführer sind. Weiters wurde bei der Zusammensetzung auch auf das Alter geachtet. Eine Mischung zwischen 18 und 30 jährigen Personen und 45 bis 60 jährigen Probanden wurde erzielt. Die zwei älteren Frauen waren Bio-Käufer. Diese Gruppendiskussion dauerte ca. eineinhalb Stunden.

Die zweite Diskussion, eine homogene Gruppe, wurde am 20.03.2009 mit sechs Probanden organisiert. Alle Teilnehmer waren Bio-Käufer beim Diskonter. Von den sechs Gruppenmitgliedern war ein Proband ein Mann. Da es sehr schwer war, Männer zu finden, die Bio-Käufer sind, war dieser Mann in der homogenen Gruppe sehr beliebt. Alle Teilnehmer waren nicht älter als 30 Jahre. Diese Gruppenexploration dauerte ca. eine Stunde und 45 Minuten.

Am 27.03.2009 ist vom Moderator die letzte heterogene Gruppendiskussion mit sieben Teilnehmern durchgeführt worden. Von den sieben Probanden waren zwei männlichen und fünf weiblichen Geschlechts. Ein Mann war zwischen 45 und 60 Jahren und war Bio-Käufer, der andere Mann war nicht älter als 30 Jahre und war kein Bio-Käufer beim Diskonter. Vier der fünf Frauen waren zwischen 18 und 30 Jahren alt, wobei zwei biologische Produkte kauften und die anderen beiden nicht. Die siebente Teilnehmerin war über 60 Jahre alt und konsumierte sehr wohl biologische Produkte beim Diskonter. Die Probanden wurden aufgrund der Kriterien Haushaltsführer, Diskont-Käufer und Alter ausgewählt. Die dritte Gruppendiskussion dauerte ca. zwei Stunden lang.

Alle Gruppenexplorationen wurden mit folgenden Schritten durchgeführt:

1. Vorbereitung der Flip-Charts und der Namenskärtchen
2. Vorbereitung der Verkostung: Schneiden des Käses, Abfüllen des Joghurts und der Milch
3. Begrüßung der Teilnehmer und kurze Einleitung
4. Beginn der Diskussion: Fragen wurden vom Moderator mit Hilfe des Leifadens immer wieder gestellt. Auch die bereits erwähnten Übungen wurden durchgeführt.
5. Letzter Teil war die Verkostung: Kurzfragebogen wurde ausgehändigt
6. Nach den letzten Fragen wurde die Diskussion beendet
7. Austeilen des soziodemographischen Fragebogens
8. Verabschiedung

Alle drei Gruppenexplorationen sind etwas anders abgelaufen. Anhand der Gruppendynamik und der Teilnehmer variierte der Moderator mit der Durchführung. Da die Zeit teilweise begrenzt war und sich die Diskussionen unterschiedlich entwickelten, wurden nicht alle Fragen des Leitfadens berücksichtigt. Wann welche Fragen gestellt wurden, entschied der Moderator während der Diskussion.

Nachdem alle drei Diskussionen durchgeführt und per Tonband aufgenommen wurden, folgten die wörtlichen Transkriptionen der drei Explorationen. Als nächster Schritt folgte die Auswertung der Untersuchungsergebnisse, die Interpretation und graphische Darstellung.

7.3 Untersuchungsergebnisse

In diesem Kapitel werden die Untersuchungsergebnisse der drei Gruppendiskussionen dargestellt. Eine Querschnittsanalyse aller drei Explorationen wird durchgeführt und Grafiken werden anhand von MS Excel ermittelt. Alle drei Explorationen werden vorerst einzeln angesehen und danach werden Unterschiede und Gemeinsamkeiten heraus gearbeitet.

Vorerst werden aber die soziodemographischen Daten der Probanden analysiert und im Kapitel 7.4.1. dargestellt.

7.3.1 Soziodemographische Daten

Bei den drei Gruppendiskussionen haben insgesamt 21 Personen teilgenommen, wobei 18 weibliche und drei männliche Probanden zur Verfügung standen. Da es heutzutage gängig ist, dass Frauen Haushaltsführer sind, ist das weibliche Geschlecht auch bei diesen drei Gruppenexplorationen in der Überzahl. Die meisten Teilnehmer, nämlich 17 waren zwischen 18 und 30 Jahren. Drei Personen hatten ein Alter zwischen 45 und 60 und nur ein Teilnehmer war über 60 Jahre alt. Die meisten Teilnehmer waren Studenten. Nur eine Person war Pensionist und acht Angestellte haben teilgenommen.

In der folgenden Grafik 12 ist zu erkennen, dass jeweils acht Personen eine Universität bzw. Fachhochschule bereits abgeschlossen haben und acht Teilnehmer als höchsten Schulabschluss eine Matura vorweisen können.

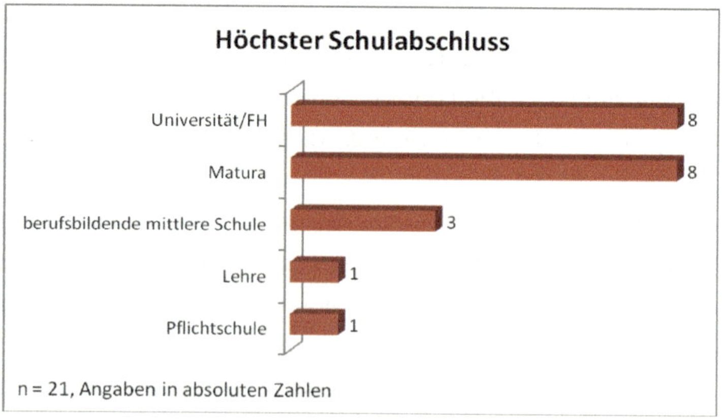

Abbildung 12: Höchster Schulabschluss der Diskussionsteilnehmer

Weiters wurde abgefragt, wie hoch das monatliche Haushaltsnettoeinkommen ist. Dieses ist aber erst aussagekräftig, wenn die Haushaltsgröße auch bekannt ist. Daher ist dieses in den Abbildungen 13 und 14 zu erkennen.

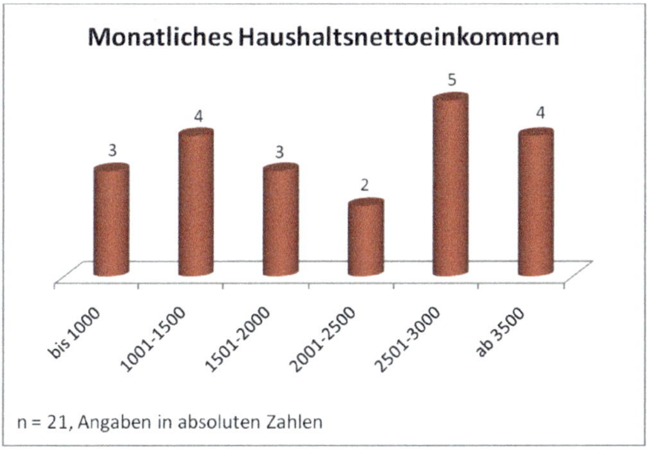

Abbildung 13: Monatliches Haushaltsnettoeinkommen der Diskussionsteilnehmer

Da die Haushaltsgröße ganz unterschiedlich ist, sind auch beim monatlichen Haushaltsnettoeinkommen starke Schwankungen zu erkennen.

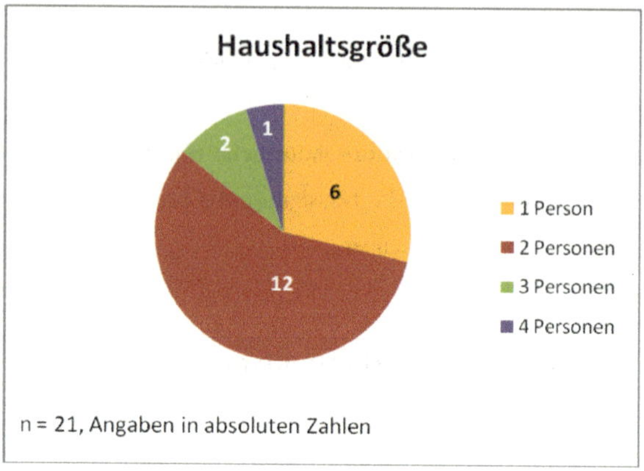

Abbildung 14: Haushaltsgröße der Diskussionsteilnehmer

Besonders wichtig für die Gruppendiskussion war, dass ein Diskonter im Umkreis von zehn Kilometern der jeweiligen Wohnsituation des Teilnehmers liegt. Alle Probanden konnten diese Frage bejahen.

7.3.2 Ergebnisse der Gruppendiskussion 1

Diese erste Gruppendiskussion war eine heterogene Gruppe mit acht Teilnehmern. Demographisch wurde diese Gruppe mit zwei Frauen über 45 Jahren, jedoch nicht älter als 60 Jahren und mit sechs Frauen, die nicht älter als 30 Jahre alt waren, zusammengesetzt. Die beiden älteren Frauen waren Bio-Käufer und von den anderen sechs Frauen waren vier Nicht-Bio-Käufer dabei. Zwei Teilnehmerinnen stammen aus Wien, drei aus dem Bezirk Wiener Neustadt und drei aus dem Bezirk Baden. So konnten mehrere Gebiete abgedeckt werden. Die Sitzordnung bei der Gruppendiskussion war willkürlich, je nach Eintreffen der Teilnehmer. Die Probanden kannten sich nur teilweise. Alle Teilnehmer haben sich aber gut untereinander verstanden. Die Stimmung während der Diskussion war gut und mit der Zeit wurden die Probanden lockerer und legten die erste Scheue ab. Zwei Teilnehmerinnen waren die Meinungsführer, wobei die eine Frau, nicht älter als 30 Jahre, nicht Bio-Produkte beim Diskonter kauft und die andere Frau, eine der älteren Frauen, schon biologische Produkte erwirbt. Die anderen Frauen waren alle sehr gesprächig und mit der Zeit gab es keine Schüchternheit mehr. Die erste Diskussionsrunde mit der heterogenen Gruppe dauerte ca. eineinhalb Stunden.

Die gestellten Fragen und Übungen werden nun einzeln aufgelistet und beantwortet.

Als welchen Einkaufstypen würden Sie sich bezeichnen?

Fast alle Teilnehmer sind habituelle Käufer. Sie kaufen immer wieder das Gleiche, gerade bei Milchprodukten. Die vertrauten Produkte werden eher selten gewechselt, außer es werden neue Rezepte ausprobiert, oder Angebote springen einem ins Auge. In der Gruppe gibt es zwei Einkaufslisten-Typen und die anderen kaufen ohne Liste ein, aber trotzdem immer das Gleiche. Eine Teilnehmerin, zwischen 18 und 30 Jahre alt, ist da ganz anderer Meinung. Sie kauft immer das Billigste ein und da sie mehrere Lebensmitteleinzelhändler besucht, ist das auch immer etwas anderes.

Wer geht in Ihrem Haushalt am meisten einkaufen?

Da in dieser Gruppe vier Single-Frauen sind, kaufen diese alleine ein. Zwei der anderen Frauen erledigen den Großeinkauf mit ihrem Partner. Eine Frau, älter als 45 Jahre, führt den wöchentlichen Großeinkauf alleine durch. Wenn jedoch Einzelteile fehlen, werden diese von allen Teilnehmern selbst gekauft.

Wie oft gehen Sie in der Woche einkaufen?

Einmal die Woche wird ein Großeinkauf bei vier Teilnehmerinnen durchgeführt. Diese vier Probanden haben jedoch demographisch nichts gemeinsam, da zwei nicht älter als 30 Jahre alt sind und die anderen beiden älter als 45 Jahre alt sind. Weiters führt eine junge Frau einen Single-Haushalt und die anderen drei leben in Partnerschaften. Zwei Teilnehmerinnen erledigen alle zwei bis drei Wochen einen Großeinkauf, da sie meistens nicht zu Hause sind. Eine junge Teilnehmerin sagte: „Ich gehe sporadisch zwei- bis dreimal die Woche einkaufen". Mit dieser Aussage kann sich die achte Probandin auch identifizieren. Alle Teilnehmer sind sich jedoch einig, dass neben dem wöchentlichen Großeinkauf meistens ein zweiter Besuch eines Lebensmitteleinzelhändlers notwendig ist, da oft Produkte vergessen werden.

Wodurch wird Ihr Einkaufsverhalten beeinflusst?

Bei dieser Frage waren sich die Teilnehmer einig. Sofort kamen die Antworten Werbung, Geld, Zeit und Angebote. Beim Faktor Zeit waren sich alle einig, dieser bestimmt das Einkaufsverhalten sehr. Ein weiterer Einflussfaktor ist aber auch die Familie. „Es gibt gewisse Dinge, die ich halt bei der Mama schon immer im Kühlschrank gesehen hab", sagte eine Teilnehmerin. Es wurde zugegeben, dass Essgewohnheiten von der Familie übernommen wurden, wie z.B. ein Joghurt, das vom Elternhaus bekannt ist, wird nach dem Auszug auch eingekauft. Auf der anderen Seite ist erkennbar, dass sich das Einkaufsverhalten dann wieder durch den Lebenspartner ein bisschen ändert, vor allem beim Einkauf von Lebensmitteln.

Sind Sie risikofreudig, was das Ausprobieren neuer Produkte angeht? Wieso probieren Sie neue Lebensmittel aus? Wie kommen Sie dazu? Wie verläuft so ein Erstkauf? Ist das bei Bio-Produkten auch so?

Alle Teilnehmer probieren immer wieder neue Produkte aus. Sie sind der Meinung, dass es nicht schaden kann, ein Stück zu probieren. Die Teilnehmerinnen sind sich einig, dass das „neue" Produkt jedoch billiger sein müsste, als das alte. „Teuer aussehen und billiger sein", sagte eine Probandin. Meistens werden sie durch Flugblätter, Fernsehwerbung oder Mundpropaganda auf neue Produkte aufmerksam. Auch Extra-Stände im Geschäft, wo neue Produkte angepriesen werden, erregen die Aufmerksamkeit. Am wirkungsvollsten sind aber Flugblätter und TV-Spots. Aktionen bei Lebensmitteleinzelhändlern werden meistens übersehen, gerade wenn die Zeit sehr knapp ist. Neue Bio-Produkte werden vor allem dann probiert, wenn das alte Produkt teurer ist als das neue. Aber nicht nur der Preis, sondern auch das Aussehen muss stimmen. Das neue Bio-Produkt muss biologisch aussehen, die Verpackung ist beim Erstkauf sehr wichtig.

Welche Lebensmitteleinzelhändler besuchen Sie regelmäßig und warum?

Alle Teilnehmer gehen zu einem Diskonter und zu einem anderen Lebensmitteleinzelhändler. Am meisten wird der Diskonter Hofer von sieben Probanden besucht, wegen der günstigen Preise, dem guten Fleisch, Obst und Gemüse. Zwei Teilnehmerinnen gehen auch zu Penny und zu Lidl aus Gründen der Nähe. Eine junge Frau geht nicht gerne zum Hofer, da sie noch die alten, unordentlichen Hoferfilialen aus ihrer Kindheit in Erinnerung hat. Wenn sie zum Diskonter geht, besucht sie den Penny. Das niedrige Preisniveau ist jedoch bei allen Teilnehmerinnen der ausschlaggebendste Grund für einen Diskonteinkauf. Nach dem Diskonteinkauf wird noch entweder der Billa, der Spar oder der Merkur aufgesucht. Drei Teilnehmer besuchen den Billa, vier den Merkur und vier weitere den Spar. Manche Probanden gehen einmal zum Merkur und dann wieder zum Spar. Welcher Einzelhändler für den Einkauf ausgewählt wird, ist von der Nähe zum Wohnhaus abhängig. Ein weiteres Motiv für alle acht Frauen ist, dass dort alles gekauft wird, was der Diskonter nicht führt. Merkur ist besonders beliebt, weil seine Auswahl an Artikeln sehr groß ist und somit dort auch spezielle Lebensmittel gefunden werden. Zwei Teilnehmerinnen empfinden den Merkur aber als zu groß, die Lebensmittel müssen im Merkur sehr lange gesucht werden.

Was kommt Ihnen in den Sinn, wenn Sie Lebensmitteldiskonter hören?

Das Schlagwort „billig“ war gleich das erste, was drei Teilnehmer gleichzeitig sagten. Das niedrige Preisniveau wird sofort mit Diskontern assoziiert. „Ich glaube auch die Namen Hofer und Lidl fallen einem sofort ein“, sagte eine Teilnehmerin. Weitere Assoziationen wurden nicht genannt.

Warum gehen Leute allgemein gerne zum Diskonter einkaufen? Warum nicht?

Der Hauptgrund für den Einkauf beim Diskonter ist auf jeden Fall der niedrige Preis. Aber auch die Qualität spielt eine wichtige Rolle. Auch die Einführung der Frischwaren war ein Pluspunkt für die Diskonter. Weiters wurde erwähnt, dass die Sonderangebote, wie z.B. ein Fernseher, die Konsumenten anlocken. Auch die Gewohnheit, immer zum selben Diskonter zu gehen, ihn schon zu kennen, ist ein Motiv. Weitere Gründe für den Diskonter sind die schnellen Kassiere und die immer gleichbleibende Anordnung der Filialen. Jede Hofer- und Lidlfiliale ist gleich angeordnet. „Da steht immer alles am gleichen Platz“, sagte eine Teilnehmerin. So können Konsumenten schneller ihre Produkte finden. Gründe, die gegen einen Einkauf beim Diskonter sprechen, sind das Ambiente, welches als nicht sehr angenehm empfunden wird und die großen Packungen von Obst und Gemüse. Für einen Single-Haushalt sind die abgepackten Obst- und Gemüsekörbchen unpraktisch.

Warum gehen Sie persönlich gerne zum Diskonter einkaufen, warum nicht?

Die in der Frage davor genannten Gründe sind auch die persönlichen Motive der Teilnehmer für und gegen einen Einkauf beim Diskonter.

Welche Vorteile hat Ihrer Meinung nach ein Diskonter?

Ein ganz klarer Vorteil ist für alle Teilnehmer der Preis. Weiters ist das Personal sehr freundlich und gut geschult. Auf jede Frage des Konsumenten kann geantwortet werden, was bei Supermärkten oft nicht der Fall ist, da dort die Mitarbeiter nur für gewisse Abteilungen zuständig sind. Außerdem sind Diskonter sehr übersichtlich angeordnet. Am späteren Abend werden Produkte mit ablaufender Verfallsfrist billiger verkauft. Auch beschädigtes Obst und Gemüse wird um 50 Prozent billiger angeboten.

Welche Nachteile hat Ihrer Meinung nach ein Diskonter?

Als Nachteil wird die geringe Produktauswahl gesehen. Es sind eben nicht zehn verschiedene Nudelmarken erhältlich. Weiters gibt es ab einer gewissen Uhrzeit keine Frischware mehr. Im Sommer ist das Grillsortiment ab Mittag ausverkauft. Auch das einfache Einkaufsambiente, vor allem die Aufstellung von Paletten, „die Schachtelwirtschaft" meint eine Probandin, wird nachteilig gesehen. Die Teilnehmer empfinden oft eine gewisse Hektik beim Diskonter. Das wird durch die Gier der Menschen, die dort einkaufen, nur noch mehr verstärkt. Auch die Enge der Gänge, wo es schwer wird, einen zweiten Einkaufswagen zu überholen, wird als Nachteil empfunden.

Wie stellen Sie sich einen typischen Diskont-Käufer vor? Wie sieht er aus? Welchen Familienstand hat er? Welchen Beruf übt er aus? Wie ist sein Einkommen?

Die Gruppe ist sich einig, dass das Klischee eines typischen Diskont-Käufers heutzutage nicht mehr wirklich existiert. Früher war es so, dass Menschen, die ein niedrigeres Einkommen hatten, zum Diskonter gegangen sind. Die Mittelschicht mit plärrenden Kindern war dort zu finden. Junge Menschen und Großfamilien waren oft zu sehen. Jedoch hat sich das Einkaufsverhalten verändert und ein typischer Diskont-Käufer ist fast nicht mehr zu erkennen. Ältere Menschen, der Geschäftsmann und die reiche, verwöhnte Frau gehen zum Diskonter einkaufen. Ein Anzug, aber auch eine Burberry-Jacke werden heutzutage beim Diskonter gesehen. Auf den Familienstand, den Beruf oder das Einkommen wurde nicht näher eingegangen.

Was unterscheidet einen typischen Diskont-Käufer von den anderen Käufern, wie z.B. Merkur-Käufer?

Da sich die Gruppe einig ist, dass ein typischer Diskont-Käufer nicht mehr existiert, hat sich diese Frage erübrigt. Heutzutage gehen viele Menschen zu einem Diskonter, aber auch zu Merkur einkaufen.

Sehen Sie sich die sieben Bilder an. Welches Bild stellt einen typischen Diskont-Käufer dar und welches nicht? Warum denken Sie so?

Da die Teilnehmer bereits erklärt haben, dass ein Diskont-Käufer heutzutage von einem beispielsweise Billa-Käufer kaum noch zu unterscheiden ist, werden eigentlich fast alle Bilder als Diskont-Käufer gesehen. Somit wurden die Frau mit Kind, der Sportler, die Entspannte, das ältere Paar und das jüngere Paar als Diskont-Käufer identifiziert. Beim Geschäftsmann waren sich alle einig, dass er überhaupt nicht einkaufen geht, sondern wahrscheinlich seine Frau oder seine Haushälterin. Bei der Frau mit Hund waren die Meinungen geteilt. Manche sahen sie als Käuferin in einem Öko-Laden und manche durchaus auch als Diskont-Käuferin, da es bereits bei Hofer und Lidl Tierfutter zu kaufen gibt.

Welche Diskonter kennen Sie in Österreich?

Alle vier Diskonter, Hofer, Penny, Lidl und Zielpunkt wurden spontan genannt. Als erstes wurde Hofer erwähnt, dann Lidl und Penny. Bei Zielpunkt waren sich die Teilnehmer nicht sicher, ob er zu den Diskontern gezählt wird. Zusätzlich waren die Probanden verwirrt, da sie nicht wussten, ob es noch Plus-Filialen gibt oder nur noch Zielpunkt-Filialen.

Wenn Sie an Hofer denken, was fällt Ihnen dazu ein? Welche Vorteile hat Hofer? Welche Nachteile hat Hofer?

Das Fleisch, vor allem das Grillfleisch, ist sehr gut. Auch das Brotangebot ist sehr beliebt. Weiters kommen die Sonderangebote, wie Fernseher und Fotoapparat und auch diverse Schulsachen, sehr gut bei den Teilnehmern an. Auch Spezialaktionen, wie Länder-Aktionen, werden gerne bei Hofer gesehen. Weiters werden die Bio-Produkte sehr geschätzt. Eine Teilnehmerin ist sogar der Meinung, dass „immer mehr Bio-Angebote“ bei Hofer zu finden sind. Weniger gut fanden sie die La Hong Modeserie. Die Meinung war, dass Designer-Mode nicht mit dem Diskontprinzip zusammenpasst. Nachteilig werden auch die großen Mengen und die Unordnung gesehen. Es ist beim Diskonter störend, dass ab einer gewissen Uhrzeit nicht mehr das volle Sortiment zur Verfügung gestellt wird. Gerade in der Grillsaison ist das Fleisch am Nachmittag nicht mehr verfügbar. Auch bei den Sonderaktionen sind die Mengen sehr klein, so dass der Käufer bereits am Vormittag ein Stück kaufen muss, um noch eines zu ergattern. Hofer wird von einer Teilnehmerin als

„der zerstreute Professor“ benannt, der freundlich und liebenswert ist, aber eben schusselig und unordentlich.

Wenn Sie an Lidl denken, was fällt Ihnen dazu ein? Welche Vorteile hat Lidl? Welche Nachteile hat Lidl?

Lidl wirkt für die meisten Teilnehmer eher unsympathisch. Einige haben ihn noch nicht einmal besucht. Aussagen wie „ich war einmal drinnen“ oder „ich kenne mich beim Lidl überhaupt nicht aus“ kommen öfters vor. Er hat viele deutsche Produkte und er bietet auch Reisen an. Fast alle Teilnehmer, außer zwei Personen, finden, dass Lidl gegenüber Hofer schlecht abschneidet. Wobei drei von den restlichen sechs Personen nicht oft, bzw. nie zu Lidl einkaufen gehen. Eine Teilnehmerin weiß aber, dass die Wurst- und Fleischprodukte bei Hofer teurer sind als bei Lidl. Die andere Teilnehmerin findet Lidl sogar sauberer und ordentlicher als Hofer. Zum Schluss sind sie sich einig, dass die einzelnen Lidl-Filialen stark voneinander abweichen, nicht nur im Service, sondern auch von der Sauberkeit der Filialen. Die Lidl-Befürworter stammen aus dem Bezirk Wiener Neustadt und die Lidl-Gegner entweder aus Wien oder dem Bezirk Baden. So ist zu erkennen, dass die Lidl-Filialen anscheinend regional sehr unterschiedlich sind.

Wenn Sie an Penny denken, was fällt Ihnen dazu ein? Welche Vorteile hat Penny? Welche Nachteile hat Penny?

Zu Penny fällt den meisten sofort das frische Brot ein. Dieses ist ein starker Pluspunkt für den Diskonter. Wenn die Teilnehmer zu Penny einkaufen gehen, was sehr selten vorkommt, dann eigentlich nur wegen dem frischen Brot. Penny wird als schlecht organisiert und unsystematisch gesehen. Er hat keine Struktur und Ordnung, die verfolgt wird. Eine Probandin meinte: „Ich mag den Penny nicht, ich finde ihn unordentlich. Ich finde, da ist alles schlecht angeordnet.“ Da die meisten Teilnehmer nicht oft bzw. überhaupt nicht zu Penny einkaufen gehen, gibt es nicht viele Kommentare.

Wenn Sie an Zielpunkt denken, was fällt Ihnen dazu ein? Welche Vorteile hat Zielpunkt? Welche Nachteile hat Zielpunkt?

Zielpunkt wird von einer Probandin als „schmuddelig und unordentlich“ gesehen. Manche Filialen sind teurer und vor allem unordentlich. Bei der Präsentation der Ware gibt es kein System, z.B. ist neben der Milch Spielzeug zu finden. Auf der anderen Seite gibt es bei manchen Zielpunkt-Filialen eine Wurst- und Fleischtheke von Schirnhofer. Die Gruppenmitglieder sind sich einig, dass diese als Vorteil gewertet wird. Die Gruppe ist dann zum Entschluss gekommen, dass die Filialen mit Schirnhofer-Theke angenehmer und systematischer sind, als die ohne Schirnhofer-Angebote. Wenn die Schirnhofer-Theke in der Filiale vorhanden ist, würden fünf von den acht Teilnehmerinnen zu Zielpunkt einkaufen gehen.

Sehen Sie sich die 15 Charaktereigenschaften an. Welche passen zu einem Diskonter und welche nicht?

Bei manchen Eigenschaften waren sich die Teilnehmer sofort einig und bei anderen haben sie länger diskutiert. Als kinderlieb wird ein Diskonter nicht gesehen, da es z.B. keine Einkaufswagen für Kinder gibt, wie bei Merkur. Gepflegt, bodenständig, sympathisch, familiär und dynamisch sind Diskonter. Auch als strikt werden sie angesehen, denn, wenn es keine Ware mehr gibt, wird nichts mehr nachgeliefert. Diskonter sind dominant, da sie in fast jeder Ortschaft vertreten sind und auch ihre Preispolitik ist sehr dominant. Sie sind auf keinen Fall arrogant, altmodisch, kreativ oder niveaulos. Die Teilnehmer sind sich bei bequem nicht ganz einig, denn auf der einen Seite gibt es immer Parkplätze und durch den gleichen Aufbau, ist die Ware leicht zu finden. Auf der anderen Seite sind die Gänge sehr eng, es ist nicht genügend Platz, auch durch die Paletten ist der Einkauf nicht unbedingt bequem. Ob es beim Diskonter chaotisch ist oder nicht, kommt auf den Wochentag an.

Welche Gründe lassen sich für den Bio-Boom der letzten Jahre aufzählen? Warum kaufen Menschen ganz allgemein Bio-Produkte?

Der Bio-Boom ist gewachsen, weil die Menschen immer mehr auf ihre Gesundheit achten, das Gesundheitsbewusstsein ist enorm gestiegen. Damit sind sich alle Probanden einig. Eine junge Teilnehmerin ist der Meinung, dass durch die Werbung der Bio-Boom gestiegen ist. „Es wird immer mehr beworben, dass das andere schlecht ist und nur Bio gut ist", sagte sie. Weiters sind Bio-Produkte auch billiger geworden. Der Konsum von biologischen Lebensmitteln gibt dem Käufer ein besseres Gefühl. Die zwei älteren Teilnehmerinnen sind sich auch einig, dass Nahrung heutzutage eine Art Luxus-Produkt geworden ist. Früher wurde gegessen, um zu überleben, aber heute leisten sich die Konsumenten sogar ein qualitativ hochwertigeres Produkt. Nahrung hat einen anderen Stellenwert bekommen. Es ist auch möglich, dass manche Konsumenten Bio-Produkte kaufen, um ihr Image zu verbessern. Bio ist bereits ein Statussymbol geworden. Für den Käufer ist es jetzt auch einfach, dem Qualitätssiegel zu vertrauen. Alles ist transparenter geworden, meistens steht die Herkunft der Ware auf dem Produkt. Viele Bauern haben auch auf biologische Herstellung umgestellt, da eben dieser Markt boomt. Eine Teilnehmerin meinte, „dass die Bauern in Österreich auch eine bessere Überlebenschance haben, wenn sie sich heute für Bio entscheiden und Bio produzieren."

Sehen Sie sich diesen Cartoon an. Was würde die Person mit der leeren Luftblase antworten?

Der Cartoon-Test zu biologischem Obst stellt zwei Frauen dar, die sich unterhalten. Die eine Frau sagt: „Ich kann mich einfach nicht entscheiden, welches Obst ich kaufen soll, biologisches oder nicht biologisches?" und die andere antwortet: „Ich würde…". Bei diesem ersten Cartoon-Test gab es unterschiedliche Antworten. Vier Teilnehmerinnen meinten, dass sie nicht auf biologische Qualität achten. Drei andere Probanden kaufen gerade beim Obst nur biologisch ein. Die achte Teilnehmerin war der Meinung, dass es auf das Produkt ankäme, ob biologische Herstellung gewählt wird oder nicht. In diesem Fall hat die Einstellung nichts mit dem Alter zu tun, da die eine Frau, die zwischen 45 und 60 Jahre alt ist, nicht auf die Herstellung achtet und die andere ältere Probandin sehr wohl biologisches Obst kauft.

Der zweite Cartoon-Test zeigt wieder zwei Frauen im Gespräch. Die eine sagt zur anderen: „Ich mag Bio-Produkte lieber und kaufe deshalb fast ausschließlich biologische Lebensmittel." Die Antwort lautet: „Ja, ich kaufe auch lieber Bio-Produkte, denn…". Auch beim zweiten Cartoon-Test gab es verschiedene Antworten. Drei Teilnehmerinnen sind der Meinung, dass Bio-Produkte gekauft werden, denn dies ist modern, es liegt im Trend. Weiters denkt eine Teilnehmerin, dass biologische Lebensmittel gekauft werden, weil sie ein gutes Gefühl vermitteln.

Warum kaufen Sie Bio-Produkte? Bzw. warum nicht?

Biologische Produkte werden von den Teilnehmern nicht gekauft wegen dem erhöhten Preis. „Aber das ist eigentlich auch das einzig Negative, weil ich sage sonst gibt's, also für mich nichts, zumindest keinen bewussten Grund, warum ich sage, nein sicher nicht Bio", meinte eine Teilnehmerin. Da sind sich alle einig. Ein Teilnehmer meint, dass eventuell auch noch das nicht so hübsche Aussehen der Bio-Produkte zu einem Nicht-Kauf verleitet. Sonst werden aber keine Gründe gesehen, die gegen einen Bio-Kauf sprechen würden. Die Teilnehmer unterscheiden jedoch beim Kauf z.B. von Käse zwischen biologisch und nicht biologisch. Der Streukäse für die Pizza wird nicht biologisch gekauft, aber ein Käse, der zu Weintrauben gegessen wird, sehr wohl. Die Gründe für einen Bio-Kauf wurden dann nicht noch einmal erwähnt, da diese bereits in den vorherigen Fragen genannt wurden.

Wie sieht der typische Bio-Käufer aus? Welchen Familienstand hat er? Welchen Beruf übt er aus? Wie hoch ist sein Einkommen?

Die ersten Aussagen bzw. Klischees waren „öko, grün, gesund, Hanfklamotten und Birkenstockschlapfen". Von den Klischees ist die Gruppe dann jedoch abgewichen und die Teilnehmer haben viele verschiedene Gruppen, wie Singles, Familien, junge Leute, Sportler und Alternative genannt. Sechs Teilnehmerinnen waren der Meinung, dass das Einkommen höher sein müsste, damit biologische Produkte gekauft werden. Eine Probandin wiederum meinte, dass es nicht so sehr auf das Einkommen ankäme. Sie selbst, Single und in der mittleren Einkommensschicht, kaufe schließlich auch Bio-Produkte. Vorwiegend würden jedoch jüngere Menschen biologische Lebensmittel erwerben. Es war zu erkennen, dass nicht wirklich ein typischer Bio-Käufer identifiziert werden konnte.

Wenn Sie an Bio-Produkte denken, welche fallen Ihnen ganz spontan ein? Welche Bio-Marken kennen Sie?

Die Produktgruppen Brot, Milchprodukte aller Art, Fleisch, Wurst und Müsli werden genannt. Bei den Marken war es schwieriger. Die bekannten Marken Ja! Natürlich und Spar Vital kennen die Teilnehmer. Die Marke von Hofer, Zurück zum Ursprung, wurde auch von allen Teilnehmerinnen mit biologisch assoziiert.

Welche Qualitätssiegel kennen Sie, die biologische Qualität garantieren?

Die Teilnehmer nennen nur das AMA-Gütesiegel. Weiters war eine Teilnehmerin der Meinung, dass der Grüne Punkt auch biologische Qualität garantiert. Die anderen Probanden klärten dieses jedoch auf. Auch Stiftung-Warentest wurde erwähnt, dann aber wieder verworfen, da dieses nur für Shampoos verwendet wird. Mehr Qualitätssiegel wurden nicht genannt.

Sehen Sie sich die Karten mit den Qualitätssiegeln an und zeigen Sie, welche Sie kennen.

Die sechs Siegel, die Austria Bio Garantie, das EU-Bio-Zeichen, Demeter, ORBI, Natur pur von SPAR und das AMA-Gütesiegel wurden der Reihe nach den Teilnehmerinnen gezeigt. Die Austria Bio Garantie, das EU-Bio-Zeichen, Demeter und ORBI wurden nicht erkannt. Das EU-Bio-Zeichen wurde von drei Probanden mit dem FAIRTRADE-Zeichen verwechselt. ORBI wurde mit Religion verbunden und Demeter mit einem Transportunternehmen. Bekannt waren den Teilnehmern das Natur pur Siegel von Spar und das AMA-Gütesiegel. Jedoch wusste keiner der Gruppenmitglieder, dass das AMA-Zeichen wirklich das Qualitätssiegel vom Agrarmarkt Austria ist. Es wurde aber von fünf Probanden mit Fleisch und Eiern assoziiert. Als glaubwürdig wurden nur die Austria Bio Garantie, AMA und die Spar-Marke Natur pur eingestuft.

Warum/warum nicht gehen Sie zum Diskonter und kaufen dort Bio-Produkte?

Fünf Teilnehmerinnen, zwei älter als 45 Jahre und drei jünger als 30 Jahre, kaufen nicht wirklich bewusst biologisch beim Diskonter ein. Meistens wird der normale Einkauf getätigt und die Bio-Produkte rutschen dann so mit. „Ich gehe dorthin, wo es gerade passt und kaufe das, was mich anlacht", sagte eine junge Teilnehmerin. Zwei Teilnehmerinnen ist das Aussehen enorm wichtig. Wenn dieses passt, werden diese Lebensmittel gekauft. Es wird nicht wirklich darauf geachtet, ob ein Produkt beim Diskonter biologisch ist oder nicht.

Welche Unterschiede bezüglich Bio-Produkte lassen sich zu anderen Lebensmitteleinzelhändlern erkennen?

Vier Teilnehmerinnen sagen ganz spontan, dass sich in der Qualität nicht wirklich Unterschiede zwischen den einzelnen Lebensmitteleinzelhändlern ausmachen lassen. Drei Gruppenmitglieder wenden jedoch ein, dass ein Diskonter nicht so eine große Auswahl an Bio-Produkten wie Merkur oder Spar hat. Vor allem in anderen Bereichen, außer Obst und Gemüse, können Diskonter mit der Sortimentsvielfalt nicht mithalten. Die Teilnehmer sind sich einig, wenn sie alle wirklich nur biologische Produkte einkaufen würden, würden sie nicht zum Diskonter gehen, da die Auswahl einfach zu gering ist und nicht alle Produktgruppen in biologischer Qualität angeboten werden.

Wo ist das Vertrauen größer bezüglich Bio, beim Diskonter oder bei anderen Lebensmitteleinzelhändlern?

Das Vertrauen der Teilnehmer ist bei allen Lebensmitteleinzelhändlern gleich groß. Die Probanden sind sich einig, dass, wenn jemand an biologische Herkunft glaubt, es egal ist, ob diese Produkte beim Diskonter oder bei anderen Supermärkten verkauft werden.

Kaufen Sie nur bestimmte biologische Produktgruppen beim Diskonter, oder nicht? Warum?

Vier Teilnehmerinnen kaufen nicht immer die gleichen biologischen Produktgruppen ein, das Einkaufsverhalten variiert hier sehr stark. Bei der Milch kauft eine Teilnehmerin immer dieselbe. Die anderen Teilnehmer gingen nicht weiter auf diese Frage ein.

Verkostung von Bio-Käse

Folgende Bio-Käse wurden von den acht Teilnehmerinnen getestet:

- Von Hofer: Natur aktiv Bio Leichtkäse
- Von Lidl: Bioness Bio Bergkäse
- Von Penny: ECHT B!O Tilsiter
- Von Zielpunkt: Bio Bio Bergkäse

Zuerst wurden die vier Käsesorten den Diskontern zugeordnet. Dabei erkannten vier Teilnehmer den Lidl-Käse, drei Personen den Hofer-Käse und eine Person nur den Käse von Zielpunkt. Kein Teilnehmer konnte den Käse Nummer eins zu Penny richtig zuordnen. Dieses ist in Abbildung 15 zu erkennen.

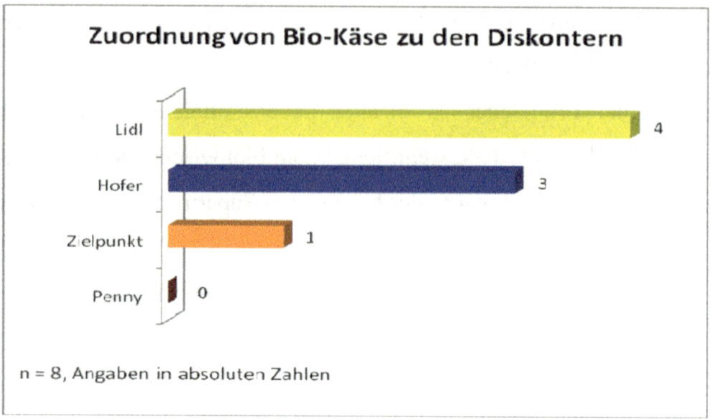

Abbildung 15: Zuordnung von Bio-Käse in Gruppe 1

Der Geschmack der unterschiedlichen Käsesorten wurde folgendermaßen beurteilt:
Der Käse Nummer eins war von Penny und eine Person fand ihn sehr gut. Sie beschrieb ihn als leicht und mild. Sechs Teilnehmer beurteilten ihn als gut, da er mild, etwas trocken, weich, salzig war. Öfters wurde der Käse als „geschmacklich gut“ erwähnt und nur einer Person schmeckte er überhaupt nicht, da er zu intensiv war. Diese Zahlen sind in Abbildung 16 abzulesen.

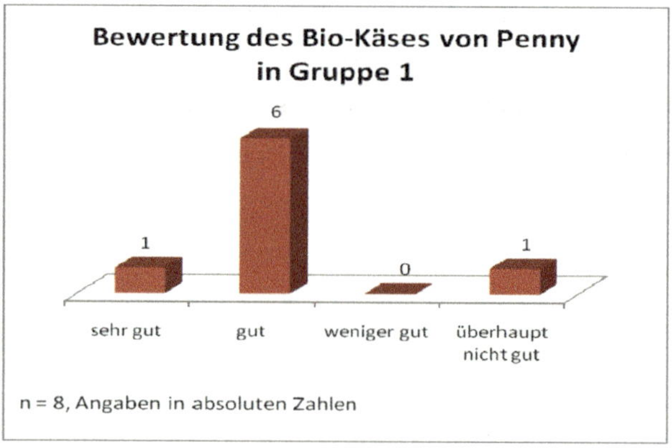

Abbildung 16: Bewertung von Bio-Käse von Penny in Gruppe 1

Der Mittelwert der Geschmackseinstufung des Bio-Käses von Penny beträgt 2,1. D.h. die Probanden bewerten ihn als gut schmeckend.

Der zweite Käse wurde bei Zielpunkt gekauft. Dieses Milchprodukt wurde nicht sehr gut bewertet. Nur eine Person empfand den Käse als sehr gut und sehr schmackhaft. Zwei Personen bewerteten ihn mit gut, da er sehr mild war. Es gab jedoch fünf Probanden, die ihn als weniger gut einstuften. Sie beschrieben den Käse von Zielpunkt als fad und geschmacklos. In Abbildung 17 ist dieses zu erkennen.

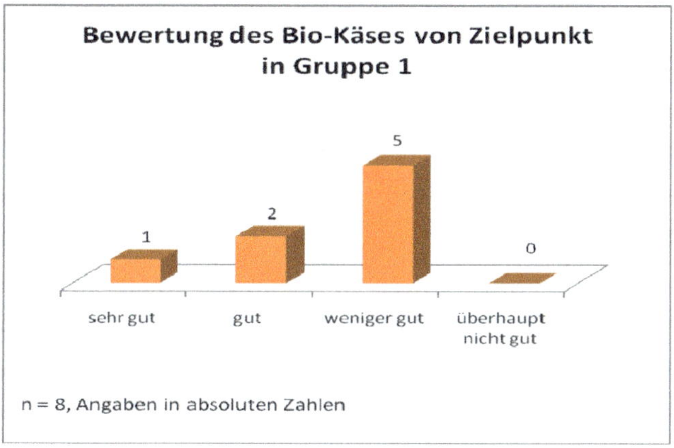

Abbildung 17: Bewertung von Bio-Käse von Zielpunkt in Gruppe 1

Der Mittelwert liegt hier bei 2,5, was bedeutet, dass der Geschmack durchschnittlich zwischen gut und weniger gut eingestuft wurde.

Als drittes wurde ein Käse von Hofer verkostet. Dieser Käse war eindeutig der Gewinner, denn drei Teilnehmern schmeckte er sehr gut, da er schmackhaft war und zweimal wurde er mit würzig bewertet. Weiters wurde er von drei Frauen mit gut benotet, da er als sehr mild, hart und würzig empfunden wurde. Nur zwei Probaden empfanden ihn als überhaupt nicht gut, da er zu käsig, zu intensiv und zu hart war, was in Abbildung 18 gezeigt wird.

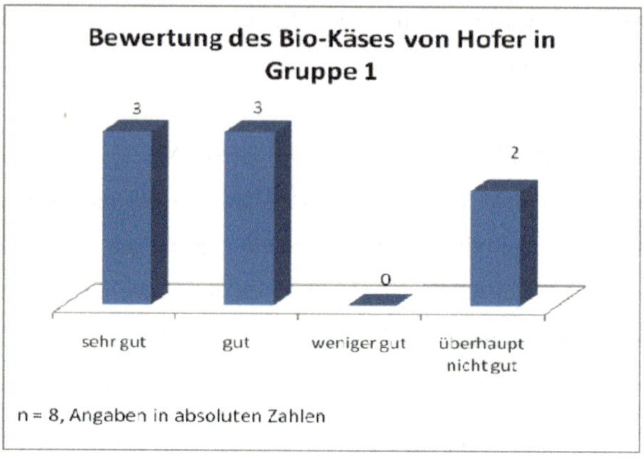

Abbildung 18: Bewertung von Bio-Käse von Hofer in Gruppe 1

Auch hier liegt der Mittelwert bei 2,1. Der Hofer-Bio-Käse wird als gut schmeckend eingestuft.

Der letzte Käse, welcher verkostet wurde, war von Lidl. Dieser schnitt bei der Verkostung am schlechtetsten ab, denn vier Personen schmeckte er überhaupt nicht, wegen dem schlechten Geschmack und da er zu fad schmeckte. Eine Probandin empfand ihn als weniger gut. Sie beschrieb ihn als zu salzig. Es gab jedoch drei Teilnehmer, die ihn sehr gut fanden. Die Begründung für eine sehr gute Bewertung war zweimal, dass der Käse sehr mild sei und einmal wurde weich und schmelzend erwähnt. In der nachfolgenden Abbildung 19 sind diese Zahlen zu erkennen.

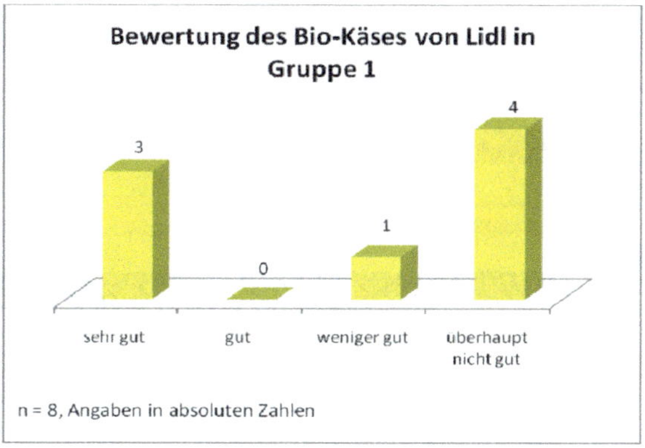

Abbildung 19: Bewertung von Bio-Käse von Lidl in Gruppe 1

Der Mittelwert liegt hier mit 2,75 schon im Bereich „weniger-gut"-schmeckend.

Es ist zu erkennen, dass in dieser Gruppe eins der Gewinner der Hofer-Käse ist, danach kommt Penny. An dritter Stelle reiht sich Zielpunkt und am letzten Platz folgt das Produkt von Lidl.

Verkostung von Bio-Joghurt

Folgende Bio-Joghurts wurden von den acht Teilnehmerinnen getestet:

- Von Hofer: Natur aktiv Bio Natur Joghurt
- Von Lidl: Bioness Bio Joghurt natur
- Von Penny: ECHT B!O Naturjoghurt

Zu allererst wurden die Joghurts wieder einem Diskonter zugeordnet. Wie Abbildung 20 zeigt, haben vier Teilnehmer das Hofer-Joghurt erkannt. Das Penny- und das Lidl- Joghurt wurde jeweils nur von zwei Teilnehmern erkannt.

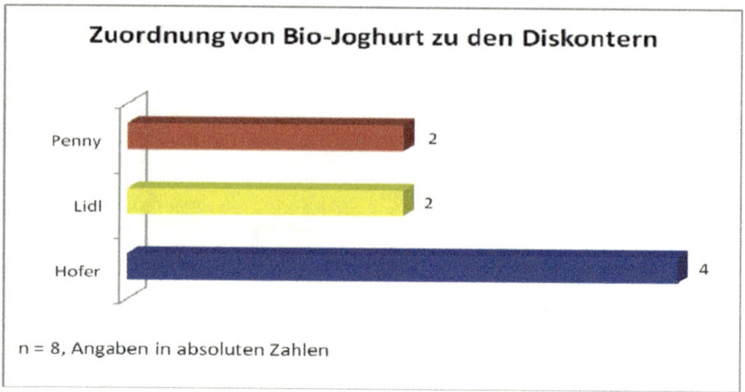

Abbildung 20: Zuordnung von Bio-Joghurt in Gruppe 1

Die einzelnen Bio-Joghurts wurden von den Teilnehmern wie folgt bewertet:
Das Joghurt Nummer eins war von Hofer. Abbildung 21 zeigt, dass drei Teilnehmer das Naturjoghurt als sehr gut empfanden, da es leicht säuerlich und sehr leicht war. Drei Personen bewerteten das Joghurt als gut und beschrieben es als neutral und leicht körnig. Nur zwei Personen fanden es, wegen dem natürlichen und sauer-rahmigen Geschmack, weniger gut.

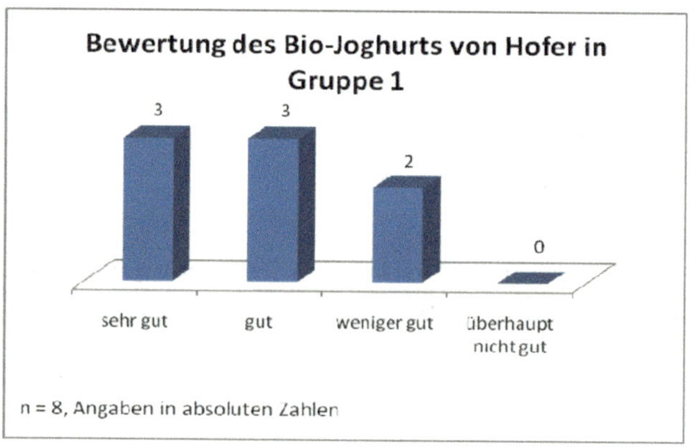

Abbildung 21: Bewertung von Bio-Joghurt von Hofer in Gruppe 1

Der Mittelwert ist 1,875. Dieses Joghurt wird von den Probanden gut bis sehr gut bewertet.

Als zweites Joghurt wurde das Natur-Bio-Joghurt von Lidl beurteilt. Hier gab es ganz unterschiedliche Bewertungen, denn drei Teilnehmer fanden es sehr gut, da es intensiv, cremig und frisch war. Eine Person empfand es als sehr rahmig und benotete mit gut. Da es zu herb und zu cremig war, wurde es zweimal mit weniger gut benotet. Zwei Teilnehmerinnen schmeckte es überhaupt nicht gut, da es zu schwer-rahmig und zu intensiv war. Diese Bewertungen sind in der folgenden Abbildung 22 zu erkennen.

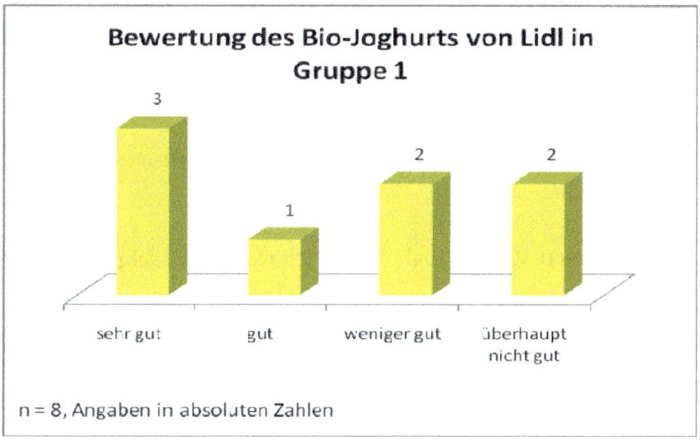

Abbildung 22: Bewertung von Bio-Joghurt von Lidl in Gruppe 1

Der Mittelwert liegt bei 2,375. Der Geschmack des Bio-Joghurts von Lidl wird als gut eingestuft.

Als letztes Joghurt wurde das Joghurt von Penny verkostet. Dieses schnitt sehr gut ab, denn drei Personen schmeckte es sehr gut. Es ist cremig, eher flüssig und mild. Von den vier Teilnehmerinnen, die das Joghurt mit gut bewerteten, wurde es dreimal als neutral und einmal als zu sauer beschrieben. Die Begründung für eine sehr schlechte Benotung war, dass das Bio-Produkt zu geschmacklos empfunden wurde, was in Abbildung 23 abzulesen ist.

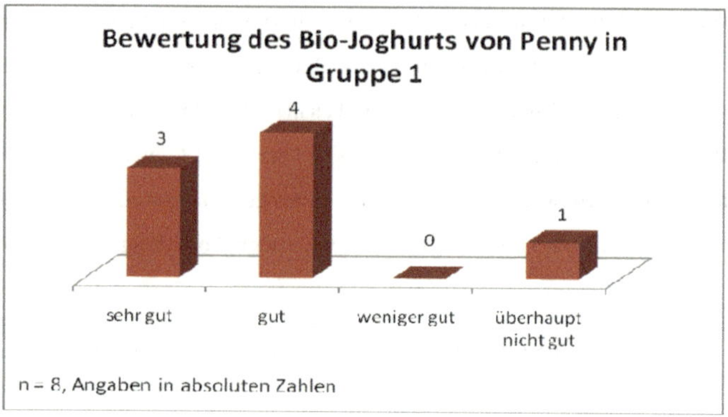

Abbildung 23: Bewertung von Bio-Joghurt von Penny in Gruppe 1

1,875 ist der Mittelwert für das Joghurt von Penny, d.h. es schmeckte den Probanden gut bis sehr gut.

Dieser Gruppe hat das Bio-Joghurt von Hofer und von Penny ziemlich gleich gut geschmeckt. Das Lidl-Joghurt ist bei dieser Verkostung der Verlierer.

Verkostung von Bio-Milch

Folgende Bio-Milchsorten wurden von den acht Teilnehmerinnen getestet:

- Von Hofer: Natur aktiv Bio Vollmilch
- Von Lidl: Bioness Bio Vollmilch
- Von Penny: ECHT B!O Vollmilch
- Von Zielpunkt: Bio Bio Vollmilch

Die vier verschiedenen Milchsorten wurden zu Beginn wieder dem Diskonter zugeordnet. Anhand Abbildung 24 ist zu erkennen, dass nur eine Person die Penny-Milch, zwei Personen die Zielpunkt-Milch und jeweils drei Teilnehmer die Hofer- und die Lidl-Milch erkannt haben.

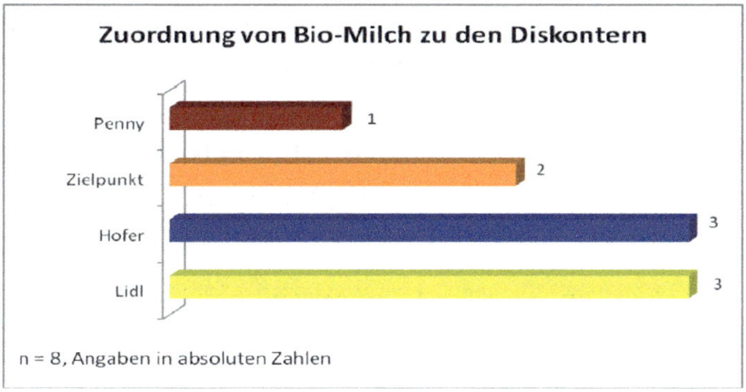

Abbildung 24: Zuordnung von Bio-Milch in Gruppe 1

Die vier verschiedenen Milchsorten wurden wie folgt bewertet:

In Abbildung 25 ist zu erkennen, dass vier Teilnehmern die Milch von Lidl gut schmeckte, da sie nicht so geschmackvoll, wässrig und nur als ok beschrieben wurde. Die Bio-Milch von Lidl war für drei Teilnehmerinnen sehr gut, da sie cremig-erfrischend, milchig und geschmacklich sehr gut bewertet wurde. Nur eine Person empfand sie als überhaupt nicht gut, da sie zu wässrig war.

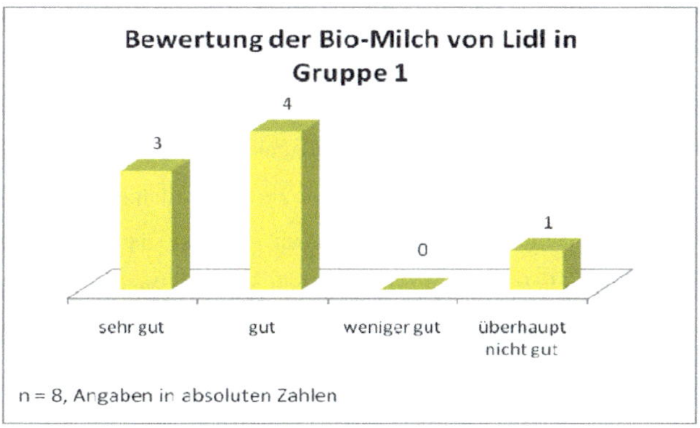

Abbildung 25: Bewertung von Bio-Milch von Lidl in Gruppe 1

Der Mittelwert liegt in dieser Gruppe bei 1,875 für die Bio-Milch von Lidl, was gut bis sehr gut entspricht.

Als zweites wurde die Milch von Hofer getestet. Diese schnitt sehr gut ab, denn vier Probanden schmeckte sie sehr gut und vier gut. Die Begründung für die vier sehr guten Benotungen waren die Eigenschaften gehaltvoll, cremig-leicht und sie wurde zweimal als geschmacklich empfunden. Die anderen vier Teilnehmer beschrieben sie als gut, voll und nicht so geschmacklich. Dieses ist in Abbilung 26 abzulesen.

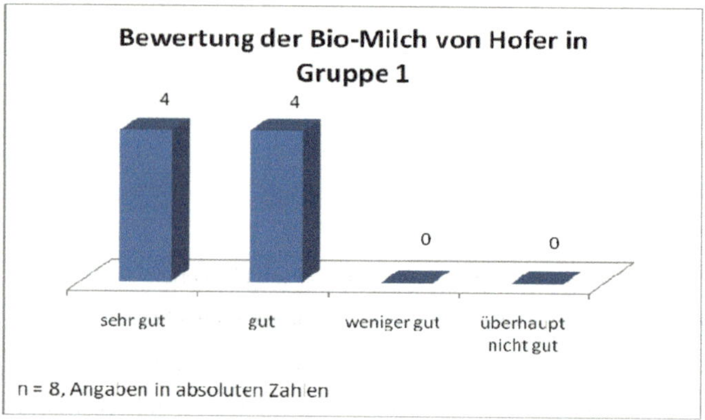

Abbildung 26: Bewertung von Bio-Milch von Hofer in Gruppe 1

Mit einem Mittelwert von 1,5 schneidet die Bio-Milch von Hofer beim Geschmackstest sehr gut ab.

Die Milch Nummer drei wurde bei Zielpunkt gekauft. Die Verkostung ergab, dass vier Teilnehmern die Milch gut schmeckte, da sie als sehr milchig, leer und geschmackvoll gesehen wurde. Die Milch war für drei Frauen sehr gut, da sie als cremig-leicht und zweimal als geschacklich sehr gut beschrieben wurde. Weiters ist aus Abbilung 27 abzulesen, dass nur eine Person sie als weniger gut einstufte, da sie die Milch als zu fett empfand.

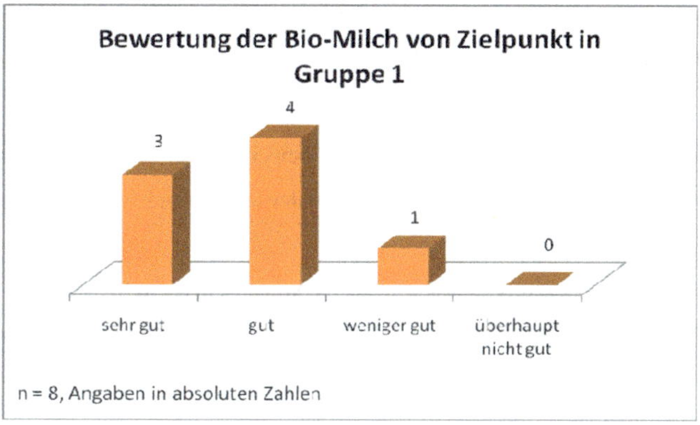

Abbildung 27: Bewertung von Bio-Milch von Zielpunkt in Gruppe 1

Hier liegt der Mittelwert der Geschmacksbewertungen bei 1,75.

Die letzte Bio-Milch war von Penny und diese wurde auch sehr gut bewertet. Es ist aus Abbilung 28 zu erkennen, dass fünf Personen sie als sehr gut und drei Teilnehmer sie als gut einstuften. Drei Probanden empfanden die Milch von Penny als sehr gehaltvoll, ein Teilnehmer als leicht und ein weiterer als geschmacklich sehr gut. Gut wurde dieses Bio-Produkt bewertet, da sie als gut, milchig und kräftig beschrieben wurde.

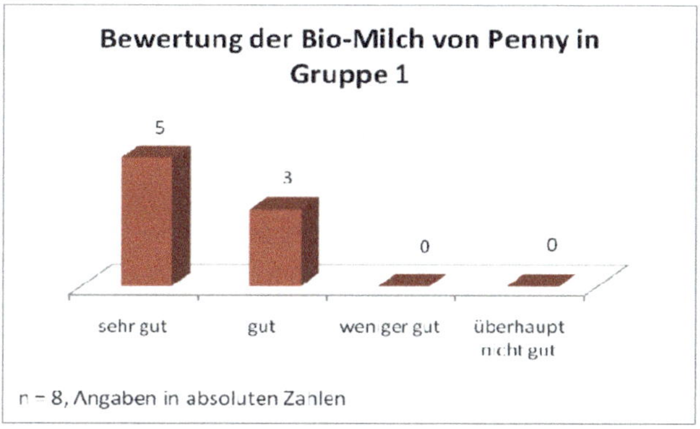

Abbildung 28: Bewertung von Bio-Milch von Penny in Gruppe 1

Mit einem Mittel von 1,375 ist die Bio-Milch von Penny der Gewinner im Geschmackstest aller verkosteten Bio-Produkte.

Die vier Milchsorten wurden sehr ähnlich bewertet. Die Hofer- und die Penny-Milch wurden eine Spur besser empfunden, als die Milchsorten von Lidl und von Zielpunkt.

Wie denken Sie, werden sich in Zukunft Diskonter entwickeln?
Die Teilnehmer denken, dass sich die Diskonter auch bald in der höheren Preisklasse befinden werden. Das Sortiment der Diskonter wird sich vergrößern, so wie bei Merkur. Alles wird aneinander angepasst. Dieses ist bereits jetzt schon zu erkennen, indem Supermärkte, wie Billa oder Spar, auch billige Eigenmarken anbieten und Diskonter z.B. Bio-Produkte ins Sortiment nehmen. Diskonter werden noch mehr Bio-Produkte anbieten.

Wie denken Sie, wird sich in Zukunft der Bio-Boom entwickeln?
Zwei Teilnehmerinnen sind der Meinung, dass der Bio-Boom sich noch weiter entwickeln wird. Fünf Probanden sind da anderer Meinung. „Ich empfinde gerade nicht, dass ein Boom ist", meint ein Gruppenmitglied. Durch die derzeitige Finanz- bzw. Wirtschaftskrise ist für die Teilnehmer kein wirklicher Bio-Boom zu spüren. Die Menschen müssen heutzutage mehr auf ihr Geld achten und daher sparen sie bei den Lebensmitteln auch ein und kaufen günstigere Ware, d.h. keine Bio-Ware.

Wie denken Sie, werden sich in Zukunft Bio-Produkte beim Diskonter entwickeln?
Da sich das Sortiment vergrößern wird, ist es sehr wahrscheinlich, dass auch mehr Bio-Produkte angeboten werden. Preislich werden sie aber unter dem Preis des Bioladens bleiben, da das Diskontprinzip immer im Vordergrund stehen wird. Weiters können Diskonter durch die Bio-Sortimentsvergrößerung größere Mengen einkaufen, wodurch die Preise für den Endverbraucher billiger wären, als beim Bioladen.

Subjektive Sicht des Moderators
Die Diskussion war sehr angenehm. Es gab nicht eine Situation, wo der Moderator eingreifen hätte müssen, obwohl es sehr wohl unterschiedliche Meinungen gab. Zu Beginn waren die Teilnehmerinnen eher zurückhaltend, doch schon nach den ersten allgemeinen Fragen zum Einkaufsverhalten fühlten sich alle sehr wohl und die Diskussion begann. Zwei

Meinungsführer dominierten das Gespräch. Die anderen Probanden waren davon jedoch nicht abgeschreckt und vertraten trotzdem ihren Standpunkt, jedoch nicht so vehement wie die Meinungsführer. Schüchterne Personen waren in dieser Gruppe nicht vorhanden. Obwohl es eine heterogene Gruppe war, wurde nicht wirklich heftig diskutiert. Es war erkennbar, dass sich während der Diskussion die Meinungen der Teilnehmer veränderten. So waren sich fast alle Teilnehmer am Ende der Exploration einig. Die Nicht-Bio-Käufer konnten nicht wirklich ihren Standpunkt vertreten. Diese vier Personen wurden von den Bio-Käufern überzeugt. Dieser Gruppenprozess und die damit verbundene Dynamik war sehr gut zu erkennen.

7.3.3 Ergebnisse der Gruppendiskussion 2

Die zweite Gruppendiskussion war eine homogene Gruppe mit sechs Teilnehmern. Diese Gruppe bestand nur aus sechs Teilnehmern, wobei fünf Frauen und ein Mann dabei waren. Alle Gruppenmitglieder waren zwischen 18 und 30 Jahre alt. Da diese Gruppe homogen war, waren alle Teilnehmer der gleichen Meinung. Sie alle kaufen Bio-Produkte beim Diskonter. Drei Teilnehmer stammen aus Wien, eine aus Bezirk Mödling und zwei Probandinnen aus dem Bezirk Baden. Auch dieses Mal wurde die Sitzordnung willkürlich gewählt, je nach dem Eintreffen der Teilnehmer. Obwohl sich die meisten Teilnehmer untereinander nicht kannten, verstanden sie sich sehr gut. Alle waren sehr gesprächig, doch einen Meinungsführer gab es nicht wirklich. Diese zweite Gruppendiskussion dauerte ca. eine Stunde und 45 Minuten.

Die gestellten Fragen und Übungen werden nun einzeln aufgelistet und beantwortet.

Als welchen Einkaufstypen würden Sie sich bezeichnen?

Die Hälfte der Teilnehmer, zwei Frauen und der Mann, sind habituelle Einkaufstypen. Sie kaufen fast immer das Gleiche ein, außer ein Rezept verlangt nach etwas Neuem. Eine Probandin, die zwar eine habituelle Einkäuferin ist, fährt jedoch zu drei bis vier verschiedenen Geschäften. Eine andere Teilnehmerin orientiert sich sehr stark nach den Angeboten. Sie wechselt daher oft die Produkte und ist eher kein Gewohnheitseinkäufer. Wiederum kaufen zwei andere Probanden ein, was ihnen so schmeckt und gefällt.

Wer geht in Ihrem Haushalt am meisten einkaufen?

Alle Gruppenmitglieder gehen selbst einkaufen. Manchmal werden zwei Teilnehmerinnen von ihren Partnern unterstützt und begleitet.

Wie oft gehen Sie in der Woche einkaufen?

Die Häufigkeit des Einkaufs ist in dieser Gruppe sehr unterschiedlich. Eine Teilnehmerin geht jeden Tag, da eine Einkaufsmöglichkeit gleich neben der Wohnsituation liegt. Drei Frauen wiederum machen einmal die Woche einen Großeinkauf und Kleinigkeiten werden dann noch zwei bis dreimal die Woche eingekauft. Die Frischware, wie Fleisch oder Fisch, wird öfters pro Woche erstanden. Zwei Teilnehmer, der Mann und eine Frau, versuchen zwar, nur einmal die Woche einzukaufen, jedoch klappt es meistens nicht und ein zweiter oder sogar dritter Gang zum Lebensmitteleinzelhändler ist unvermeidbar.

Wodurch wird Ihr Einkaufsverhalten beeinflusst?

Die Gesundheit ist ein großer Einflussfaktor bei zwei Teilnehmern. Gesundes Essen geht vor. Aber auch der Preis spielt für ein Probandin eine wichtige Rolle. Weiters wird das Einkaufsverhalten bei einer Teilnehmerin sehr von der äußeren Erscheinung des Produktes beeinflusst. „Ich gebe es zu, ich bin ein Marketing-Mensch“, sagte diese. Je hübscher es ist und besser vermarktet wird, desto eher wird es gekauft. Nicht nur die Verpackung, auch Angebote verleiten zum Kauf von Produkten. Ein Faktor, der fünf Teilnehmer beeinflusst, ist die Zeit. Wenn wenig Zeit vorhanden ist, wird das eingekauft, was schnell zum Kochen geht. Eine Probandin meinte, dass die Zeit für sie keine Rolle spielt. Sie, eine Studentin, geht öfters mit ihrem Freund am Vormittag einkaufen und dann gleich zu mehreren Geschäften. Vier Gruppenmitglieder geben zu, dass sie von den Angeboten im Geschäft sehr beeinflusst werden. „Oh ja, wenn was im Angebot ist kann man schon zuschlagen“, meinte eine Frau. Die Probanden werden eher selten von Flugblättern beeinflusst. Meistens landen diese sofort im Müll. Wenn sie jedoch angesehen werden, interessieren sich die Teilnehmer nur für sonstige Angebote und nicht für Lebensmittel.

Sind Sie risikofreudig, was das Ausprobieren neuer Produkte angeht? Wieso probieren Sie neue Lebensmittel aus? Wie kommen Sie dazu? Wie verläuft so ein Erstkauf? Ist das bei Bio-Produkten auch so?

Eine Teilnehmerin ist der Meinung, dass die Risikofreudigkeit von dem Produkt abhängt. Eine Probandin ist der Meinung, dass sie bei den Fertiggerichten sehr wohl variiert. Eine andere Frau findet, dass ein Stück vom neuen Produkt zum Probieren nicht schadet. Falls es einem dann doch nicht schmeckt, wird es eben nicht mehr gekauft. Eine Teilnehmerin wechselt aber bei Milchprodukten nicht gerne und testet daher auch nicht oft neue Produkte. Zwei Probanden waren wiederum anderer Meinung. Gerade bei dieser Produktgruppe werden ständig neue Lebensmittel von den Teilnehmern ausprobiert.

Welche Lebensmitteleinzelhändler besuchen Sie regelmäßig und warum?

Der Diskonter Hofer wird von vier Teilnehmerinnen besucht, entweder aus Gründen der Nähe, oder dem billigen Preisniveau. Weiters besuchen drei dieser Hofer-Einkäufer zusätzlich noch den Merkur, da dieser eine sehr große Auswahl an Produkten hat. Weiters wird der Merkur gerne besucht, da am Samstagabend das volle Sortiment auch noch vorhanden ist. Die vierte Hofer-Käuferin besucht weiters noch Lidl und Penny. Sie kauft in allen drei Diskontern unterschiedliche Waren ein. „Hofer hat zum Beispiel sehr gutes Fleisch und Lidl Obst und Gemüse“, sagte diese Teilnehmerin. Eine Hofer- und Merkur-Einkäuferin erwähnte auch, dass sie gerne zu Zielpunkt geht. „Aber nur, wenn ich bei meinen Eltern draußen bin und dort einkaufen gehe, fahre ich meistens zum Zielpunkt“, sagte diese Frau. Sie liebt die Fleisch- und Wursttheke vom Schirnhofer. Da aber nicht alle Zielpunkt-Filialen die Produkte dieses Fleischhauers haben, geht sie nur zu diesem einen Zielpunkt. Eine Teilnehmerin geht neben Merkur und Hofer noch zu Billa, da dieser in ihrem Wohnort liegt. Zwei Probanden gehen fast nur zu Zielpunkt einkaufen, da die Qualität stimmt und aus Gründen der Nähe.

Was kommt Ihnen in den Sinn, wenn Sie Lebensmitteldiskonter hören?

Die ersten Assoziationen der Teilnehmer sind der niedrige Preis und die Paletten. Drei Teilnehmern gefällt die Innenraumgestaltung des Verkaufsraums nicht, welche als unorganisiert und unschön empfunden wird. Auch durch die Nichtaufstellung von Regalen und nur Paletten und Kisten wirken Diskonter nicht sehr einladend. „Mir fallen auch gleich schnelle Kassabedienungen ein“, meinte eine Teilnehmerin. Diese schnellen Kassiere sind für zwei Teilnehmer sehr angenehm. Zwei andere Probanden wiederum empfinden diese als etwas zu schnell. Sie fühlen sich durch diese schnelle Bedienung schon fast gehetzt. Einer Probandin fallen spontan die billigen Eigenmarken ein. Eine andere Frau assoziiert mit Diskonter Wühlkisten mit Restartikeln.

Warum gehen Leute allgemein gerne zum Diskonter einkaufen? Warum nicht?

Die Gruppe ist der Meinung, dass der billige Preis der Hauptgrund für einen Einkauf beim Diskonter ist, aber auch die gute Qualität. Das Preis-Leistungsverhältnis stimmt beim Diskonter einfach. Gerade in der jetzigen Wirtschaftskrise müssen bzw. wollen die Menschen sparen. Zwei Teilnehmern jedoch ist auch aufgefallen, dass sich die Qualität der Produkte verbessert hat. Früher waren Diskonter qualitativ weitaus schlechter. Manche Menschen gehen aber nicht zum Diskonter, da dort nicht alles zu finden ist, wie z.B. Tofu. „Ich hab zum Beispiel eine Freundin, die ist Veganerin. Sie kann beim Hofer Soja oder solche Sachen nur selten kaufen", meinte eine Teilnehmerin. Außergewöhnliche Lebensmittel oder besondere Marken sind beim Diskonter nicht zu erwerben.

Warum gehen Sie persönlich gerne zum Diskonter einkaufen, warum nicht?

All diese Gründe, die in der Frage davor geklärt wurden, sind Motive, warum die Teilnehmer zum Diskonter einkaufen gehen. Weiters sind die in der nächsten Frage aufgelisteten Vorteile auch Gründe für einen Diskont-Einkauf.

Welche Vorteile hat Ihrer Meinung nach ein Diskonter?

Als Vorteile sehen die Teilnehmer den niedrigen Preis, die guten Eigenmarken und die schnellen Kassierer. Weiters haben Diskonter immer einen großen Parkplatz und viele Aktionen werden angeboten. Es werden immer wieder neue Produkte ins Sortiment genommen, auch andere Waren als Lebensmittel. Eine Teilnehmerin geht gerne zum Diskonter, da Haushaltszubehör, wie Minibackofen oder Dekoration, sehr oft angeboten wird. Besonders die elektronischen Produkte, wie Fernseher, werden von den Teilnehmern sehr geschätzt. „Ich hab einen Flat-Screen vom Hofer um 1.000 Euro gekauft. Ich war in 25 verschiedenen Geschäften und Elektronik-Fachmärkten und wollte einfach ein Vergleichsangebot haben. Es hat niemand diesen Preis und diese Qualität hingebracht", sagte eine Teilnehmerin.

Welche Nachteile hat Ihrer Meinung nach ein Diskonter?

Als Nachteil wird die spärliche Innenraumgestaltung der Verkaufsfläche gesehen. Es werden nicht wirklich viele Regale aufgestellt, sondern viele Kisten und Paletten. Meistens gehen sehr viele Menschen zum Diskonter einkaufen, was eine Teilnehmerin bei ihrem Einkauf dann stört. Eine andere Frau meint, die Menschenmassen sind aber auch bei Merkur zu finden. Das Image eines Diskonters hat sich zwar verändert, aber ein bisschen wird ein Lebensmitteldiskonter noch immer mit „arm" assoziiert. Früher gingen nur arme, sozial niedrige Personen und Ausländer dort einkaufen. Einfach die, die auf billige Ware angewiesen waren. Eine Teilnehmerin sagte, dass früher oft der Spruch kam, „na was, du geht's zum Hofer?". Diese abfälligen Bemerkungen führten zu dem Diskonter-Image, meinten drei Frauen. Eine Probandin empfindet die geringe Auswahl als nachteilig. Zusätzlich führen nicht alle Hofer-Filialen die gleichen Produkte.

Sehen Sie sich die sieben Bilder an. Welches Bild stellt einen typischen Diskont-Käufer dar und welches nicht? Warum denken Sie so?

Als typischer Diskont-Käufer werden die Frau mit Kind und das ältere Paar gesehen, deshalb weil angenommen wird, dass das Einkommen nicht sehr hoch ist. Außerdem gibt es für Kinder beim Hofer z.B. sehr viele Angebote, wie Schulsachen, Schokolade und Kleidung. Der Sportler geht auch zum Diskonter und die Entspannte ebenfalls. Der Sportler sieht wie ein Student aus, der wenig Geld hat, dem es aber egal ist, wie die Qualität des Produktes ist. Die Entspannte liegt auf einer Couch, die aussieht, also ob sie ein Billigmöbelstück von Möbelix wäre. Da der Möbelix auch ein Diskonter in der Möbelbranche ist, wird angenommen, dass sie auch beim Einkauf von Lebensmitteln zum Diskonter geht. Die Teilnehmer denken, dass der Geschäftsmann gar nicht einkaufen geht, aber seine Frau sehr wohl auch zum Diskonter. Das junge Pärchen sieht aus, als ob sie sich gerne teure Urlaube leisten würden, aber sonst eher sparen. Die Probanden sind sich einig, dass die Frau mit Hund nicht zum Diskonter geht. Die Hundebesitzerin wirkt auf sie, als ob sie sehr viel Geld besäße und nur in einem Bio-Laden einkaufen gehen würde.

Wie stellen Sie sich einen typischen Diskont-Käufer vor? Wie sieht er aus? Welchen Familienstand hat er? Welchen Beruf übt er aus? Wie ist sein Einkommen?

„Also grundsätzlich einmal vorwiegend sage ich, es sind die Leute die ein Einkommen haben, ein Fixes oder nur ein Ganzes und ein Teilzeiteinkommen, oder was auch immer.

Eine Familie, sag ich halt mal, die mehr Leute zu verpflegen hat", sagte eine Teilnehmerin. Eine zweite Frau stimmt ihr zu. Der einzige Mann in der Gruppendiskussion widersprach den beiden Frauen. „Leute müssen prinzipiell nicht unbedingt arm sein, sondern halt Menschen, die einfach denken, dass sie für das Essen nicht ihr Geld rausschmeißen wollen", meinte der Teilnehmer. Ein Grund, einen Diskonter zu besuchen, ist auch, weil Menschen nicht mehr so viel Geld für Lebensmittel ausgeben möchten. Andere Sachen sind wichtiger geworden, wie z.B. Computer. Vier Teilnehmerinnen gaben ihm Recht. Sie sind sich einig, dass früher ein typischer Diskont-Käufer bestimmt werden konnte. Heutzutage gehen so viele unterschiedliche Menschen mit verschiedenen Einkommensklassen und Haushaltsgrößen zum Diskonter.

Was unterscheidet einen typischen Diskont-Käufer von den anderen Käufern, wie z.B. Merkur-Käufer?

Unterschiede werden von den Teilnehmern nur bei der Ernährung gesehen. Wenn sich Personen ganz speziell ernähren, werden sie beim Diskonter nicht alle Lebensmittel bekommen und gehen daher öfter zu anderen Supermärkten. „Entscheidend ist sicher auch, ob er eine Frischtheke hat, was Fleisch und Wurst betrifft", sagte eine Teilnehmerin. Menschen, die lieber frische Wurst und Fleisch kaufen, anstatt abgepackte Produkte, sind eher keine Diskont-Käufer. Eine Teilnehmerin geht zu Merkur und kauft dort die Kellogg's-Cornflakes, weil die ihr so gut schmecken. Sie will nur die und würde daher andere von z.B. Hofer nicht kaufen. Sonst werden keine Unterschiede gesehen.

Welche Diskonter kennen Sie in Österreich?

Zuerst wird Hofer von einer Teilnehmerin genannt, dann folgt Lidl. Als drittes wird Penny erwähnt. Zum Schluss wird Zielpunkt von einer Frau genannt.

Wenn Sie an Hofer denken, was fällt Ihnen dazu ein? Welche Vorteile hat Hofer? Welche Nachteile hat Hofer?

Die Testpersonen empfinden den großen Parkplatz, die schnelle Kassabedienung und die angebotenen Reisen als Vorteil. Die Reisen finden zwei Teilnehmerinnen toll. Weiters werden die Aktionen sehr geschätzt. Auch das nützliche Haushaltszubehör und die immer wieder angebotenen Elektrogeräte, welche sehr gute Qualität vorweisen können, sind sehr vorteilhaft. Sehr markant für Hofer sind die großen Mengen zu kleinen Preisen, vor allem bei Obst und Gemüse. Als Nachteil sehen die Teilnehmer, dass Hofer sehr viele Paletten und Wühlkisten und keine Regale besitzt. Außerdem sind die Flugblätter, welche ständig mit der Post gebracht werden, sehr lästig und unnötig und werden sofort in den Müll geworfen.

Wenn Sie an Lidl denken, was fällt Ihnen dazu ein? Welche Vorteile hat Lidl? Welche Nachteile hat Lidl?

Zwei Teilnehmer waren noch nie bei Lidl einkaufen. Der männliche Teilnehmer sieht Lidl als „Kopie von Hofer". „Der hat auch immer diese Aktionen, wie der Hofer, und die Homepage schaut auch eins zu eins gleich aus", meinte der Mann. Eine Teilnehmerin ist von dem guten Obst und Gemüse begeistert. Eine andere findet, dass das Obst und Gemüse nicht hübsch aussieht. Lidl ist außerdem sehr unübersichtlich und vor allem unsystematisch. Die Produkte sind nicht nach Kategorien geordnet, es gibt keine Struktur. Ein weiterer Nachteil von Lidl ist, dass er sehr viele deutsche Produkte anbietet. Dies kommt bei einer Teilnehmerin nicht gut an.

Wenn Sie an Penny denken, was fällt Ihnen dazu ein? Welche Vorteile hat Penny? Welche Nachteile hat Penny?

Sofort sagte eine Teilnehmerin: „Preiskampftruppe fällt mir als erstes ein". Mit Penny verbinden zwei Teilnehmerinnen sehr stark den Preiskampf. Durch die starke Medienpräsenz, vor allem im Fernsehen, spüren die Gruppenmitglieder diesen Preiskampf sehr. Weiters haben Penny-Märkte sehr kleine Kassen. Dies ist beim Zahlen sehr nachteilig. Es ist jedoch von Vorteil, dass die Mitarbeiter nette T-Shirts mit lustigen Sprüchen tragen. „Da steht zum Beispiel drauf, ein Lächeln kostet nichts", sagte eine Teilnehmerin. Eine Teilnehmerin erwähnt auch noch die Penny-Karte, mit der Verbilligungen bei Aktionen möglich sind.

Wenn Sie an Zielpunkt denken, was fällt Ihnen dazu ein? Welche Vorteile hat Zielpunkt? Welche Nachteile hat Zielpunkt?

Alle Teilnehmer zählen den Zielpunkt nicht wirklich zu den Diskontern aufgrund vieler Vorteile. Die Kooperation mit der Fleischerei Schirnhofer ist für drei Teilnehmer von Vorteil. Weiters werden die Produkte nicht auf Paletten präsentiert, sondern auf Regalen, fällt einer Probandin ein. Die Verkaufsfläche ist sehr ordentlich und gut sortiert. Auch der gute Mix von Eigenmarken und hochwertigen Marken ist eine gute Idee. Besonders gut findet eine Frau, dass die Bio-Produkte so gut vermarktet werden. Es ist einem Teilnehmer jedoch aufgefallen, dass das Obst und Gemüse nicht immer sehr frisch ist und daher schneller verdirbt. Auch die kleinen Kassen werden als Nachteil gesehen.

Sehen Sie sich die 15 Charaktereigenschaften an. Welche passen zu einem Diskonter und welche nicht?

Da alle Teilnehmer den Zielpunkt nicht wirklich als Diskonter ansehen, wird dieser aus der Übung herausgenommen. Die Gruppe sieht einen Diskonter als kreativ, bodenständig, chaotisch, aber auch ehrlich an. Es werden keine leeren Versprechungen gemacht. Ein Diskonter ist nicht strikt, niveaulos, arrogant oder altmodisch. Als familiär wird er aber auch nicht bezeichnet, da der Verkauf nicht familiär ist, sondern eine Massenabfertigung. Weiters empfinden die Probanden das Einkaufen beim Diskonter nicht als bequem. Sehr viel Stress wird verbreitet und gemütlich ist das Einkaufen daher auch nicht. Bei manchen Eigenschaften waren die Teilnehmer unentschlossen. Auf der eine Seite wird ein Diskonter schon als dynamisch gesehen, da immer neue Produkte angeboten werden. Da aber diese Angebote schnell weg sind und auch keine Ware nachgeschlichtet wird, ist er auf der anderen Seite dann doch nicht so dynamisch. Genauso gab es unterschiedliche Meinungen bezugnehmend auf die Dominanz. In punkto Werbung sind Diskonter sehr bestimmend und auch die Anzahl der Filialen ist sehr stark erhöht worden, aber als dominant wirken dann doch eher Verbrauchermärkte, wie z.B. ein Merkur. Ob ein Diskonter gepflegt und sympathisch ist, hängt sehr stark mit der Filiale zusammen und daher ist keine Verallgemeinerung möglich. Die Teilnehmer sind sich auch bei kinderlieb nicht ganz einig. Einige sehen schon, dass es im Sortiment vieles für Kinder gibt, jedoch ist das Einkaufen selbst mit Kindern im Diskonter nicht sehr angenehm. Es gibt auch keine Kinderwägen, wie beim Billa.

Welche Gründe lassen sich für den Bio-Boom der letzten Jahre aufzählen? Warum kaufen Menschen ganz allgemein Bio-Produkte?

Die Teilnehmer sind der Meinung, dass die Menschen einfach mehr auf ihre Gesundheit und Ernährung achten. Durch die „Verfettung der Menschheit“, wie der männliche Teilnehmer es ausdrückt, ist ein Gesundheitswahn ausgebrochen. Der Wellness-Boom sorgt auch für gesünderes Essen, was die Leute noch mehr zu biologischen Lebensmitteln greifen lässt.

Warum kaufen Sie Bio-Produkte?

Auch die Teilnehmer konsumieren Bio-Produkte, um sich gesünder zu ernähren. Die Gesundheit geht vor. Aber auch durch gesunde Ernährung wird versucht, das Gewicht zu halten. Eine Teilnehmerin erwähnt auch, dass heutzutage weniger Zeit für Sport ist und durch gesunde Ernährung wird versucht, dieses zu kompensieren. Zwei Frauen geben aber auch zu, von den Medien sehr stark beeinflusst zu werden. „Zum Beispiel beim Billa, Ja! Natürlich, das mit dem Hausverstand, das ist so in den Köpfen der Menschen verankert", meinte eine Probandin. Immer mehr Lebensmittelskandale führen zu häufigerem Bio-Konsum der Probanden.

Sehen Sie sich diesen Cartoon an. Was würde die Person mit der leeren Luftblase antworten?

Der Cartoon-Test zu biologischem Obst stellt zwei Frauen dar, die sich unterhalten. Die eine Frau sagt: „Ich kann mich einfach nicht entscheiden, welches Obst ich kaufen soll, biologisches oder nicht biologisches?" und die andere antwortet: „Ich würde…". Beim ersten Cartoon würden alle sechs Teilnehmer biologisches Obst kaufen. Gerade bei Obst und Gemüse schauen die Probanden sehr auf biologische Herkunft. Bei Bio-Obst sind sich die Teilnehmer einfach sicher, etwas Gesundes zu essen. „Ich kann dir dafür ein Beispiel nennen. Wir bekommen in der Firma immer gratis ein Obstkörberl zur Verfügung gestellt. Da kann sich jeder Mitarbeiter gratis Obst nehmen und das ist nicht biologisch. Letztens hab ich mir Cocktailtomaten genommen, die hab ich abgewaschen und mit einer weißen Serviette abgetrocknet und die Serviette war nachher so grün-gelb", erzählte eine Teilnehmerin. Diese Geschichte bestätigte die Teilnehmer in ihrer Aussage – nur Bio-Obst. Wie bereits in der Frage davor werden die Probanden sehr stark von den Medien beeinflusst. Durch Erfahrungsberichte kaufen sie lieber biologisches Obst und Gemüse.

Der zweite Cartoon-Test zeigt wieder zwei Frauen im Gespräch. Die eine sagt zur anderen: „Ich mag Bio-Produkte lieber und kaufe deshalb fast ausschließlich biologische Lebensmittel." Die Antwort lautet: „Ja, ich kaufe auch lieber Bio-Produkte, denn…". Der zweite Cartoon-Test wurde nicht durchgeführt, da alle Teilnehmer Bio-Produkte kaufen und die Motive dafür bereits in den vorherigen Fragen beantwortet worden sind. Zusätzlich wurde er aus Zeitgründen in der Gruppendiskussion nicht durchgeführt.

Welche Qualitätssiegel kennen Sie, die biologische Qualität garantieren?

Zwei Teilnehmern fällt sofort das AMA-Gütesiegel ein. Eine Probandin erinnert sich an die Bio-Marke „Ja! Natürlich". Nach etwas Überlegungszeit nannte eine Teilnehmerin auch noch das FAIRTRADE-Zeichen. Weitere Siegel wurde nicht genannt.

Sehen Sie sich die Karten mit den Qualitätssiegeln an und zeigen Sie, welche Sie kennen.

Erkannt wurden nicht das EU-Bio-Zeichen, ORBI und Demeter. Das männliche Gruppenmitglied sagte, als er das Siegel von Demeter sah: „Nein, doch das ist auf irgend solchen Dinkelkeksen oben, oder?" Eine weitere Probandin erinnert sich dann auch an Gebäck, mit dem Demeter-Siegel darauf. Die Teilnehmer kennen das AMA-Gütesiegel, verbinden es aber mit Fleisch und denken, dass es eine grüne Färbung haben müsste. Weiters ist ihnen das Natur pur und die Austria Bio Garantie bekannt. Jedoch wissen sie nicht, wofür die Austria Bio Garantie verantwortlich ist.

Warum/warum nicht gehen Sie zum Diskonter und kaufen dort Bio-Produkte?

Die Teilnehmer nennen als Hauptmotiv, warum sie gerade beim Diskonter Bio-Produkte kaufen, den billigen Preis. „Weil sie billiger sind und weil die Auswahl größer ist und ich deshalb nicht extra wohin fahren muss", meinte eine Teilnehmerin. Zwei Frauen gefallen die Bergbauern-Produkte von Hofer besonders gut. Die Gesamtidee ist toll und deshalb kaufen sie diese Produkte. Eine Teilnehmerin isst sehr gerne Nudeln und da die Bio-Nudeln billig sind und schnell zum Kochen gehen, werden diese gekauft. „Also bei mir ist das wirklich Bio und billig," meinte diese Frau. Da alle Teilnehmer zum Diskonter gehen und dort Bio-Produkte kaufen, wurden keine Gründe für einen Nicht-Kauf erwähnt. Das „Warum nicht" ist nur für die heterogenen Gruppen von Relevanz.

Wo ist das Vertrauen größer bezüglich Bio, beim Diskonter oder bei anderen Lebensmitteleinzelhändlern?

Das Vertrauen bezüglich Bio-Produkte ist bei allen Lebensmitteleinzelhändlern gleich groß. Vier Teilnehmer sehen da keine Unterschiede. Wenn sie Merkur vertrauen, wird auch

Hofer vertraut. Außerdem sind die Richtlinien bezüglich biologische Qualität schon so streng, dass die Probanden den Lebensmitteleinzelhändlern problemlos Vertrauen schenken können. Die anderen beiden Probanden äußern sich nicht zu diesem Thema.

Verkostung von Bio-Käse

Folgende Bio-Käse wurden von den acht Teilnehmerinnen getestet:

- Von Hofer: Natur aktiv Bio Leichtkäse
- Von Lidl: Bioness Bio Bergkäse
- Von Penny: ECHT B!O Tilsiter
- Von Zielpunkt: Bio Bio Bergkäse

Zuerst wurden die vier Käsesorten den Diskontern zugeordnet. In der folgenden Abbildung ist zu erkennen, dass nur zwei Personen von sechs den Lidl- und auch den Zielpunkt-Käse richtig zugeordnet haben.

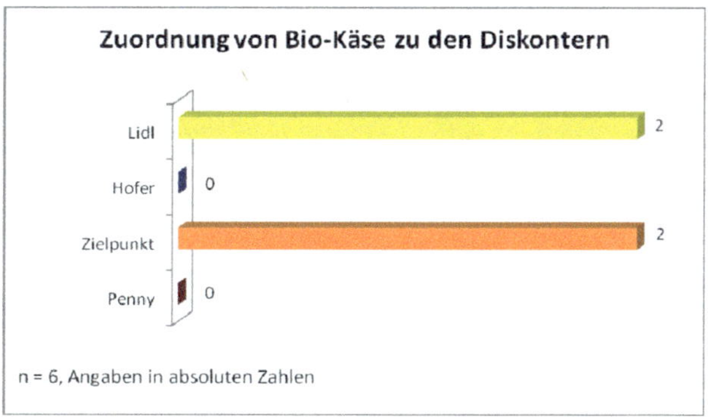

Abbildung 29: Zuordnung von Bio-Käse in Gruppe 2

Der Geschmack der unterschiedlichen Käsesorten wurde folgendermaßen beurteilt:

Zuerst begann die Gruppe mit der Verkostung des Penny-Käses. Fünf Teilnehmern von sechs schmeckte er sehr gut, da er würzig und geschmacklich sehr gut war. Außerdem wurde er von zwei Probanden als Tilsiter erkannt. Nur eine Person fand ihn gut. Sie beschrieb ihn zu hart. In Grafik 30 ist das abzulesen.

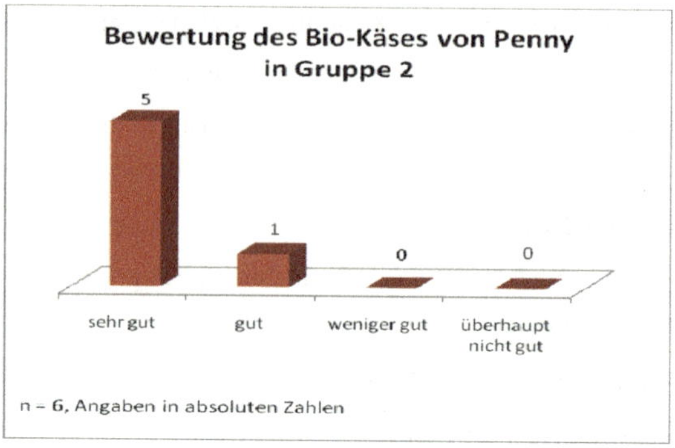

Abbildung 30: Bewertung von Bio-Käse von Penny in Gruppe 2

Der Mittelwert liegt bei 1,167, was bedeutet, dass der Käse den Teilnehmern sehr gut geschmeckt hat.

Der zweite Käse war von Zielpunkt. In Abbildung 31 ist zu erkennen, dass der zweite Käse von der Gruppe nicht so gut bewertet wurde. Nur drei Probanden empfanden ihn als sehr gut, sie beschrieben den Käse als sehr geschmacklich, kräftig und intensiv. Zwei Probanden empfanden ihn lediglich als gut, da er zu dünn und intensiv war. Ein Teilnehmer fand ihn sogar weniger gut, da er zu bitter war.

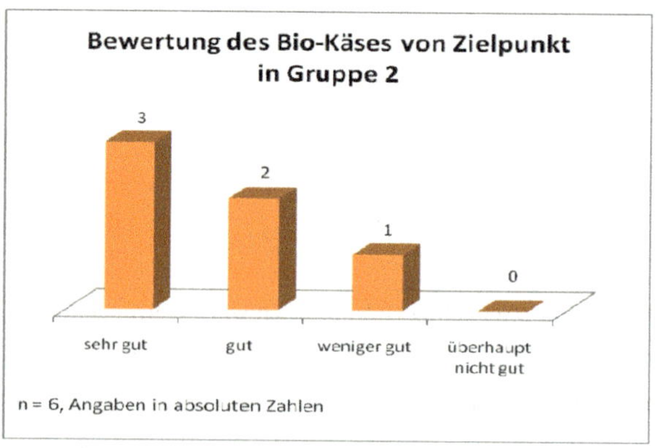

Abbildung 31: Bewertung von Bio-Käse von Zielpunkt in Gruppe 2

Der Mittelwert liegt bei 1,33. Dieser Käse wurde von den Probanden sehr gut bis gut bewertet.

Als dritter wurde der Käse von Hofer getestet. Die Testpersonen fanden ihn mittelmäßig. Es ist in der folgenden Abbildung zu erkennen, dass nur eine Person das Milchprodukt als geschmacklich sehr gut und drei Teilnehmer als gut bezeichneten. Sie beschrieben ihn als weich-flaumig und als zu dicken Käseblock. Weiters empfanden ihn zwei als weniger gut, wegen seinem intensiven Geschmack.

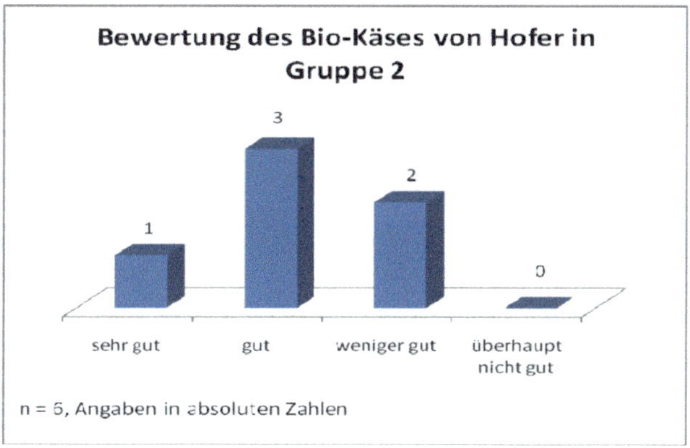

Abbildung 32: Bewertung von Bio-Käse von Hofer in Gruppe 2

Der Mittelwert der Geschmacksbewertungen liegt bei 2,167.

Der letzte Käse war von Lidl und auch hier gab es ganz unterschiedliche Gruppenmeinungen. In Grafik 33 sind die Schwankungen zu sehen. Drei Probaden waren begeistert wegen seinem sehr guten und frischen Geschmack, eine Person benotete ihn als gut, da er sehr weich war und weitere zwei als weniger gut, da er als geschmacklos empfunden wurde.

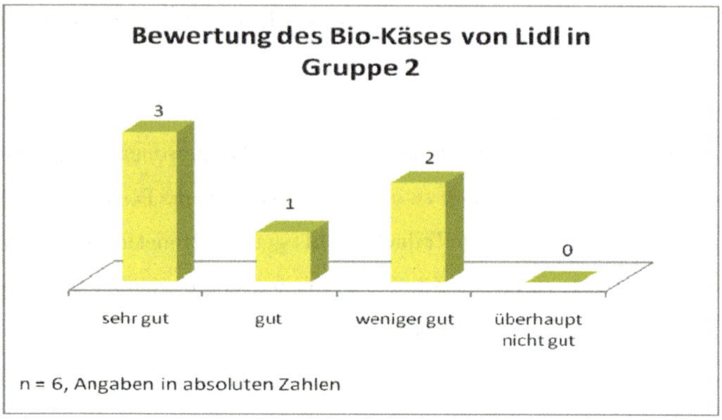

Abbildung 33: Bewertung von Bio-Käse von Lidl in Gruppe 2

Der Mittelwert ist 1,83, d.h. die Teilnehmer haben den Käse gut empfunden.

Es ist zu erkennen, dass in dieser Gruppe zwei der Käse von Penny der Gewinner ist, danach kommt jener von Zielpunkt. An dritter Stelle reiht sich Lidl mit seinem Produkt und am letzten Platz ist der Käse von Hofer.

Verkostung von Bio-Joghurt

Folgende Bio-Joghurts wurden von den acht Teilnehmerinnen getestet:

- Von Hofer: Natur aktiv Bio Natur Joghurt
- Von Lidl: Bioness Bio Joghurt natur
- Von Penny: ECHT B!O Naturjoghurt

Zu allererst wurden die Joghurts wieder einem Diskonter zugeordnet. Deutlich mehr Personen konnten die Naturjoghurts richtig zuordnen. In Abbildung 34 ist zu sehen, dass jeweils fünf Probanden beim Penny- und beim Hofer-Joghurt richtig lagen. Weitere vier Personen erkannten das Lidl-Bio-Joghurt.

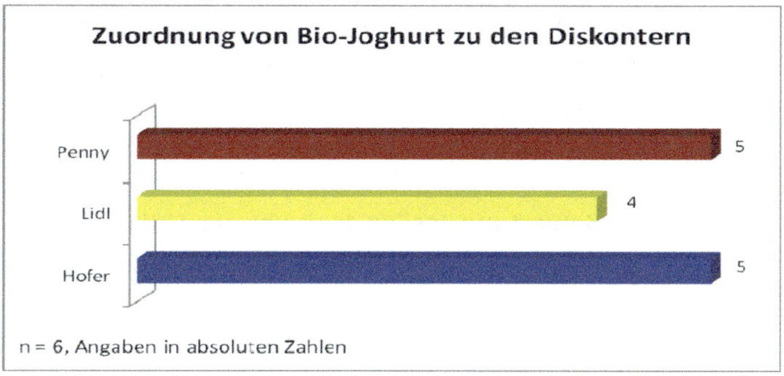

Abbildung 34: Zuordnung von Bio-Joghurt in Gruppe 2

Die einzelnen Bio-Joghurts wurden von den Teilnehmern wie folgt bewertet:

Begonnen wurde mit dem Naturjoghurt von Hofer. Dieses schnitt sehr gut ab, denn vier Testpersonen von sechs schmeckte es sehr gut. Die Teilnehmer beschrieben das Joghurt als süßlich, etwas sauer und geschmacklich sehr gut. Zwei Probanden empfanden es gut, da es dünn und zu wenig cremig war, wie in der folgenden Grafik abzulesen ist.

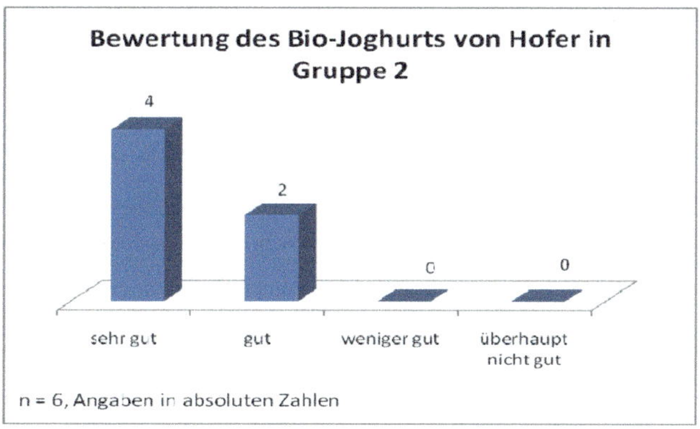

Abbildung 35: Bewertung von Bio-Joghurt von Hofer in Gruppe 2

Bei dieser Bewertung des Joghurts wurde ein Mittelwert von 1,33 errechnet.

Nach dem Produkt von Hofer folgte das Joghurt von Lidl. Hier ist zu erkennen, wie Abbildung 36 zeigt, dass es sehr unterschiedliche Meinungen gibt. Von den sechs

Probanden empfanden zwei es sehr gut, da es cremig war, zwei weitere als gut. Die Probanden meinten es hätte eine gute Konsistenz. Weitere zwei Personen empfanden es wegen dem sauren Geschmack und der Dicke, als weniger gut.

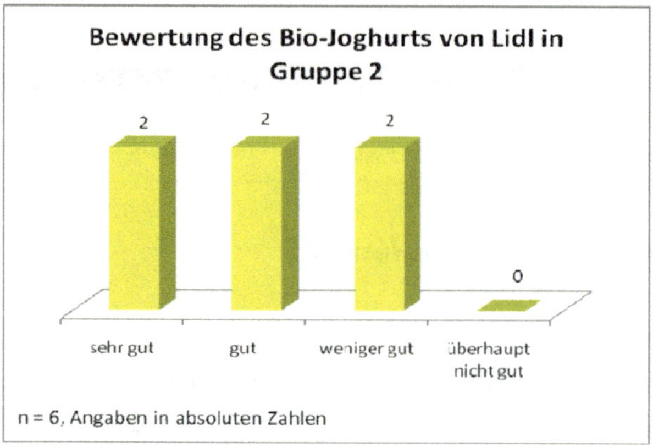

Abbildung 36: Bewertung von Bio-Joghurt von Lidl in Gruppe 2

Der Mittelwert liegt bei zwei. Die Probanden empfanden das Bio-Joghurt als gut.

Das letzte Joghurt, das von der Gruppe zwei getestet wurde, war von Penny. Es ist deutlich in Abbildung 37 zu sehen, dass die Teilnehmer es nicht sehr gut fanden. Keiner Person schmeckte es sehr gut und nur zwei Probanden gut, da es zu flüssig und zu bitter war. Drei Personen empfanden es als weniger gut. Sie beschrieben das Joghurt mit bröckelig, dünn und geschmacklich nicht besonders gut. Sogar einen Teilnehmer schmeckte es überhaupt nicht, da es geschmacklich dem Probanden nicht zusagte.

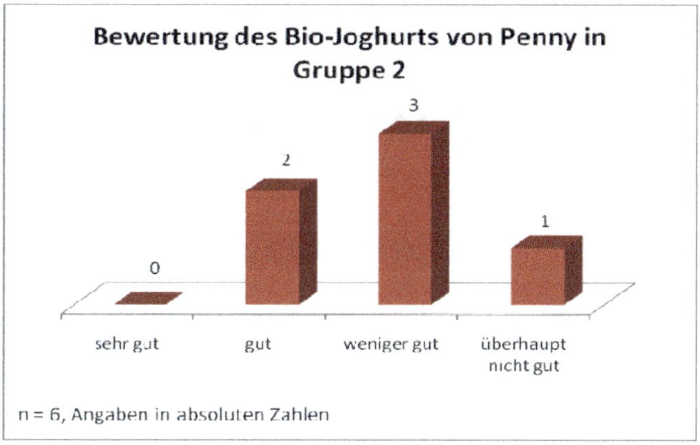

Abbildung 37: Bewertung von Bio-Joghurt von Penny in Gruppe 2

Der Mittelwert liegt bei 2,83. D.h. diesen Probanden schmeckte das Bio-Produkt weniger gut.

Es ist zu erkennen, dass die Gruppe zwei das erste Joghurt von Hofer am besten fanden. Den zweiten Platz hat das Lidl-Joghurt erreicht und zum Schluss ist das Naturjoghurt von Penny zu finden.

Verkostung von Bio-Milch

Folgende Bio-Milchsorten wurden von den acht Teilnehmerinnen getestet:

- Von Hofer: Natur aktiv Bio Vollmilch
- Von Lidl: Bioness Bio Vollmilch
- Von Penny: ECHT B!O Vollmilch
- Von Zielpunkt: Bio Bio Vollmilch

Die vier verschiedenen Milchsorten wurden zu Beginn wieder dem Diskonter zugeordnet. Da eine Teilnehmerin die Milch-Verkostung verweigert hat, haben nur fünf Testpersonen bei dieser Verkostung teilgenommen. Anhand der nachfolgenden Grafik ist zu bemerken, dass die Teilnehmer sich bei Bio-Milch mehr auskennen, als bei Käse. Die Penny-Milch und die Zielpunkt-Milch wurden jeweils dreimal erkannt und Hofer zweimal. Die Milch von Lidl hat eine Person richtig zugeordnet.

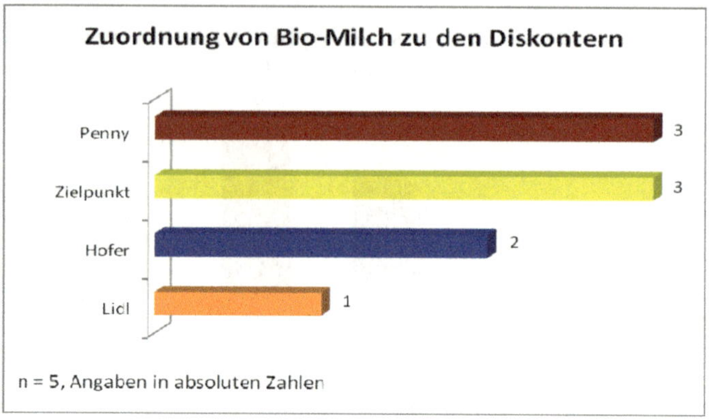

Abbildung 38: Zuordnung von Bio-Milch in Gruppe 2

Die vier verschiedenen Milchsorten wurden wie folgt bewertet:

Die Milch von Lidl hat vier Testpersonen sehr gut geschmeckt, wegen dem vollen, milchigen und süßlichen Geschmack. Nur eine Person bewertete sie als gut. Dies ist in Abbildung 39 zu lesen.

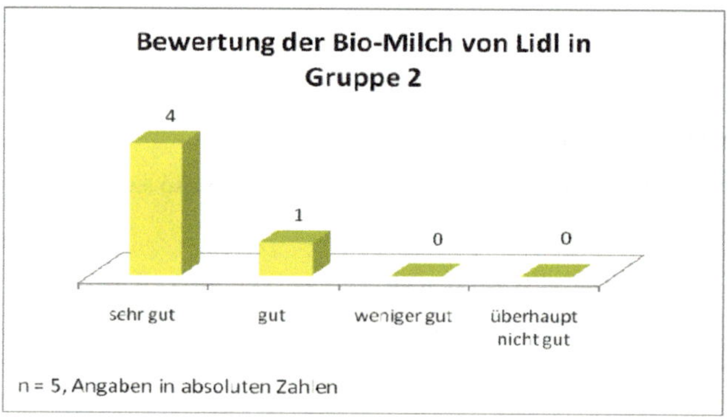

Abbildung 39: Bewertung von Bio-Milch von Lidl in Gruppe 2

Die Teilnehmer empfanden die Milch ziemlich gut, da der Mittelwert bei 1,2 liegt.

Bei der zweiten Bio-Milch gab es sehr unterschiedliche Meinungen. Wie die folgende Grafik zeigt, schmeckte die Milch von Hofer nur zwei Personen sehr gut und dreien wiederum weniger gut. Die drei Testpersonen beschrieben die Milch von Hofer als geruchslos, geschmacklich weniger gut und natürlich.

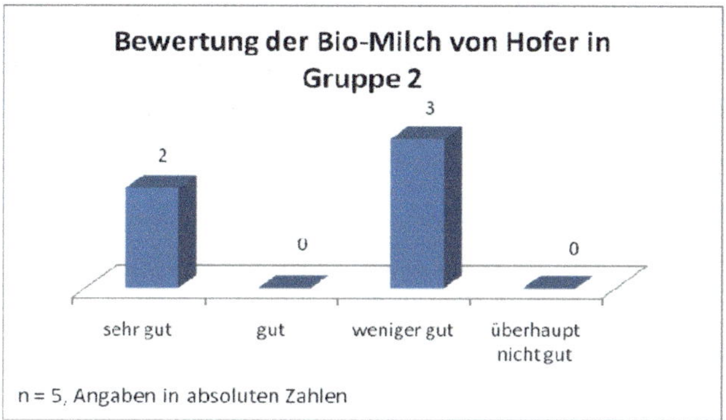

Abbildung 40: Bewertung von Bio-Milch von Hofer in Gruppe 2

Diese Bio-Milch schnitt mittelmäßig ab, da ein Mittelwert von 2,2 errechnet wurde.

Auch die Zielpunkt Milch war bei drei Probanden sehr beliebt. Sie bezeichneten die Milch als voll und geschmacklich sehr gut. Weiters zeigt Grafik 41, dass eine Person die Bio-Milch als gut und eine weitere als weniger gut empfand, da sie zu dünn war.

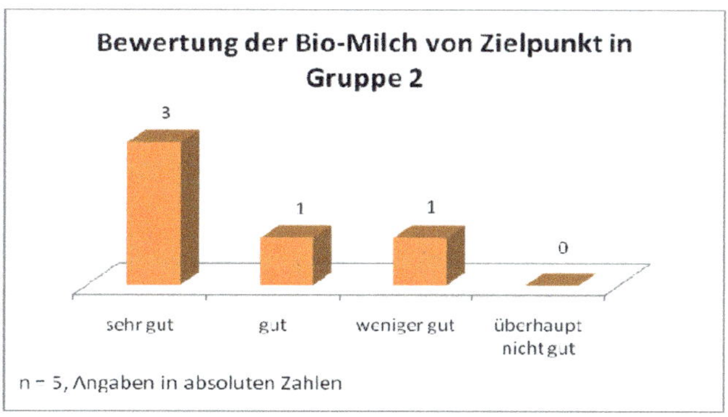

Abbildung 41: Bewertung von Bio-Milch von Zielpunkt in Gruppe 2

Den Probanden schmeckte die Milch sehr gut bis gut, da der Mittelwert 1,6 ist.

Zum Schluss wurde die Milch von Penny getestet und diese schnitt gegenüber den anderen Milchsorten nicht sehr gut ab. Gleich drei Tester fanden sie weniger gut, da sie geschmacklos und zu dünn war. Ein Teilnehmer empfand sie als überhaupt nicht gut. „Schmeckt wie aus der Kuh", sagt diese Person. Es gab jedoch einen Probanden, der sie sehr gut, und eine weitere, der sie gut schmeckte. Dies ist in Abbilung 42 zu erkennen.

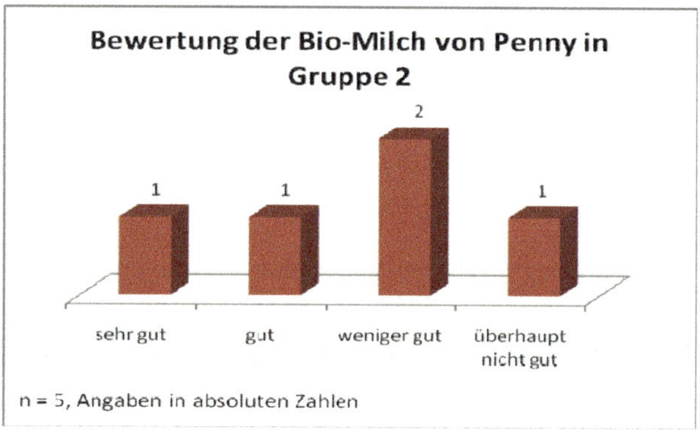

Abbildung 42: Bewertung von Bio-Milch von Penny in Gruppe 2

Der Mittelwert liegt bei 2,6. D.h. der Gruppe hat diese Milch eher weniger gut geschmeckt.

Die vier Milchsorten wurden sehr unterschiedlich bewertet. Die Gruppe zwei stellte eindeutig die Lidl-Milch an die erste Stelle. Danach ist die Milch von Zielpunkt zu finden, dicht gefolgt von Hofer. Am letzten Platz steht die Bio-Milch von Penny.

Wie denken Sie, werden sich in Zukunft Diskonter entwickeln?

Spontan sagte eine Teilnehmerin, dass sie immer billig bleiben werden. Dann meinte eine andere Frau, dass die Diskonter wahrscheinlich ihren Marktanteil vergrößern werden. Vier Probanden sind der Ansicht, dass das Sortiment sich verändern bzw. vergrößern wird. Sie werden ebenfalls mehr speziellere Produkte anbieten, wie z.B. Soja. „Also ich könnte mir gut vorstellen, dass das, dass nächste ist wo sie hinein preschen, weil Soja ist gerade auch so ein Trend", sagte eine Testperson. Durch die Sortimentsvergrößerung glaubt eine Probandin jedoch, dass sich die Qualität der Produkte verschlechtern wird. Der Konkurrenzdruck ist so groß und irgendwann wird ein Diskonter nicht mehr mithalten können und Qualität wird darunter leiden.

Wie denken Sie, wird sich in Zukunft der Bio-Boom entwickeln?

Zwei Teilnehmerinnen sind der Ansicht, dass der Boom in Zukunft noch mehr steigen wird. Eine Frau ist sogar der Meinung, dass biologische Produkte bald als Standard verlangt werden. Zwei weitere Teilnehmer stimmen ihr da voll und ganz zu. Es wird immer mehr dazu kommen, dass biologische Lebensmittel nicht mehr als extravagant gelten. Eine Probandin glaubt, dass in Zukunft auch mehr laktosefreie und glutenfreie Produkte angeboten werden.

Wie denken Sie, werden sich in Zukunft Bio-Produkte beim Diskonter entwickeln?

Auch beim Diskonter wird der anhaltende Bio-Boom spürbar sein, da immer mehr Bio-Produkte angeboten werden. Weiters werden sicherlich mehr Produktgruppen auf biologisch umsteigen. „Also jetzt gibt's zum Beispiel beim Hofer auch schon diesen Bio-Drink", sagte eine Testperson. Vielleicht wird es sogar einmal ein Bio-Cola beim Diskonter geben, meinte das männliche Gruppenmitglied. Eine Teilnehmerin ist der Ansicht, dass eventuell zusätzliche Förderungen für Bio-Bauern angestrebt werden, was den Bio-Verkauf verstärken würde.

Subjektive Sicht des Moderators

Die homogene Gruppe bestand aus einer kleinen Anzahl von Mitgliedern. Diese sechs Teilnehmer verstanden sich gut untereinander, da auch alle im gleichen Alterssegment waren. Es war aber zu beobachten, dass sich die Meinungen bei manchen Themen unterschieden. Trotzdem uferte die Diskussion nie aus und die Teilnehmer befolgten die Gesprächsregeln. Auch bei dieser Exploration waren die Probanden zu Beginn ein bisschen schüchtern, doch das legte sich nach den ersten Fragen zum Einkaufsverhalten. Ein wirklicher Meinungsführer wurde vom Moderator nicht wirklich erkannt. Alle sechs Personen nahmen ständig am Gespräch teil. Obwohl nur ein Mann bei dieser Diskussion dabei war, hat er sich inmitten der fünf Frauen sehr wohl gefühlt und auch seine Meinung kund getan. Da alle Teilnehmer Bio-Produkte beim Diskonter kaufen, konnten sie ihre Erfahrungen und Meinungen miteinander austauschen. Eine Teilnehmerin meinte, dass es gut war, einmal Gleichgesinnte zu treffen.

7.3.4 Ergebnisse der Gruppendiskussion 3

Die dritte Gruppendiskussion war eine heterogene Gruppe mit sieben Teilnehmern. Diese Gruppe war mit fünf Frauen und zwei Männern besetzt. Von den beiden Männern war einer zwischen 45 und 60 Jahre alt und der zweite nicht älter als 30 Jahre. Die Gruppe der Frauen teilte sich in eine Pensionistin, die über 60 Jahre alt ist und in vier unter 30ig jährige auf. Die beiden älteren Mitglieder und eine junge Frau waren Bio-Käufer beim Diskonter. Die anderen drei Frauen und der junge Mann kaufen keine Bio-Produkte ein. Es gab auch bei dieser Diskussion eine unterschiedliche örtliche Verteilung. Drei Teilnehmer stammen aus dem Bezirk Baden, eine Probandin aus dem Bezirk Mödling und die restlichen drei aus dem Bezirk Wiener Neustadt. So war es möglich mehrere örtliche Gebiete abzudecken. Auch bei dieser Exploration wurde keine Sitzordnung vorbereitet. Die Teilnehmer nahmen Platz, wo sie wollten. Obwohl sich die Probanden untereinander fast nicht kannten, verstanden sie sich gut. Nach den ersten Einführungsfragen wurde die erste Scheue bei manchen Teilnehmern abgelegt. Einige waren von Beginn an nicht schüchtern. Drei Meinungsführer wurden festgestellt, die beiden Männer und die ältere Frau. Zwischen den beiden Männern gab es öfters längere Dialoge. Diese dritte Gruppendiskussion dauerte ca. zwei Stunden.

Die gestellten Fragen und Übungen werden nun einzeln aufgelistet und beantwortet.

Als welchen Einkaufstypen würden Sie sich bezeichnen?

Fünf Teilnehmer sind habituelle Einkaufstypen, die immer wieder die altbekannten Produkte kaufen. Mithilfe einer Einkaufsliste wird der Großeinkauf erledigt. Meistens werden aber noch zusätzliche Produkte, die einem beim Einkauf ins Auge springen, mitgenommen, die nicht auf der Liste stehen. Eine Teilnehmerin, die Pensionistin, geht ohne Liste zum Supermarkt und kauft spontan ein. Sie achtet beim Einkauf sehr auf Angebote. Der junge Mann geht immer ohne Liste einkaufen und nimmt das, was ihm gefällt, oder was im Angebot ist.

Wer geht in Ihrem Haushalt am meisten einkaufen?

Alle Teilnehmer gehen einkaufen. Zwei Teilnehmer gehen meistens gemeinsam einkaufen. Die ältere Frau nimmt meistens ihren Mann mit und der ältere Mann geht auch im Regelfall mit seiner Frau einkaufen. Die anderen drei jungen Frauen tätigen ihre Einkäufe meistens alleine.

Wie oft gehen Sie in der Woche einkaufen?

Fünf Teilnehmer machen einen Großeinkauf einmal pro Woche. Es passiert dann immer wieder, dass beim Großeinkauf etwas vergessen wird, oder aber auch frische Ware wird dann noch zusätzlich gekauft. „Ich gehe einmal gezielt einkaufen, gezielter Großeinkauf und dann habe ich meistens die Hälfte vergessen und gehe dann noch zwei-, dreimal so die Kleinigkeiten nachkaufen", sagte eine Teilnehmerin. Zwei Teilnehmerinnen gehen zwei- bis dreimal pro Woche einen Lebensmitteleinzelhändler besuchen, da sie frische Ware bevorzugen.

Wodurch wird Ihr Einkaufsverhalten beeinflusst?

Vier Teilnehmer sehen sich Flugblätter an. Meistens werden diese kurz durchgeblättert und dabei noch eher auf Non-Food-Artikel, technische Angebote, geachtet. Eine Teilnehmerin jedoch richtet ihre Rezepte nach den Angeboten bei den diversen Lebensmitteleinzelhändlern. Die anderen Probanden achten eher nicht auf Flugblätter und werden dadurch auch nicht bei ihrem Einkaufsverhalten beeinflusst. Vier Teilnehmer werden von den Aktionen im Geschäft beeinflusst. Falls Produkte um 30 Prozent verbilligt sind, weil ihr Haltbarkeitsdatum abläuft, wird es eher gekauft. Auch Aktionen, wie z.B. „nimm zwei, zahl eins", werden von den Teilnehmern oft genützt. Eine junge Frau ist wiederum der Meinung: „Die Angebote auf Vorrat, die werden bei mir dann meistens schlecht, weil ich sie im Endeffekt dann nicht brauche." Sie führt einen Single-Haushalt und daher sind Aktionen für sie nicht rentabel. Das Einkaufsverhalten der Teilnehmer wird auch durch die Zeit beeinflusst. Da nur eine Teilnehmerin nicht mehr berufstätig ist, spielt für sie der Zeitfaktor keine große Rolle, doch für die anderen sehr wohl. Weiters gibt eine Teilnehmerin zu von ihrem Freund beim Einkaufen sehr wohl beeinflusst zu werden. Wegen ihm kauft sie nur noch Bio-Eier, obwohl sie für sich selbst keine kaufen würde.

Sind Sie risikofreudig, was das Ausprobieren neuer Produkte angeht? Wieso probieren Sie neue Lebensmittel aus? Wie kommen Sie dazu? Wie verläuft so ein Erstkauf? Ist das bei Bio-Produkten auch so?

Eine junge Teilnehmerin meinte: „Eher nicht, ich bin ein Gewohnheitsmensch.“ Eine weitere Probandin probiert nur bei bestimmten Produktgruppen Neues aus. Bei Milchprodukten ist sie sehr vorsichtig, aber bei Tiefkühlprodukten ist sie risikofreudig. Vier Teilnehmer probieren schon manchmal neue Produkte aus. Der junge Man sagte: „Nach dem Motto ‚probieren anstatt studieren‘.“ Falls es dann doch nicht das verspricht, was erwartet wird, wird es einfach nicht mehr gekauft.

Welche Lebensmitteleinzelhändler besuchen Sie regelmäßig und warum?

Fünf Teilnehmer besuchen den Diskonter Hofer. Dieser ist billig, hat gute Qualität und das Angebot ist sehr vielfältig. Jedoch hat ein Diskonter nicht alles und deswegen werden nach dem Diskont-Einkauf noch Merkur, Billa oder Spar angesteuert. Zwei dieser fünf Teilnehmer gehen aber auch wegen der frisch aufgeschnitten Fleisch- und Wurstware zu einem dieser drei Lebensmitteleinzelhändler. Zu welchem Supermarkt die Teilnehmer gehen, ist von der Nähe abhängig. Eine Teilnehmerin geht sehr gerne zum Gourmet-Spar, da dieser ein ausgezeichnetes Fleisch- und Wurstangebot bietet. Zwei Teilnehmer kaufen aber seit kurzer Zeit nicht mehr bei Hofer ein, sondern bei Lidl. Sie sind der Meinung, dass das Obst und Gemüse bei diesem Diskonter bessere Qualität vorweisen kann als von Hofer.

Was kommt Ihnen in den Sinn, wenn Sie Lebensmitteldiskonter hören?

Drei Teilnehmer assoziieren sofort mit Diskontern das billige Preisniveau. Drei weitere junge Frauen verbinden mit Lebensmittediskonter den Namen Hofer. „Weil er wirklich der Einzige ist, zu dem ich gehe. Vielleicht gehe ich ab und zu, zu ein paar Ausreißern, weil ich ein Angebot gesehen und mir gedacht hab: ‚Ok, das muss ich mir holen‘, aber sonst grundsätzlich nur zum Hofer“, sagte eine der beiden Frauen. Die anderen Teilnehmerinnen stimmten ihr da voll und ganz zu. Die Pensionistin verbindet auch noch gutes Fleisch mit Lebensmitteldiskonter. Mehr Assoziationen wurden nicht genannt.

Warum gehen Leute allgemein gerne zum Diskonter einkaufen? Warum nicht?

Der Grund für einen Einkauf beim Diskonter ist für die Teilnehmer nicht nur der billige Preis, sondern auch die schnelle Kassabedienung. Der Einkauf kann überhaupt schneller erledigt werden, da die Anordnung der Produkte bei allen Filialen gleich ist, was einer jungen Teilnehmerin besonders gut gefällt. Weiters wird das Obst und Gemüse in großen Mengen abgepackt, was für Familien sicher von Vorteil ist. Ein Teilnehmer erwähnt das tolle Beschwerdemanagement. „Beim Hofer ist es so. Wenn du dir dort etwas kaufst und das passt dir nicht und du bringst es wieder zurück, dann diskutieren die nicht lange mit dir, sondern dann fragen sie, ob man das Geld retour bekommen will oder eine neue Ware“, meinte der über 45ig jährige Mann. Auch dieses ist ein Grund für den Einkauf beim Diskonter. Diese Gruppe hat keine Gründe, die gegen einen Einkauf beim Diskonter sprechen, erwähnt.

Warum gehen Sie persönlich gerne zum Diskonter einkaufen, warum nicht?

Eine junge Teilnehmerin hebt nochmals das frische Obst und Gemüse, die gute Qualität und die schnelle Bedienung als Motive hervor. Das Preis-/Leistungsverhältnis stimmt einfach. Da sind sich drei Teilnehmerinnen einig. Der junge Mann erwähnt nochmals den guten Preis als Motiv. Er ist der Meinung, dass die Qualität heutzutage schon fast gleich ist.

Welche Vorteile hat Ihrer Meinung nach ein Diskonter?

Sofort kommt die Antwort „schneller Einkauf“ von einer jungen Frau. Eine weitere Teilnehmerin erwähnt die übersichtliche Verkaufsfläche, was durch die gleiche Anordnung aller Filialen gewährleistet wird. Da beide Probandinnen berufstätig sind, ist für sie ein schnelles, effizientes Einkaufen sehr wichtig. Zusätzlich wird noch einmal der günstige Preis und das tolle Preis-/Leistungsverhältnis von zwei Teilnehmern erwähnt.

Welche Nachteile hat Ihrer Meinung nach ein Diskonter?

Für Alleinlebende, oder Personen, die nicht so viel Obst und Gemüse essen, sind die großen Mengen kein Vorteil. „Ja genau und dann willst du ja nicht jeden Tag einen Apfel essen, sondern auch einmal eine Birne,“ pflichtete ihr eine Teilnehmerin bei. Weiters ist das Warensortiment eines Diskonters weitaus geringer als das eines Merkurs. Auch die geschmacklose Einrichtung, wie z.B. die Paletten, sind nicht gerade einladend zum Einkaufen. Dieses Ambiente stört drei Teilnehmer besonders. Als einen weiteren Nachteil empfindet eine Teilnehmerin, dass Wurst und Käse nicht frisch aufgeschnitten werden. Da wiederspricht ihr aber ein anderes Gruppenmitglied: „Beim Lidl gibt's das schon, da kannst du dir drei Äpfel aus der Packung nehmen." Außerdem erwähnt die Pensionistin, dass auch der Diskonter Hofer bereits seine Bananen stückweise verkauft.

Sehen Sie sich die sieben Bilder an. Welches Bild stellt einen typischen Diskont-Käufer dar und welches nicht? Warum denken Sie so?
Als typischer Diskont-Käufer werden die Frau mit Kind und das junge Paar gesehen. Diese Menschen haben nicht viel Geld zu Verfügung und gehen daher eher zum Diskonter einkaufen. Auch das ältere Paar wird als Diskont-Käufer festgelegt, da sich ein Teilnehmer damit gut identifizieren kann. Der Sportler kann nur sehr schwer zu einem Lebensmitteleinzelhändler zugeordnet werden. Die Gruppe denkt, dass er ein typischer Spontankäufer ist, dem es egal ist, wo eingekauft wird, es muss hauptsächlich schnell gehen. Bei der Frau mit Hund sind die Teilnehmer sich nicht sicher. Auf der einen Seite sieht sie sehr edel und reich aus, aber auf der anderen Seite ist so ein Hund sehr teuer. Die Entspannte ist für manche Probanden ein Gourmet-Typ, der Essen genießt, da sie auch sehr schlank ist und für andere Personen ist sie eine typische Diskont-Käuferin, da sie alleinstehend ist und daher auch auf das Geld achten muss. Der Geschäftsmann war ein schwieriger Fall. Die Gruppe hat sehr lange diskutiert und ist auf kein gemeinsames Ergebnis gekommen. Auf der einen Seite sehen manche Teilnehmer den reichen Mann und auf der anderen Seite meinen andere, dass auch reiche Menschen zum Diskonter gehen. Wohlhabende Menschen können doch auch bei Lebensmitteln billigere Ware kaufen, wenn die Qualität stimmt.

Wie stellen Sie sich einen typischen Diskont-Käufer vor? Wie sieht er aus? Welchen Familienstand hat er? Welchen Beruf übt er aus? Wie ist sein Einkommen?
Zwei Teilnehmerinnen sind sich einig, dass ein typischer Diskont-Käufer bestimmt werden kann. Oft sind junge Paare, Frauen mit Kinder oder Großfamilien dort zu sehen. Eine weitere Probandin ist da anderer Meinung. „Es gibt genug reiche Leute, die sich das auch nicht leisten wollen, wie zum Beispiel zum Gourmet-Spar zu gehen, sondern gehen genauso zum Hofer, damit sie dort auch ein bisschen sparen können", meinte diese Frau. Die anderen Teilnehmer stimmen dieser Frau zu. Da das Image des Diskonters sich verbessert hat, gehen immer mehr unterschiedliche soziale Schichten zum Diskonter einkaufen. Eine Frau erwähnte die Image-Probleme von früher und der ältere Mann erzählte: „Die Nachbarn haben schon geschaut, wenn man mit einem Hofer-Sackerl

gekommen ist." Der junge Mann sagte: „Ich glaube überhaupt jetzt, wo die Krise ist, da schauen die Leute eher noch, wo das Geld locker sitzt und wo nicht." Die Konsumenten achten noch mehr auf die Ausgaben.

Was unterscheidet einen typischen Diskont-Käufer von den anderen Käufern, wie z.B. Merkur-Käufer?

Eine Teilnehmerin ist der Meinung, dass es keine Unterschiede mehr gibt. Die meisten Menschen besuchen heutzutage schon mehrere Lebensmitteleinzelhändler und kaufen dort ein, wo es am billigsten und am besten ist. „Ich glaube ja, dass es ein paralleles Einkaufsverhalten gibt, wo die Leute eben zum Hofer, aber auch zum Merkur gehen", meinte der ältere Mann. Zwei andere Teilnehmer stimmen dieser Aussage zu.

Welche Diskonter kennen Sie in Österreich?

Eine Teilnehmerin nennt zuerst den Penny, dann den Lidl und zum Schluss den Hofer. Der ältere Mann erwähnt den Diskonter Schlecker, der aber nicht zu den Lebensmitteldiskontern zählt. Eine Probandin nennt den Zielpunkt, ist sich aber nicht sicher, ob dieser auch dazu gezählt wird. Zwei Teilnehmer denken nicht, dass der Zielpunkt zu den Diskontern gehört. Alle Gruppenmitglieder sehen den Zielpunkt nicht als wirklichen Diskonter, da dieser teurer ist.

Wenn Sie an Hofer denken, was fällt Ihnen dazu ein? Welche Vorteile hat Hofer? Welche Nachteile hat Hofer?

Eine Teilnehmerin assoziiert Großeinkauf mit Hofer. Der immer gleichbleibende Aufbau der Hofer-Filialen ist ein großer Pluspunkt. So kann der Einkauf zügig durchgeführt werden. Die Verkaufsfläche wird als sehr groß wahrgenommen. Auch die schnellen Kassiere steuern ihren Teil dazu bei. Wie bereits erwähnt, sind die billigen Produkte ein Vorteil. Mit Hofer werden sofort die Sonderangebote verbunden, wie technisches Equipment. Die Angebote sind zwar gut, aber leider auch schnell vergriffen, erwähnte eine Teilnehmerin. Es ist überhaupt von Nachteil, wenn die Verkaufsfläche schnell leergeräumt ist und nichts nachgeschlichtet wird. Am Samstagnachmittag ist bei Hofer nicht mehr viel zu ergattern. „Das erste was mir dabei einfällt, ist, dass es Samstagmittag kein Brot mehr gibt", stellte eine junge Frau fest. Im Bezirk Wiener Neustadt gibt es einen Hofer, wo die Mitarbeiter sehr unfreundlich sind. Für zwei Teilnehmer war dieses u.a. ein Grund von

Hofer zu Lidl zu wechseln. Eine andere Probandin sagte wiederum: „Also das ist in Baden gar nicht so.“ Die Teilnehmer haben festgestellt, dass die Freundlichkeit des Personals von Filiale zu Filiale sehr variiert.

Wenn Sie an Lidl denken, was fällt Ihnen dazu ein? Welche Vorteile hat Lidl? Welche Nachteile hat Lidl?

Von den sieben Teilnehmern gehen zwei Personen fast nie zu Lidl einkaufen. Andere drei Probanden nicht sehr oft und nur zwei Personen besuchen den Lidl regelmäßig. Vorteilhaft bei Lidl ist, dass Obst und Gemüse stückweise gekauft werden kann. Der junge Mann klärte die Gruppenmitglieder auf: „Es gibt Waagen, wo die Konsumenten selbst die Produkte abwiegen können.“ Weiters gibt es Markenware, wie z.B. Rama, die billiger als beim herkömmlichen Supermarkt ist. Eine Teilnehmerin ist der Ansicht, dass Lidl ein breites Sortiment und eine große Verkaufsfläche vorweisen kann. Ihr ist auch aufgefallen, dass bei Lidl viele Bio-Produkte angeboten werden. Auch die Anordnung der Produkte ist sehr übersichtlich gestaltet. Nachteile werden bei Lidl nicht wirklich gesehen.

Wenn Sie an Penny denken, was fällt Ihnen dazu ein? Welche Vorteile hat Penny? Welche Nachteile hat Penny?

Zwei Teilnehmer kennen den Penny nicht wirklich gut. Außer dem niedrigen Preisniveau kann Penny sehr gutes Fleisch und Obst vorweisen. „Das Obst und das Gemüse ist auch super. Die haben teilweise solche Befeuchter“, erzählte ein weibliches Gruppenmitglied. Weiters können Konsumenten Markenware, wie Coca-Cola und Nestle, und nicht nur die Eigenmarken erwerben. Das frische Gebäck ist ein absoluter Vorteil für diesen Diskonter. „Was ich mit Penny assoziiere ist das super Gebäck, weil das ist immer frisch, was mir so aufgefallen ist“, meinte ein Teilnehmer. Als Nachteil wird die überladene Verkaufsfläche gesehen. Die Filialen sind immer sehr eng und die vielen Angebote werden sozusagen hineingestopft, was wiederum nicht sehr einladend aussieht. Vier Teilnehmer empfinden den Penny als unübersichtlich.

Wenn Sie an Zielpunkt denken, was fällt Ihnen dazu ein? Welche Vorteile hat Zielpunkt? Welche Nachteile hat Zielpunkt?

Eine Teilnehmerin meinte: „Da war ich glaube ich das letzte Mal vor zehn Jahren.“ Wenn Zielpunkt Schirnhofer-Produkte verkauft und eine Fleisch- und Wursttheke hat, ist er bei den Teilnehmern beliebt. Dann wird er auch eher als Supermarkt wahrgenommen. „Genau ich finde, das ist der Supermarkt ähnlichste", meinte eine Teilnehmerin. Jedoch wird Zielpunkt von allen Teilnehmern mit höheren Preisen verbunden. Einer Frau ist aufgefallen, dass bei Zielpunkt oft Nebenprodukte, wie Geschirr, sehr billig angeboten werden. Es gibt überhaupt sehr viele Sonderangebote. Die Verkaufsfläche wird von einem Probanden kleiner wahrgenommen, als bei den anderen Diskontern.

Sehen Sie sich die 15 Charaktereigenschaften an. Welche passen zu einem Diskonter und welche nicht?

Da diese Gruppe den Zielpunkt nicht wirklich als Diskonter sieht, wurde er bei dieser Übung nicht miteinbezogen. Die Teilnehmer finden einen Diskonter familiär, durch sein Sortiment und dynamisch wegen der vielen rotierenden Angebote. Auch Ehrlichkeit und Kreativität wird ihm zugesagt, da er nichts verspricht, was er nicht hält, und er sehr wohl bei seinen Angeboten kreativ ist. Die Gruppe sieht den Diskonter nicht kinderlieb, da keine Kindereinkaufswagen vorhanden sind. Weiters ist er nicht altmodisch, arrogant, niveaulos, strikt oder dominant. Auf der anderen Seite ist es nicht sehr bequem, dort einzukaufen, und sehr gepflegt ist die Verkaufshalle im Gegensatz zu einem Merkur auch nicht. Unentschlossen waren die Probanden bei der Sympathie. Sie würden nicht sagen, dass er besonders sympathisch, aber auch nicht unsympathisch ist. Weiters sehen manche Teilnehmer den Diskonter bodenständig, da die Preise für jedermann geeignet sind, sie sind nicht angehoben. Andere Personen finden, dass Diskonter nicht bodenständig sind, da sie auch Produkte aus dem Ausland verkaufen und nicht nur Ware aus dem Inland. Ob Diskonter chaotisch sind, kommt auf die Sichtweise an. Die Gruppenmitglieder sind sich einig, dass ein Diskonter durch seine Paletten und Wühlkisten zwar chaotisch wirkt, aber durch den immer gleichbleibenden Aufbau der Geschäfte eine gewisse Struktur vermittelt wird.

Welche Gründe lassen sich für den Bio-Boom der letzten Jahre aufzählen? Warum kaufen Menschen ganz allgemein Bio-Produkte?

Sofort kam die Antwort „Gesundheitsbewusstsein" von einer Teilnehmerin. Eine weitere Frau stimmte ihr zu. Es ist auch weniger Zeit für Sport, daher wird versucht, durch gesunde Ernährung dieses Defizit zu kompensieren. Auch das Vertrauen darauf, dass in biologischen Lebensmitteln keine Chemie vorhanden ist, veranlasst vielleicht Personen

Bio-Produkte zu kaufen. „Also meiner Meinung nach ist das eine Gesundheitsfrage und eine Vertrauenssache, dass man Vertrauen hat in ein Bio- Produkt und dass man weiß, oder glaubt zu wissen, ok da wird nicht viel Chemie, oder gar keine Chemie beigemischt worden sein. Das wäre für mich so der wesentlichste Punkt“, meinte der über 45ig jährige Mann. Bio wird von vier Teilnehmern als Trend gesehen, der verfolgt wird. Ein Teilnehmer ist auch der Ansicht, dass die Bauern von den Menschen mehr Unterstützung bekommen. In der heutigen Zeit haben es Bio-Bauern nicht einfach und daher kaufen manche Menschen ihre Produkte.

Warum kaufen Sie Bio-Produkte? Bzw. warum nicht?

Gekauft werden Bio-Produkte, von den Bio-Befürwortern, aufgrund der Gesundheit. Biologische Lebensmitteln sind einfach nicht chemisch behandelt. Wenn Bio-Produkte allerdings z.B. aus Spanien kommen, werden diese nicht gekauft. Nur Ware aus Österreich wird Vertrauen geschenkt. Auch nicht alle Produktgruppen würden drei Teilnehmerinnen in biologischer Qualität kaufen. Bananen, Nudeln oder Kartoffeln müssten nicht biologisch sein. „Weil ich finde es dann lächerlich, was brauche ich Bio-Bananen“, sagte eine dieser Frauen. Der Grund für einen Nichtkauft ist nur der Preis. „Also ich kaufe sie selten, weil es mir auf Dauer zu teuer ist“, meinte eine Teilnehmerin. Manche Einzelteile werden sich schon biologisch geleistet, wie z.B. Zitronen für Cocktails oder Eier. Die Teilnehmer denken aber, dass die Eier nur deshalb gekauft werden, da von klein an den Menschen die Hennen in der Legebatterie gezeigt werden und deshalb Mitleid entsteht.

Sehen Sie sich diesen Cartoon an. Was würde die Person mit der leeren Luftblase antworten?

Der Cartoon-Test zu biologischem Obst stellt zwei Frauen dar, die sich unterhalten. Die eine Frau sagt: „Ich kann mich einfach nicht entscheiden, welches Obst ich kaufen soll, biologisches oder nicht biologisches?“ und die andere antwortet: „Ich würde…“. Dieser Cartoon-Test konnte wegen Zeitdrucks nicht durchgeführt werden. Da bereits in den Fragen davor über biologisches bzw. nicht biologisches Obst gesprochen wurde, wurde dieser Programmpunkt übersprungen.

Der zweite Cartoon-Test zeigt wieder zwei Frauen im Gespräch. Die eine sagt zur anderen: „Ich mag Bio-Produkte lieber und kaufe deshalb fast ausschließlich biologische

Lebensmittel." Die Antwort lautet: „Ja, ich kaufe auch lieber Bio-Produkte, denn...". Aus Zeitgründen wurde auch der zweite Cartoon-Tests bei dieser Gruppe nicht durchgeführt. Die Motive bzw. Gründe für einen Bio-Kauf wurden in den Fragen davor schon geklärt.

Wie sieht der typische Bio-Käufer aus? Welchen Familienstand hat er? Welchen Beruf übt er aus? Wie hoch ist sein Einkommen?

Sofort kamen Antworten, wie Alternativ, Person in Sandalen und langem Mantel, Jesus-Schlapfen und Dreadlocks. Nach dem ersten Brainstorming meinte die Pensionistin: „Nein, die gibt's jetzt gar nicht mehr." So ein wirklicher Bio-Käufer konnte von der Gruppe nicht identifiziert werden. „Ich glaube, das ist komplett egal, man würde es einem Menschen nicht ansehen, ob er jetzt teure Produkte kauft, Bio-Produkte, Clever-Produkte, oder sonst was," meinte eine Teilnehmerin. Da bereits der Topmanager und eine Großfamilie mit wenig Einkommen Bio-Produkte konsumieren. Früher hätte es noch Unterschiede gegeben, aber heutzutage nicht mehr. Die Gruppe konnte nur einkommensschwache Großfamilien von einem Bio-Kauf ausschließen.

Sehen Sie sich die Karten mit den Qualitätssiegeln an und zeigen Sie, welche Sie kennen.

Nicht erkannt wurden Demeter, ORBI und das EU-Bio-Zeichen. „Schaut für mich nach drittem Weltladen aus", meinte eine Probandin spontan, als sie das ORBI Siegel sah. Bekannt war den Teilnehmern das Austria Bio Garantie Zeichen, was sie mit Obst in Verbindung brachten und das AMA-Gütesiegel, welches mit Fleisch und Eiern assoziiert wurde. Eine Teilnehmerin erkannte dieses Qualitätssiegel sogar. Das Natur pur Siegel von Spar war allen bekannt und wurde spontan mit Mirjam Weichselbraun assoziiert.

Warum/warum nicht gehen Sie zum Diskonter und kaufen dort Bio-Produkte?

Die drei Teilnehmer, die Bio-Produkte beim Diskonter kaufen, haben das Motiv des niedrigeren Preises dafür, der sofort genannt wurde. Biologisches Obst ist beim Diskonter immer noch billiger als im Supermarkt. „Naja, es sind dort immer noch die günstigeren Bio-Produkte", meinte eine Probandin. Die anderen vier Teilnehmer, die keine biologischen Lebensmitteln beim Diskonter oder überhaupt woanders kaufen, nennen den Grund des hohen Preises dafür. Wenn diese Personen jedoch das Geld hätten, würden sie sich schon Bio-Produkte leisten, dann aber zum Merkur gehen. Der Grund dafür ist, dass im Verbrauchermarkt mehr Auswahl und eine schönere Präsentation der Bio-Ware gewährleistet werden. Auch kleinere Packungen von biologischen Lebensmittel sind dort, im Gegensatz zum Diskonter, zu finden. Eine Teilnehmerin meinte jedoch: „Ich schaue mir halt auch Bio-Produkte an und wenn ich beim Lidl schau, da gibt's das Bio-Obst und das normale Obst und das Bio-Obst gefällt mir nicht." Auch das Äußere spielt beim Kauf eine Rolle.

Wo ist das Vertrauen größer bezüglich Bio, beim Diskonter oder bei anderen Lebensmitteleinzelhändlern?

Das Vertrauen ist bei beiden gleich groß. Wenn an die biologische Herkunft geglaubt wird, ist der Verkaufsplatz egal.

Verkostung von Bio-Käse

Folgende Bio-Käse wurden von den acht Teilnehmerinnen getestet:

- Von Hofer: Natur aktiv Bio Leichtkäse
- Von Lidl: Bioness Bio Bergkäse
- Von Penny: ECHT B!O Tilsiter
- Von Zielpunkt: Bio Bio Bergkäse

Zuerst wurden die vier Käsesorten den Diskontern zugeordnet. Bei dieser Zuordnung hat nur jeweils eine Person den Käse dem richtigen Diskonter zuordnen können, was in Abbildung 43 zu sehen ist.

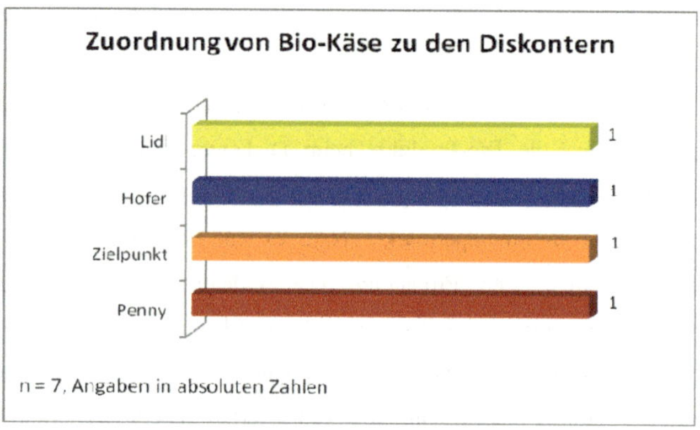

Abbildung 43: Zuordnung von Bio-Käse in Gruppe 3

Der Geschmack der unterschiedlichen Käsesorten wurde folgendermaßen beurteilt:
Zu aller erst wurde wieder der Penny-Käse getestet. Wie die nachfolgende Grafik zeigt, haben jeweils drei Probanden den Käse als sehr gut, wegen seinem würzigen, weichen Geschmack benotet und drei weitere mit gut bewertet. Sie beschrieben den Käse als würzig, mild und mit angenehmer Konsistenz. Nur eine Person fand ihn weniger gut.

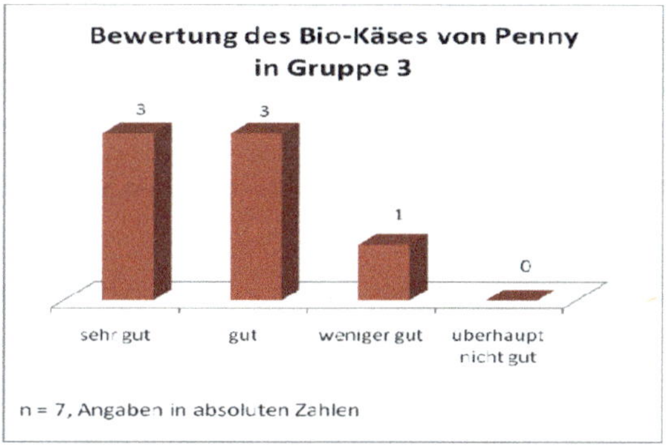

Abbildung 44: Bewertung von Bio-Käse von Penny in Gruppe 3

Der Mittelwert liebt bei 1,72, was zeigt, dass den Probanden der Käse gut geschmeckt hat.

Danach kostete die Gruppe drei den zweiten Käse. Es ist in Abbildung 45 zu erkennen, dass sich die Gruppe beim Geschmack sehr einig war. Sechs von sieben Teilnehmern empfanden den Käse gut. Sie bezeichneten ihn als würzig, mild und scharf. Nur einer Person schmeckte der Bio-Käse weniger gut, da er als trocken und fad empfunden wurde.

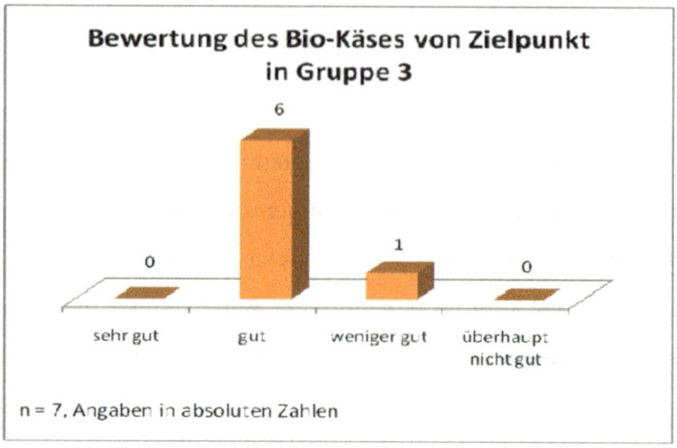

Abbildung 45: Bewertung von Bio-Käse von Zielpunkt in Gruppe 3

Der Käse schmeckte den Teilnehmern gut, da der Mittelwert bei 2,14 liegt.

Der dritte Käse, welcher verkostet wurde, war von Hofer. Dieser brachte ganz unterschiedliche Ergebnisse. Nur einem Probanden schmeckte er sehr gut, da er cremig und mild war, und drei Teilnehmern gut. Sie bezeichneten ihn als fad, milchig, würzig und mit angenehmer Konsistenz. Dafür bewerteten zwei weitere Personen ihn weniger gut, wegen dem faden Geschmack, und eine sogar als überhaupt nicht gut. Dieses ist in Abbildung 46 zu erkennen.

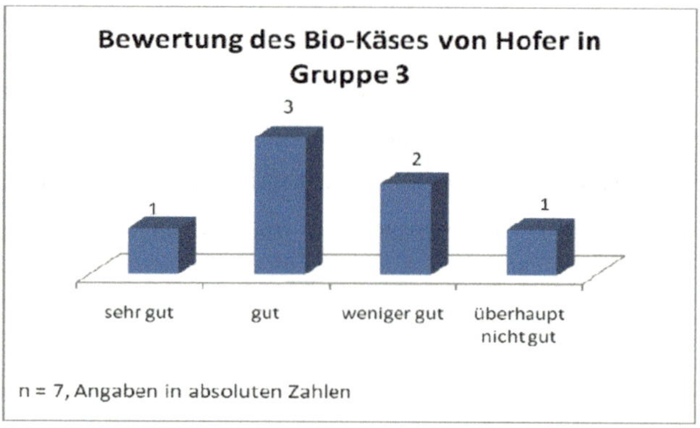

Abbildung 46: Bewertung von Bio-Käse von Hofer in Gruppe 3

Dieser Bio-Käse wurde eher mittelmäßig bewertet, da der Mittelwert 2,43 ergibt.

Der letzte Käse war von Lidl. Dieser ist eindeutig der Verlierer in dieser Gruppe. Denn nur zwei Teilnehmern schmeckte er gut. Sie empfanden ihn als weich und mild. Fünf weitere Probanden bewerteten ihn mit weniger gut, da er zu buttrig, milchig, fad und zu würzig war. Diese Zahlen sind in der nächsten Grafik abzulesen.

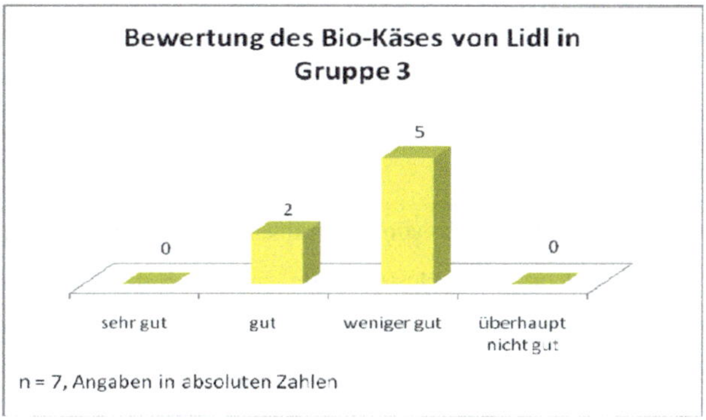

Abbildung 47: Bewertung von Bio-Käse von Lidl in Gruppe 3

Der Mittelwert ist 2,714. D.h. das Produkt wurde weniger gut benotet.

Es ist zu erkennen, dass der Gewinner der Penny-Käse ist, danach kommt Zielpunkt. An dritter Stelle reiht sich Hofer ein und am letzten Platz ist Lidl.

Verkostung von Bio-Joghurt

Folgende Bio-Joghurts wurden von den acht Teilnehmerinnen getestet:

- Von Hofer: Natur aktiv Bio Natur Joghurt
- Von Lidl: Bioness Bio Joghurt natur
- Von Penny: ECHT B!O Naturjoghurt

Zu allererst wurden die Joghurts wieder einem Diskonter zugeordnet. Gleich vier von sieben Probanden erkannten das Penny-Joghurt, nur zwei Personen das Joghurt von Lidl und von Hofer. Dieses ist in Grafik 48 zu erkennen.

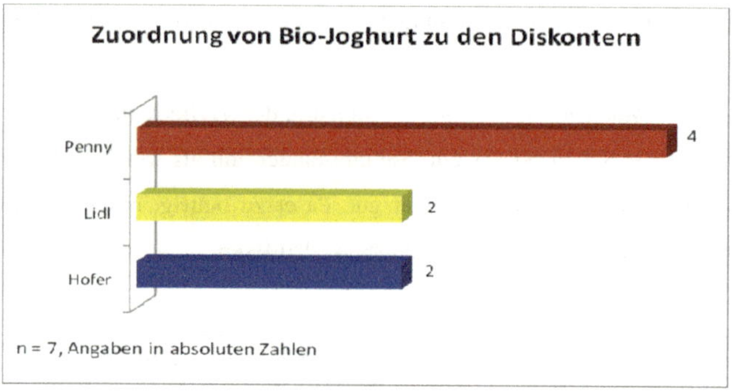

Abbildung 48: Zuordnung von Bio-Joghurt in Gruppe 3

Die einzelnen Bio-Joghurts wurden von den Teilnehmern wie folgt bewertet:
Das erste Naturjoghurt, welches getestet wurde, war von Hofer. Abbildung 49 zeigt, dass nur eine Person es geschmacklich als sehr gut und dafür fünf als gut empfanden. Diese fünf Probanden beschrieben das Joghurt als mild, geschmackvoll, saftig, flüssig und sauer. Ein Teilnehmer bewertete es als weniger gut, da es zu sauer schmeckte.

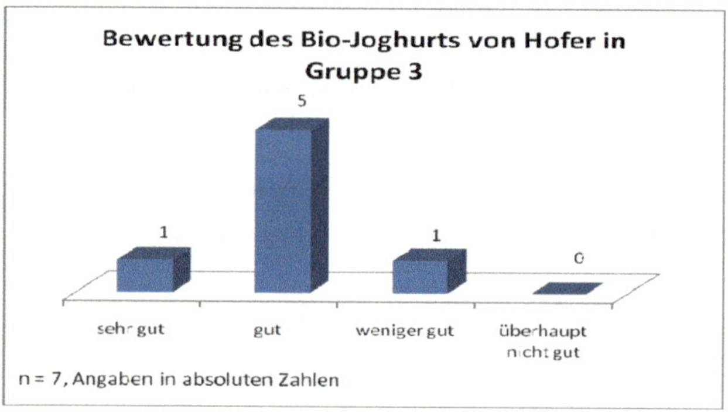

Abbildung 49: Bewertung von Bio-Joghurt von Hofer in Gruppe 3

Der Mittelwert dieser Geschmacksbewertung liegt bei 2.

Als zweites wurde das Lidl-Joghurt verkostet. In der nachfolgenden Grafik ist zu sehen, dass drei Personen es als sehr gut, wegen dem cremigen, sauren und erfrischenden

Geschmack, und zwei Gruppenmitglieder als gut bezeichneten, da es säuerlich schmeckte. Zwei weiteren Probanden empfanden es weniger gut. Für ihren Geschmack war das Joghurt zu sauer und zu intensiv.

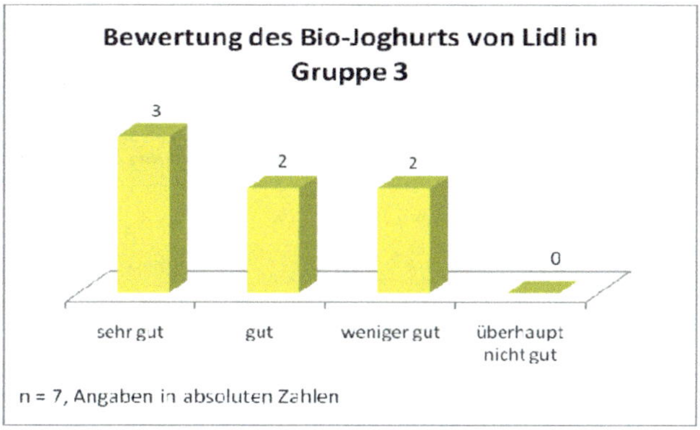

Abbildung 50: Bewertung von Bio-Joghurt von Lidl in Gruppe 3

Der Mittelwert ist 1,857, da das Joghurt den Teilnehmern gut geschmeckt hat.

Als letztes wurde das Penny-Joghurt getestet. Abbildung 51 zeigt, dass dieses Naturjoghurt ganz unterschiedliche Bewertungen bekommen hat. Eine Person empfand es als sehr gut, fruchtig und drei als gut, da sie es als sauer, mild und cremig bezeichneten. Zwei weitere Teilnehmer bewerteten es als weniger gut, da das Joghurt zu sauer war, und sogar ein Proband als überhaupt nicht gut. Dieser Teilnehmer beschrieb das Bio-Joghurt als zu sauer, zu intensiv und geschmacklich nicht gut.

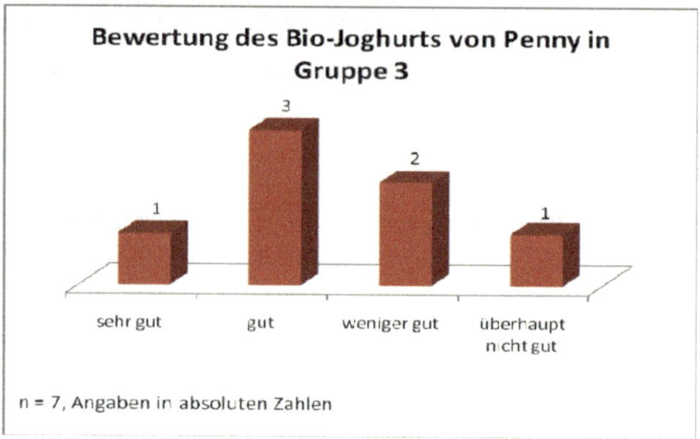

Abbildung 51: Bewertung von Bio-Joghurt von Penny in Gruppe 3

Das dritte Joghurt hat einen Mittelwert von 2,429 und schnitt damit am schlechtesten ab.

Dieser Gruppe hat das Bio-Joghurt von Lidl und von Hofer ziemlich gleich gut geschmeckt. Das Penny-Joghurt ist bei dieser Verkostung der Verlierer.

Verkostung von Bio-Milch

Folgende Bio-Milchsorten wurden von den acht Teilnehmerinnen getestet:

- Von Hofer: Natur aktiv Bio Vollmilch
- Von Lidl: Bioness Bio Vollmilch
- Von Penny: ECHT B!O Vollmilch
- Von Zielpunkt: Bio Bio Vollmilch

Die vier verschiedenen Milchsorten wurden zu Beginn wieder dem jeweiligen Diskonter zugeordnet. Es ist zu erkennen, dass von sieben Teilnehmern die Penny-Milch, die Zielpunkt-Milch und die Lidl-Milch jeweils nur zweimal erkannt wurde. Die Hofer-Milch hat keine Versuchsperson richtig zuordnen können, was in der nachfolgenden Grafik zu erkennen ist.

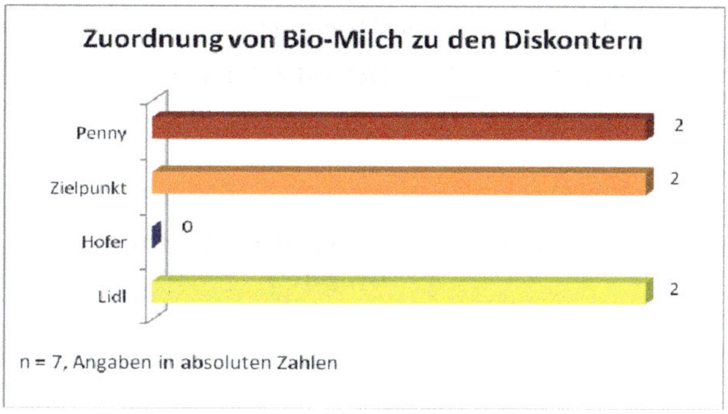

Abbildung 52: Zuordnung von Bio-Milch in Gruppe 3

Die vier verschiedenen Milchsorten wurden wie folgt bewertet:
Die folgende Abbildung zeigt, dass sogar fünf Personen von der Milch von Lidl begeistert waren. Sie gaben der Milch die Eigenschaften mild, neutral, süß und erfrischend. Nur zwei Probanden empfanden sie als gut, da sie zu cremig und zu intensiv war.

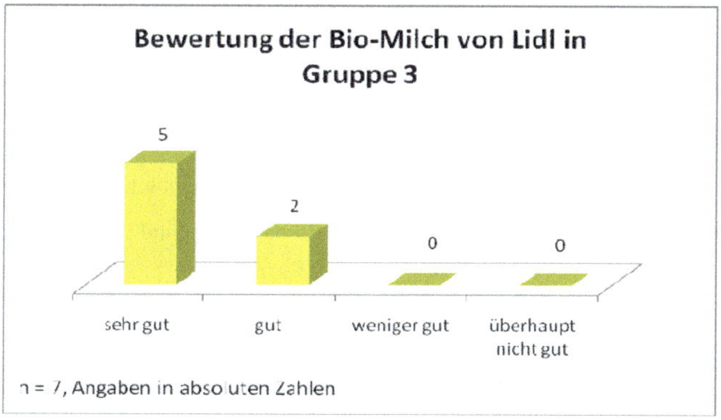

Abbildung 53: Bewertung von Bio-Milch von Lidl in Gruppe 3

Der Mittelwert dieser Bewertung liegt bei 1,286.

Als zweite Milch wurde die von Hofer getestet. Sie wurde gleich dreimal mit sehr gut benotet, da sie als mild und zweimal als neutral empfunden wurde. Drei Teilnehmer fanden die Milch gut, wegen dem intensiven und wässrigen Geschmack. Nur einmal wurde sie mit weniger gut bewertet. Sie wurde als wässrig und geschmacklich nicht gut beschrieben. Dies ist in Abbildung 54 abzulesen.

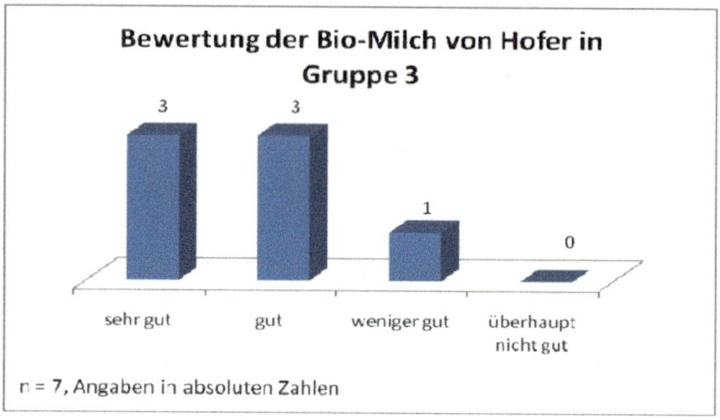

Abbildung 54: Bewertung von Bio-Milch von Hofer in Gruppe 3

Diese Bio-Milch wurde auch nicht schlecht benotet, da der Mittelwert 1,714 ist.

Danach versuchten sich die Gruppenmitglieder an der Zielpunkt-Milch. Auch diese Bio-Milch bekam sehr gute Bewertungen. Die nachfolgende Grafik zeigt, dass drei Personen sie als sehr gut, frisch und neutral, und drei weitere als gut benoteten. Diese drei Teilnehmer beschrieben sie als mild und intensiv. Nur ein Proband empfand sie geschmacklich weniger gut.

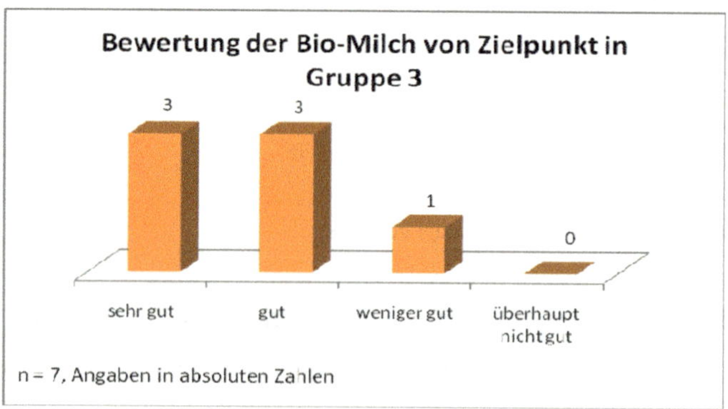

Abbildung 55: Bewertung von Bio-Milch von Zielpunkt in Gruppe 3

Der Mittelwert ist 1,714. D.h. die Milch hat den Teilnehmern gut geschmeckt.

Das letzte Produkt, was verkostet wurde, war die Milch von Penny. Auch sie bekam ähnliche Noten, wie die anderen Milchsorten. Es ist in Abbildung 56 zu erkennen, dass die Bio-Milch zweimal mit sehr gut, wegen ihrem frischen, milden und süßen Geschmack und dreimal mit gut, bewertet wurde. Diese drei Probanden bezeichneten die Bio-Milch als mild und neutral. Zweimal wurde sie mit weniger gut benotet. Sie wurde als wässrig und neutral beschrieben.

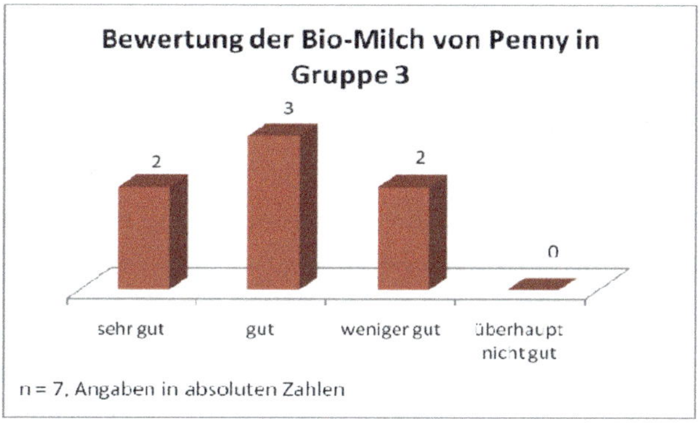

Abbildung 56: Bewertung von Bio-Milch von Penny in Gruppe 3

Der Mittelwert der letzten Geschmacksbewertung ist zwei.

Die vier Milchsorten wurden sehr ähnlich benotet. Die Lidl-Milch war der Spitzenreiter. An zweiter und dritter Stelle stehen Hofer und Zielpunkt. Beide Milchsorten wurden ganz gleich bewertet. Am vierten Platz steht somit die Milch von Penny.

Wie denken Sie, werden sich in Zukunft Diskonter entwickeln?

Zwei Teilnehmer sind sich einig, dass noch mehr Filialen eröffnet werden. Die Menschen werden noch öfter zum Diskonter einkaufen gehen. Eine Teilnehmerin schließt sich dieser

Aussage an, da sie denkt, dass es der Wirtschaft immer schlechter gehen wird. Vier Probanden denken, dass sich das Sortiment enorm vergrößern wird. Eine junge Frau sagte: „Vielleicht wird sogar eine Art amerikanischer Walmart daraus". Es ist gut möglich, dass der Zielpunkt von der Oberfläche verschwindet, da er nicht wirklich einer Lebensmitteleinzelhändlerart zuzuordnen ist. Der junge Mann stimmt der Teilnehmerin zu und meint, dass es auch gut möglich ist, dass Zielpunkt neue Marken einführt.

Wie denken Sie, wird sich in Zukunft der Bio-Boom entwickeln?

Zwei Teilnehmerinnen sagen sofort, dass der Bio-Boom noch steigen wird. Dann sagte jedoch eine junge Probandin: „Wobei, wenn die Wirtschaftslage schlechter wird, werden die Leute weniger Geld haben." „Durch die derzeitige schlechte Wirtschaftslage ist es durchaus möglich, dass ein bestimmtes Bio-Level erreicht wurde", meinte das älter männliche Gruppenmitglied. Der junge männliche Teilnehmer ist der Meinung, dass bereits jetzt schon ein gewisser Druck durch Werbung bzgl. Bio-Produkte ausgeübt wird. Vielmehr Beeinflussung ist dann nicht mehr möglich. Eine andere Frau sagte: „Für mich ist es sinnvoll, wenn es eine biologische Marke gibt. Wenn es drei Nudeln Bio-Marken gibt, das hat für mich keinen Sinn. Die Konsumenten kaufen eine Bio-Marke und aus." Sie ist auch der Meinung, dass das Bio-Sortiment nicht wirklich größer wird, eventuell werden andere Unternehmen auf biologische Produkte umstellen.

Wie denken Sie, werden sich in Zukunft Bio-Produkte beim Diskonter entwickeln?

Da die Wirtschaftslage nicht sehr gut ist, wird sich vom Sortiment der Diskonter nicht viel verändern. Eventuell werden noch ein oder zwei Bio-Produkte zusätzlich angeboten, aber viel mehr würde keinen Sinn machen, da die Konsumenten es dann doch nicht kaufen würden.

Subjektive Sicht des Moderators

Diese zweite heterogene Gruppe bestand aus sieben Mitgliedern. Manche Teilnehmer kannten sich, manche wiederum nicht. Die Atmosphäre war trotzdem sehr angenehm und alle haben sich gut untereinander verstanden. Die Meinungen waren in dieser Gruppe häufiger nicht gleich. Die Gründe dafür waren sicher der Altersunterschied der Teilnehmer und das Geschlecht. Zwei Personen, die beiden älteren Mitglieder, musste der Moderator mehrmals zum Thema zurückführen. Sie wichen öfters vom Thema ab oder führten leise

Privatgespräche. Sonst war die Gruppe sehr diszipliniert und es wurden keine gröberen Vorfälle beobachtet. Alle Teilnehmer, bis auf eine Frau, waren eher nicht zurückhaltend. Jeder gab seine Meinung kund. Der Moderator hat drei Meinungsführer bemerkt. Die beiden Männer und die ältere Frau waren sehr kommunikativ und vertraten bei fast jeder Frage ihre Meinung. Dieses beeinflusste die anderen Teilnehmer nur teilweise. Manchmal übernahmen die anderen Gruppenmitglieder die Einstellungen der Meinungsführer, obwohl dieses nur dann geschah, wenn die anderen Probanden auch diese Wertehaltungen verteidigen wollten. Die Verteilung von vier Nicht-Bio-Käufern und drei Bio-Käufern war gut. Die Vor- und Nachteile von biologischen Lebensmitteln wurden diskutiert. Die Gruppendynamik war bei dieser heterogenen Zusammensetzung sehr interessant. Am Anfang outeten sich die Nicht-Bio-Käufer noch nicht. Doch als die erste Person sagte, dass sie eher weniger Bio-Produkte kauft, trauten sich auch die anderen dieses zuzugeben. Für den Moderator war diese Gruppendiskussion eine Herausforderung, da er manchmal zum Thema zurückführen und Personen miteinbeziehen musste.

7.3.5 Vergleich aller drei Gruppendiskussionen

In diesem Teil der Arbeit werden alle drei Gruppendiskussionen miteinander verglichen. Da jede Gruppenexploration ein bisschen anders abgelaufen ist, wurden auch nicht immer die gleichen Fragen gestellt. Der Moderator hat während der Diskussionen entschieden, welche Fragen gestellt werden und welche, entweder aus Zeitgründen, oder da diese Fragen bereits beantwortet waren, nicht. Durch die unterschiedlichen Gruppendynamiken und die Zusammenstellungen der Gruppenmitglieder war die Dauer der Explorationen unterschiedlich. Die dritte Gruppe hat mit zwei Stunden am längsten gebraucht. Am kürzesten war die erste Gruppe mit eineinhalb Stunden. Die zweite Gruppe hat nach einer Stunde und 45 Minuten die Diskussion beendet. Die Teilnehmeranzahl aller Gruppen war 21, wobei 18 Frauen und nur drei Männer Probanden waren. Da ein Kriterium, für die Wahl der Teilnehmer, „Haushaltsführer" war, war es schwer männliche Testpersonen für diese Explorationen zu finden. Von diesen 21 Teilnehmern waren 13 Bio-Käufer und acht Personen Nicht-Bio-Käufer. Es ist jedoch zu sagen, dass zu den 13 Bio-Käufern eine homogene Gruppe, von sechs Personen, dazugezählt wurde. Alle Teilnehmer waren an den Diskussionen interessiert und nahmen rege an den Gesprächen teil.

Bei dieser Gegenüberstellung werden nur die wichtigsten Fragen des Leitfadens angesehen und so Unterschiede bzw. Gemeinsamkeiten hervorgebracht.

Als welchen Einkaufstypen würden Sie sich bezeichnen?

In jeder Gruppe gab es mehr als die Hälfte Gewohnheitskäufer, die immer wieder die gleichen Produkte, mit Hilfe einer Einkaufsliste, kaufen. Es war jedoch in jeder Exploration zu erkennen, dass es Ausreißer gab, die Spontankäufer sind und nach Lust und Laune unterschiedliche Produkte erstehen. „Meistens wir das genommen, was einem ins Auge springt", meinte eine Teilnehmerin.

Wie oft gehen Sie in der Woche einkaufen?

Es war zu erkennen, dass die meisten Teilnehmer, 12 Personen, einmal die Woche einen Großeinkauf machen. Die meisten Probanden gehen dann aber noch ca. zweimal pro Woche Kleinigkeiten und vor allem Frischware einkaufen. In der ersten Gruppe gibt es aber zwei Teilnehmerinnen, die nur alle zwei bis drei Wochen einen Großeinkauf machen. Zwei Frauen gehen fast täglich Lebensmittel einkaufen. Diese beiden haben aber Zeit und in der Nähe ihrer Wohnsituation liegt ein Lebensmitteleinzelhändler. Weitere zwei Teilnehmer gehen zwei- bis dreimal die Woche einkaufen, da sie Frischware bevorzugen.

Wodurch wird Ihr Einkaufsverhalten beeinflusst?

Die Teilnehmer aller drei Gruppen werden beim Einkaufsverhalten durch die Faktoren Zeit und Angebote beeinflusst. Die beiden heterogenen Gruppen werden beim Einkauf auch noch durch die Familie, den Lebenspartner und Freunde gelenkt. „Es gibt gewisse Dinge, die ich halt bei der Mama schon immer im Kühlschrank gesehen hab", sagte eine Teilnehmerin. In der homogenen Gruppe wird auf die Gesundheit, den Preis und die äußere Erscheinung geachtet. „Ich gebe zu, ich bin ein Marketing-Mensch", sagte eine Teilnehmerin. Je hübscher die Verpackung, umso eher wird das Produkt von ihr gekauft. Der Beeinflussungsfaktor Flugblätter wird ganz unterschiedlich wahrgenommen. Eine Gruppe sieht sie sich an, eine andere wirft sie sofort weg und in der dritten Gruppe gibt es beide Meinungen. Wenn die Flugblätter aber durchgeblättert werden, achten die Teilnehmer meistens auf die Non-Food-Artikeln, wie technische Angebote.

Sind Sie risikofreudig, was das Ausprobieren neuer Produkte angeht?

Mehr als die Hälfte aller Teilnehmer probieren immer wieder neue Produkte aus, da sie durch ein Angebot oder eine Aktion darauf aufmerksam gemacht werden. Eine Teilnehmerin sagte als Grund für den Erstkauf: „Teuer aussehen und billiger sein." Wenn es dann doch nicht das hält, was es verspricht, wird es nicht mehr gekauft. Ein Teilnehmer meinte: „Nach dem Motto ‚probieren anstatt studieren'." Es gibt aber Produktgruppen, wie z.B. Milchprodukte, wo die Probanden nicht gerne neue Produkte ausprobieren. Bei allen drei Gruppendiskussionen waren Teilnehmer dabei, die bei Milchprodukten eher vorsichtig sind.

Welche Lebensmitteleinzelhändler besuchen Sie regelmäßig und warum?

Jeder Teilnehmer geht zu einem Diskonter einkaufen. Hofer wird von den Diskontern am meisten besucht, da 16 Probanden ihn regelmäßig aufsuchen. Oft ist die örtliche Nähe, die Qualität der Produkte, aber auch der gute Service ein Grund dafür. Das Hauptmotiv für einen Besuch des Diskonters ist bei allen drei Gruppen eindeutig der Preis. Fünf Teilnehmer gehen dann noch zu Lidl und drei zu Penny. Penny ist wegen seiner frischen Backwaren bekannt und Lidl wegen seinem guten Obst und Gemüse. Zielpunkt wird von den Gruppen ganz unterschiedlich wahrgenommen. Die erste Gruppe findet den Diskonter schrecklich, die zweite Gruppe liebt ihn und die dritte Gruppe sieht ihn gar nicht als Diskonter an. Die Teilnehmer nehmen Zielpunkt so unterschiedlich wahr, da dieser sich oft anders präsentiert. Manche Filialen sind sehr strukturiert und haben Schirnhofer-Produkte und andere wiederum so „schmuddelig und unordentlich", meinte eine Teilnehmerin. Nur in der zweiten Gruppe gehen drei Probanden regelmäßig zu Zielpunkt einkaufen. Außer den Diskontern werden noch regelmäßig Merkur, Billa und Spar besucht. Da ein Diskonter nicht so ein großes Sortiment hat, wird meistens noch ein anderer Lebensmitteleinzelhändler aufgesucht. Die Nähe entscheidet, ob dieser ein Spar, Merkur oder Billa ist.

Was kommt Ihnen in den Sinn, wenn Sie Lebensmitteldiskonter hören?

Die beiden heterogenen Gruppen verbinden mit Lebensmitteldiskontern das niedrige Preisniveau und das Unternehmen Hofer. Die Teilnehmerin, die mit Lebensmitteldiskonter die Firma Hofer verbindet, meinte: „Weil es wirklich der Einzige ist, zu dem ich gehe." Die homogene Gruppe assoziiert damit auch den billigen Preis, aber auch die unschöne

Gestaltung der Verkaufsfläche. Durch die Paletten und Wühlkisten wirkt ein Diskonter eher unorganisiert. „Mir fallen auch gleich schnelle Kassabedienungen ein", meinte eine Probandin der homogenen Gruppe.

Warum gehen Leute allgemein gerne zum Diskonter einkaufen? Warum nicht? Warum gehen Sie persönlich gerne zum Diskonter einkaufen, warum nicht?

Alle drei Gruppen erwähnen bei dieser Frage gleich als erstes den Preis. Auch die Qualität hat sich in den letzten Jahren verbessert, stellen die Gruppen fest. Weiters sind sich die heterogenen Gruppen einig, dass die schnelle Kassabedienung und die gleiche Anordnung der Verkaufsfläche in allen Filialen Gründe für einen Einkauf beim Diskonter sind. „Da steht immer alles am gleichen Platz", meinte eine Teilnehmerin. Auch ein tolles Beschwerdemanagement wird in der dritten Gruppe erwähnt und die Sonderangebote locken die Teilnehmer der ersten Gruppe zum Diskonter. Als Grund, warum manche Menschen vielleicht nicht so gerne oder überhaupt nicht zum Diskonter gehen, sind das Ambiente und die großen Packungen von Obst und Gemüse. Die abgepackten Körbchen sind eher nur für Großfamilien geeignet. Weiters ist die homogene Gruppe der Meinung, dass Menschen mit spezieller Ernährung, wie z.B. Veganer, ihre Lebensmittel nicht beim Diskonter finden. Die dritte Gruppe hat keine Gründe, die gegen einen Einkauf beim Diskonter sprechen, erwähnt.

Welche Vorteile hat Ihrer Meinung nach ein Diskonter?

In Tabelle 16 ist zu erkennen, dass die heterogenen Gruppen die gleichen Vorteile eines Diskonters erkennen, nämlich den niedrigen Preis, der übersichtliche Aufbau der Verkaufsfläche und das gut geschulte und somit auch schnelle Kassapersonal. Die homogene Gruppe sieht natürlich den Preis, aber auch die Eigenmarken, die schnelle Kassabedienung und die vielen Sonderangebote und Aktionen als Vorteil.

Gruppe 1 – heterogen	Gruppe 2 – homogen	Gruppe 3 – heterogen
Niedriger Preis	Niedriger Preis	Niedriger Preis
Übersichtlicher Aufbau	Gute Eigenmarken	Übersichtlicher Aufbau
Gut geschultes und freundliches Personal	Schnelle Kassabedienung	Schnelle Kassabedienung
Beschädigtes Obst und Gemüse wird billiger angeboten	Viele Aktionen und Sonderangebote	

Tabelle 16: Vorteile der Diskonter

Welche Nachteile hat Ihrer Meinung nach ein Diskonter?

Tabelle 17 zeigt die Nachteile eines Diskonters der drei Gruppen. Alle empfinden das Einkaufsambiente, die Paletten, die Wühlkisten und die nicht vorhandenen Regale als Nachteil. Die heterogenen Gruppenmitglieder stört das geringe Warensortiment. Weiters werden die vielen Menschen, die großen Mengen von Obst und Gemüse und die engen Gänge nachteilig angesehen. Auch, dass es keine frisch aufgeschnittene Wurst gibt und dass am Nachmittag oft keine Ware mehr vorhanden ist, wie z.B. in der Grillsaison das Grillfleisch, wird als störend empfunden. Den Teilnehmern der Gruppe eins ist eine gewisse Hektik beim Diskonter aufgefallen, die sie nicht als Vorteil sehen.

Gruppe 1 –heterogen	Gruppe 2 – homogen	Gruppe 3 – heterogen
Geringes Warensortiment	Einkaufsambiente	Geringes Warensortiment
Am Nachmittag – keine Ware	Viele Menschen	Einkaufsambiente
Einkaufsambiente		Große Mengen Obst/Gemüse
Gewisse Hektik		Keine frische Wurst
Enge Gänge		

Tabelle 17: Nachteile der Diskonter

Sehen Sie sich die sieben Bilder an. Welches Bild stellt einen typischen Diskont-Käufer dar und welches nicht? Warum denken Sie so?

Die Gruppen waren sich bei dieser Übung nicht immer einig. Es gab aber Übereinstimmungen bei der Frau mit Kind, dem älterem Paar und dem jungen Paar. Die nachfolgende Tabelle zeigt, dass diese drei Bilder als typische Diskont-Käufer identifiziert wurden. Der Geschäftsmann ist in den Augen der Gruppe eins kein Diskont-Käufer. Die anderen beiden Gruppen waren sich nicht einig. In der Gruppe zwei waren die Teilnehmer der Ansicht, dass eventuell seine Frau zum Diskonter einkaufen geht, er aber nicht. Die dritte Gruppe diskutierte sehr lange. Auf der einen Seite sehen manche Teilnehmer den reichen Mann, der nicht zum Diskonter geht und auf der anderen Seite meinen andere, dass auch reiche Menschen zum Diskonter gehen. Es konnte kein eindeutiges Ergebnis gefunden werden. Der Sportler und die Entspannte waren für die Gruppen eins und zwei Diskont-Käufer. Die Gruppe drei war bei beiden unentschlossen, da die Entspannte für manche Probanden ein Gourmet-Typ ist, und für andere Personen ist sie der typische Diskont-Käufer, da sie alleinstehend ist und daher auch auf das Geld achten muss. Der Sportler ist für die dritte Gruppe ein typischer Spontankäufer, der dort einkauft, wo er gerade ist. Auch die Frau mit Hund wurde unterschiedlich bewertet. Die Gruppe zwei empfand sie als keine Diskont-Käuferin, da sie so aussah, als ob sie sehr viel Geld besäße und nur einen Bio-Laden besuchen würde. Die anderen beiden Gruppen waren sich nicht einig. Die erste Gruppe sieht sie als Öko-Laden-Käuferin und auch als Diskont-Käufer. Die dritte Gruppe empfindet sie auf der einen Seite als reiche Frau, die nicht zum Diskonter geht, aber auf der anderen Seite ist die Haltung eines Hundes auch sehr teuer.

	Gruppe 1	Gruppe 2	Gruppe 3
Frau mit Kind	Einig – Diskont-Käufer	Einig – Diskont-Käufer	Einig – Diskont-Käufer
Geschäftsmann	Einig – Nicht Diskont-Käufer	Unentschlossen	Unentschlossen
Sportler	Einig – Diskont-Käufer	Einig – Diskont-Käufer	Unentschlossen
Entspannte	Einig – Diskont-Käufer	Einig – Diskont-Käufer	Unentschlossen
Frau mit Hund	Unentschlossen	Einig – Nicht Diskont-Käufer	Unentschlossen
Älteres Paar	Einig – Diskont-Käufer	Einig – Diskont-Käufer	Einig – Diskont-Käufer
Junges Paar	Einig – Diskont-Käufer	Einig – Diskont-Käufer	Einig – Diskont-Käufer

Tabelle 18: Zuordnung der Bilder – Typischer Diskont-Käufer

Wie stellen Sie sich einen typischen Diskont-Käufer vor? Wie sieht er aus? Welchen Familienstand hat er? Welchen Beruf übt er aus? Wie ist sein Einkommen?

Die drei Gruppen sind sich einig, dass heutzutage viele verschiedene Menschen zum Diskonter einkaufen gehen. Daher ist ein wirklicher Diskont-Käufer nicht mehr zu bestimmen. Früher waren es die Großfamilien, die Menschen, die weniger Geld zur Verfügung hatten. Das hat sich aber geändert. Durch die Imageveränderung werden im Diskonter auch schon Anzüge oder Burberry-Jacken gesehen. Auch reiche Leute, die nicht Geld für Lebensmittel verschwenden möchten, gehen heutzutage zum Diskonter einkaufen.

Welche Diskonter kennen Sie in Österreich?

Alle Gruppenmitglieder der drei Explorationen kennen spontan Hofer, Lidl, Penny und Zielpunkt. Die erste und die zweite Gruppe erwähnen zuerst Hofer, dann den Diskonter Lidl, als drittes Penny und zum Schluss wird Zielpunkt genannt. Die dritte Gruppe zählt zuerst Penny auf, dann Lidl und an dritter Stelle steht Hofer. Zielpunkt wird erst als letzter erwähnt, da sich die Gruppe nicht sicher war, ob dieser überhaupt zu den Diskontern zählt.

Wenn Sie an Hofer denken, was fällt Ihnen dazu ein? Welche Vorteile hat Hofer? Welche Nachteile hat Hofer?

Die nachfolgende Tabelle zeigt die Vorteile von Hofer. Es ist zu erkennen, dass alle drei Gruppen die Sonderangebote, wie Fernseher oder Computer als Vorteil sehen. Weiters sind der große Parkplatz, die schnelle Kassabedienung, die Reiseangebote und auch der immer gleichbleibende Aufbau der Filialen vorteilhaft.

Gruppe 1 – heterogen	**Gruppe 2 - homogen**	**Gruppe 3 – heterogen**
Sonderangebote	Sonderangebote	Sonderangebote
Fleisch, Brot	Großer Parkplatz	Niedriges Preisniveau
Bio-Produkte	Schnelle Kassabedienung	Schnelle Kassabedienung
Länder-Aktionen	Reisen	Gleicher Aufbau

Tabelle 19: Vorteile von Hofer über alle Gruppen

Die Nachteile des Diskonters werden in Tabelle 20 gezeigt. Es ist ersichtlich, dass die heterogenen Gruppen mit dem schnellen Verkauf des Sortiments nicht zufrieden sind. Der Nachteil daran ist, dass die Verkaufsfläche nicht nachgefüllt wird, sodass z.B. am Samstagnachmittag kein frisches Obst zu kaufen ist. Weiters finden die Gruppen eins und zwei, dass die Paletten und Wühlkisten eine Unordnung schaffen. Auch die großen Mengen bei Obst und Gemüse und die Flugblätter werden als störend gesehen.

Gruppe 1 – heterogen	**Gruppe 2 – homogen**	**Gruppe 3 – heterogen**
Sortiment schnell verkauft	Flugblätter	Sortiment schnell verkauft
Unordnung	Paletten, Wühlkisten	Personal nicht in jeder Filiale freundlich
Große Mengen		
Designer-Mode		

Tabelle 20: Nachteile von Hofer über alle Gruppen

Hofer wird von einer Teilnehmerin der ersten Gruppe als „der zerstreute Professor“ benannt, der freundlich und liebenswert ist, aber eben schusselig und unordentlich.

Wenn Sie an Lidl denken, was fällt Ihnen dazu ein? Welche Vorteile hat Lidl? Welche Nachteile hat Lidl?

Die Gruppenmeinungen haben sich bei Lidl sehr unterschieden. Die Vorteile sind in Tabelle 21 und die Nachteile in Tabelle 22 zu erkennen. Die Gruppen zwei und drei sind sich einig, dass das Obst und Gemüse sehr gut und sogar stückweise zu kaufen ist. Weitere Vorteile sind die Reiseangebote und die guten, aber billigen Wurst- und Fleischwaren. Die Gruppe drei war sehr von Lidl begeistert. Sie sehen auch noch als vorteilhaft die billigere Markenware, den strukturierten Aufbau, die vielen Bio-Produkte und das breite Sortiment.

Gruppe 1 – heterogen	Gruppe 2 – homogen	Gruppe 3 – heterogen
Reisen	Gutes Obst, Gemüse	Obst, Gemüse stückweise
Billigere Wurst-, Fleischware		Markenware
		Breites Sortiment
		Strukturierter Aufbau
		Viele Bio-Produkte

Tabelle 21: Vorteile von Lidl über alle Gruppen

Die Gruppe drei erkennt keine Nachteile. Die anderen Gruppen empfinden Lidl wiederum unsystematisch und unsympathisch. Die wenige Sympathie wird u.a. durch den Verkauf vieler deutscher Produkte erzielt.

Gruppe 1 – heterogen	Gruppe 2 – homogen	Gruppe 3 – heterogen
Unsympathisch	Unsystematisch, unübersichtlich	Keine Nachteile
Viele deutsche Produkte	Viele deutsche Produkte	

Tabelle 22: Nachteile von Lidl über alle Gruppen

Ein Teilnehmer der zweiten Gruppe sieht Lidl als „Kopie von Hofer“.

Wenn Sie an Penny denken, was fällt Ihnen dazu ein? Welche Vorteile hat Penny? Welche Nachteile hat Penny?

Mehr als die Hälfte aller Teilnehmer gehen eher selten zu Penny, daher konnte nicht viel gesagt werden. Die frischen Backwaren sind jedoch jedem ein Begriff. Auch die Penny-Karte, die Markenware und das gute Fleisch und Obst sind Vorteile. Weiters sind die T-Shirts der Mitarbeiter, welche mit einem netten Spruch bedruckt sind, sehr kundenfreundlich. Die Vorteile werden in der nachfolgenden Tabelle nochmals aufgelistet.

Gruppe 1 – heterogen	**Gruppe 2 – homogen**	**Gruppe 3 – heterogen**
Frische Backwaren	Penny-Karte	Frische Backwaren
	T-Shirts der Mitarbeiter	Gutes Fleisch und Obst
		Markenware

Tabelle 23: Vorteile von Penny über alle Gruppen

Tabelle 24 zeigt die Nachteile von Penny, welche die kleinen Kassen und die überladene Verkaufsfläche sind. Durch diese Überfüllung des Verkaufsraums wirken die Filialen unsystematisch und unorganisiert.

Gruppe 1 – heterogen	**Gruppe 2 – homogen**	**Gruppe 3 - heterogen**
Unsystematisch	Kleine Kassen	Überladene Verkaufsfläche
Unorganisiert		

Tabelle 24: Nachteile von Penny über alle Gruppen

Wenn Sie an Zielpunkt denken, was fällt Ihnen dazu ein? Welche Vorteile hat Zielpunkt? Welche Nachteile hat Zielpunkt?

Zielpunkt wird von den Gruppen zwei und drei nicht wirklich als Diskonter angesehen. Diese Gruppen sehen die Wurst- und Fleischkooperation mit dem Unternehmen Schirnhofer als großen Vorteil. Weiters werden billige Nebenprodukte, wie Geschirr, Sonderangebote, der ordentliche Aufbau durch Regale und der gute Mix an Eigenmarken und hochwertigeren Marken als Vorteile gesehen. Auch das große Angebot an Bio-Produkten wird als vorteilhaft empfunden. Die Vorteile zeigt Tabelle 25.

Gruppe 1 - heterogen	**Gruppe 2 - homogen**	**Gruppe 3 - heterogen**
Schirnhofer	Schirnhofer	Schirnhofer
	Guter Mix von Eigenmarken und hochwertigen Marken	Billige Nebenprodukte
	Regale – ordentlich	Sonderangebote
	Bio-Produkte	

Tabelle 25: Vorteile von Zielpunkt über alle Gruppen

In Tabelle 26 sind die Nachteile des Diskonters Zielpunkt zu erkennen. Er wird als teuer und unordentlich gesehen. Kleine Kassen und die kleine Verkaufsfläche tragen zu der nicht vorhandenen Ordnung bei. Als Nachteil sieht die Gruppe zwei auch noch, dass das Obst und Gemüse nicht immer frisch ist.

Gruppe 1 - heterogen	**Gruppe 2 – homogen**	**Gruppe 3 – heterogen**
Teuer	Obst und Gemüse nicht immer frisch	Teuer
Unordentlich	Kleine Kassen	Kleine Verkaufsfläche

Tabelle 26: Nachteile von Zielpunkt über alle Gruppen

Sehen Sie sich die 15 Charaktereigenschaften an. Welche passen zu einem Diskonter und welche nicht?

Da die Gruppe zwei und die Gruppe drei den Zielpunkt nicht als Diskonter sehen, wurde dieser bei der Übung nicht berücksichtigt.

Die folgende Tabelle zeigt, wie die Gruppen die einzelnen Charaktereigenschaften zugeordnet haben. Es ist somit ersichtlich, dass sich die Gruppen nur bei vier Eigenschaften einig waren. In den Augen der Teilnehmer sind Diskonter weder altmodisch, arrogant noch niveaulos, aber dafür ehrlich. Weiters ist erkennbar, dass die Gruppen sich bei sympathisch, chaotisch und bequem meistens nicht einig waren. Die dritte Gruppe würde nicht sagen, dass er besonders sympathisch, aber auch nicht unsympathisch ist. Die erste Gruppe findet ihn sympathisch und die zweite Gruppe ist der Meinung, dass die Sympathie sehr stark mit der Filiale zusammen hängt und daher ist keine Verallgemeinerung möglich. Ob es beim Diskonter chaotisch ist oder nicht, kommt auf den Wochentag an, meinten die erste und die dritte Gruppe. Die zweite Gruppe sieht einen Diskonter als chaotisch an. Die Teilnehmer der Gruppe eins sind sich bei bequem nicht ganz einig, denn auf der einen Seite gibt es immer Parkplätze und durch den gleichen Aufbau, ist die Ware leicht zu finden. Auf der anderen Seite sind die Gänge sehr eng und auch durch die Paletten ist der Einkauf nicht unbedingt bequem. Die Probanden der zweiten und dritten Gruppe empfinden das Einkaufen beim Diskonter nicht als bequem. Sehr viel Stress wird verbreitet und gemütlich ist das Einkaufen daher auch nicht.

Von der Mehrheit der Teilnehmer wird ein Diskonter nicht als kinderlieb und strikt gesehen. Die erste und die dritte Gruppe sehen einen Diskonter nicht als kinderlieb, da es z.B. keine Einkaufswagen für Kinder gibt, wie bei Merkur. Die Teilnehmer der zweiten Gruppe sind sich bei kinderlieb nicht ganz einig. Einige sehen schon, dass es im Sortiment vieles für Kinder gibt, jedoch ist das Einkaufen selbst mit Kindern im Diskonter nicht sehr angenehm. Als strikt wird ein Diskonter von der zweiten und der dritten Gruppe nicht bewertet, aber die erste Gruppe ist er Meinung, dass er sehr wohl strikt ist, denn, wenn es keine Ware mehr gibt, wird nichts mehr nachgeliefert.

Die Mehrheit aller Teilnehmer sieht einen Diskonter als kreativ, familiär, dynamisch und bodenständig. Die Gruppen zwei und drei finden Diskonter kreativ, die erste Gruppe jedoch nicht. Als bodenständig werden Diskonter von der Gruppe eins und zwei empfunden. Die dritte Gruppe ist da unentschlossen. Manche Teilnehmer sehen den Diskonter bodenständig, da die Preise nicht angehoben und somit für jedermann leistbar sind. Andere Personen finden, dass Diskonter nicht bodenständig sind, da sie auch Produkte aus dem Ausland verkaufen und nicht nur Ware aus dem Inland. Familiär und dynamisch ist für die Gruppen eins und drei passend, für die Gruppe zwei wiederum nicht. Als familiär wird dieser Einzelhandel nicht bezeichnet, da der Verkauf nicht familiär ist, sondern eine Massenabfertigung. Auf der einen Seite wird ein Diskonter schon als dynamisch gesehen, da immer neue Produkte angeboten werden. Da aber diese Angebote schnell weg sind und auch keine Ware nachgeschlichtet wird, ist er auf der anderen Seite dann doch nicht so dynamisch.

Gar keine Übereinstimmungen der Gruppen gab es bei dominant und gepflegt. Die erste Gruppe empfindet Diskonter als gepflegt und dominant, da sie in fast jeder Ortschaft vertreten sind und auch ihre Preispolitik ist sehr dominant. Die zweite Gruppe hat unterschiedliche Meinungen bezugnehmend auf die Dominanz. In punkto Werbung sind Diskonter sehr dominant und auch ihre Präsenz ist sehr stark vergrößert worden, aber als dominant wirken dann doch eher Verbrauchermärkte, wie z.B. Merkur. Ob ein Diskonter gepflegt ist, hängt sehr stark mit der Filiale zusammen. Die dritte Gruppe findet Diskonter nicht dominant und auch nicht gepflegt.

	Gruppe 1	**Gruppe 2**	**Gruppe 3**
Altmodisch	Stimmt nicht zu	Stimmt nicht zu	Stimmt nicht zu
Arrogant	Stimmt nicht zu	Stimmt nicht zu	Stimmt nicht zu
Bequem	Unentschlossen	Stimmt nicht zu	Unentschlossen
Bodenständig	Stimmt zu	Stimmt zu	Unentschlossen
Chaotisch	Unentschlossen	Stimmt zu	Unentschlossen
Dominant	Stimmt zu	Unentschlossen	Stimmt nicht zu
Dynamisch	Stimmt zu	Unentschlossen	Stimmt zu
Ehrlich	Stimmt zu	Stimmt zu	Stimmt zu
Familiär	Stimmt zu	Stimmt nicht zu	Stimmt zu
Gepflegt	Stimmt zu	Unentschlossen	Stimmt nicht zu
Kinderlieb	Stimmt nicht zu	Unentschlossen	Stimmt nicht zu
Kreativ	Unentschlossen	Stimmt zu	Stimmt zu
Niveaulos	Stimmt nicht zu	Stimmt nicht zu	Stimmt nicht zu
Strikt	Stimmt zu	Stimmt nicht zu	Stimmt nicht zu
Sympathisch	Stimmt zu	Unentschlossen	Unentschlossen

Tabelle 27: Zuordnung der Charaktereigenschaften über alle Gruppen

Welche Gründe lassen sich für den Bio-Boom der letzten Jahre aufzählen? Warum kaufen Menschen ganz allgemein Bio-Produkte?

Alle drei Gruppen waren sich einig, dass das Hauptmotiv für den Bio-Boom die Gesundheit ist. Die Menschen denken gesundheitsbewusster. Weiters waren sich die Gruppen eins und drei einig, dass die Menschen mehr Vertrauen in biologische Lebensmittel haben. Sie vertrauen dem Qualitätssiegel mehr als noch vor einigen Jahren. Dazu sind Bio-Produkte billiger geworden und durch den Kauf vermitteln sie dem Konsumenten ein besseres Gefühl. Es gibt auch Personen, die durch den Kauf von Bio-Produkten ihr Image verbessern möchten. Weiters wird der Bio-Boom durch den Wellness-Boom verstärkt, und da die Menschen immer dicker werden und weniger Zeit für Sport haben, versuchen sie dieses, durch gesunde Ernährung zu kompensieren. Die dritte Gruppe war sich auch einig, dass die Medien den Bio-Boom noch verstärken. Auch um die Bio-Bauern aus Österreich zu unterstützen, kaufen manche Menschen biologische Produkte. Die möglichen Gründe des Bio-Booms werden nochmals übersichtlich in der nachfolgenden Tabelle gezeigt.

Gruppe - 1 heterogen	**Gruppe 2 – homogen**	**Gruppe 3 – heterogen**
Gesundheitsbewusstsein	Gesundheitsbewusstsein	Gesundheitsbewusstsein
Bio-Produkte billiger	Durch Wellness-Boom verstärkt	Unterstützung der Bio-Bauern
Gibt besseres Gefühl	Dicke Menschen	Weniger Zeit für Sport
Image wird verbessert		Werbung - Medien
Mehr Vertrauen		Mehr Vertrauen

Tabelle 28: Gründe des Bio-Booms über alle Gruppen

Warum kaufen Sie Bio-Produkte? Bzw. warum nicht?

Auch bei dieser Frage haben alle drei Gruppen das Motiv Gesundheitsbewusstsein genannt. Alle Teilnehmer, die Bio-Produkte kaufen, möchten sich gesünder ernähren. Weiters hat die homogene Gruppe noch erwähnt, dass heutzutage weniger Zeit für Sport vorhanden ist und auch durch den Konsum von Bio-Produkten versucht wird, den Körper zu kontrollieren. Die Medien berichten oft von Lebensmittelskandalen, was den Mitgliedern der homogenen Gruppe zu denken gibt und auch wieder zur biologischen Ernährung treibt.

Die zwei heterogenen Gruppen haben als Grund für einen Nicht-Bio-Kauf den Preis angegeben. „Also ich kaufe sie selten, weil es mir auf Dauer zu teuer ist“, meinte eine Nicht-Käuferin. Sonst gibt es nichts, was prinzipiell gegen einen Kauf von Bio-Produkten sprechen würde.

Sehen Sie sich die Karten mit den Qualitätssiegeln an und zeigen Sie, welche Sie kennen.

Die sechs Siegel, Austria Bio Garantie, EU-Bio-Zeichen, Demeter, ORBI, Natur pur von SPAR und AMA-Gütesiegel wurden der Reihe nach den Teilnehmern gezeigt. Tabelle 29 zeigt, ob die Qualitätssiegel von den Gruppen erkannt wurden oder nicht. Es ist zu sagen, dass in zwei Gruppen das AMA Gütesiegel zwar bekannt war, aber nicht zugeordnet werden konnte. Weiters ist zu sehen, dass die Qualitätssiegel von SPAR Natur pur und vom Agrarmarkt Austria von allen drei Gruppen erkannt wurden. Das AMA-Gütesiegl wurde von allen Gruppen mit Fleisch assoziiert. Die Gruppen drei und zwei kannten sogar das Symbol der Austria Bio Garantie. Die anderen Siegel, Demeter, EU-Bio-Zeichen und ORBI, waren allen Teilnehmern nicht bekannt. Demeter wurde einmal mit einem Transportunternehmen und einmal mit Dinkelkeksen in Verbindung gebracht. Eine Gruppe erinnerte das EU-Bio-Zeichen an das FAIRTRADE-Zeichen und ORBI einmal an eine Religion und ein anderes Mal an den Dritten Weltladen.

	Gruppe 1	**Gruppe 2**	**Gruppe 3**
Demeter	Nicht erkannt	Nicht erkannt	Nicht erkannt
EU-Bio-Zeichen	Nicht erkannt	Nicht erkannt	Nicht erkannt
ORBI	Nicht erkannt	Nicht erkannt	Nicht erkannt
SPAR Natur pur	Erkannt	Erkannt	Erkannt
AMA Gütesiegel	Erkannt	Erkannt	Erkannt
Austria Bio Garantie	Nicht erkannt	Erkannt	Erkannt

Tabelle 29: Erkennung der Qualitätssiegel über alle Gruppen

Warum/warum nicht gehen Sie zum Diskonter und kaufen dort Bio-Produkte?

Bei dieser Frage haben alle drei Gruppen sehr unterschiedlich geantwortet. Die Gruppe eins achtet meistens nicht wirklich auf Bio-Produkte beim Einkauf. Wenn beim Diskonter eingekauft wird, werden die biologischen Lebensmittel mitgenommen, wenn sie einem ins Auge springen und gefallen. Das Aussehen ist gerade bei Obst und Gemüse sehr wichtig. Die zweite Gruppe kauft sehr gerne Bio-Produkte und das vorwiegend beim Diskonter wegen dem billigen Preis. „Weil sie billiger sind und weil die Auswahl größer ist und ich deshalb nicht extra wohin fahren muss“, meinte eine Teilnehmerin. Die Gruppe Nummer drei kauft auch wegen dem niedrigen Preisniveau beim Diskonter biologische Lebensmittel ein. Andere Teilnehmer der Gruppe drei kaufen keine Bio-Produkte, da diese auch beim Diskonter zu teuer sind. Wenn jedoch das nötige Geld vorhanden wäre, würden diese aber zu einem Supermarkt bzw. Verbrauchermarkt gehen, da dort die Auswahl größer wäre. Auch die Präsentation der Bio-Ware und die kleineren Packungen wären Gründe für einen Kauf beim Supermarkt und nicht beim Diskonter.

Wo ist das Vertrauen größer bezüglich Bio, beim Diskonter oder bei anderen Lebensmitteleinzelhändlern?

Das Vertrauen der Teilnehmer bezüglich biologischer Produkte ist bei jedem Lebensmitteleinzelhändler gleich groß. Es spielt keine Rolle, wo die Ware gekauft wird, wenn an Bio-Qualität geglaubt wird. Alle Teilnehmer der drei Gruppen waren sich in diesem Fall einig.

Verkostung von Bio-Käse

Folgende Bio-Käse wurden von den acht Teilnehmerinnen getestet:

- Von Hofer: Natur aktiv Bio Leichtkäse
- Von Lidl: Bioness Bio Bergkäse
- Von Penny: ECHT B!O Tilsiter
- Von Zielpunkt: Bio Bio Bergkäse

Bei der Zuordnung der Käsesorten zum richtigen Diskonter gab es bei Lidl sieben richtige Treffer, bei Hofer vier und bei Zielpunkt auch vier. Der Penny-Käse wurde nur einmal richtig zugeordnet, wie die nächste Abbildung zeigt. Da insgesamt 21 Teilnehmer den Käse bewerteten, sind diese Zahlen sehr gering. Es ist auch zu erwähnen, dass einige Teilnehmer bei der Zuordnung sich nicht sicher waren und dann zum Raten begonnen haben.

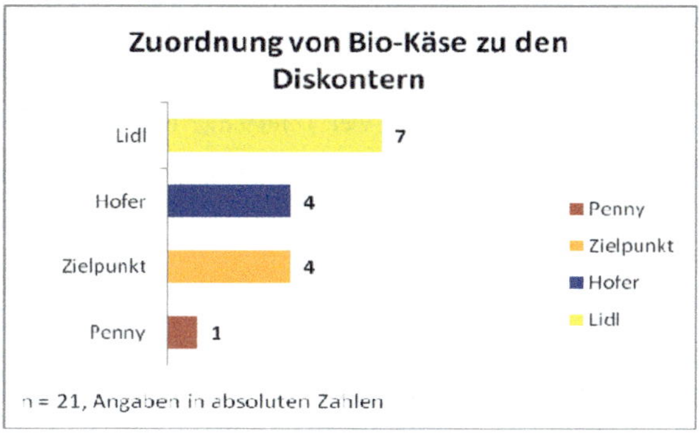

Abbildung 57: Zuordnung von Bio-Käse in allen Gruppen

Nach der Zuordnung wurden alle Sorten bewertet:

Die Nummer eins war der Käse von Penny. Wie Abbildung 58 zeigt, bewerteten zehn Teilnehmer den Käse mit gut, da er mild, etwas trocken, weich, salzig, zu hart, zu würzig und mit angenehmer Konsistenz war. Neun Probanden empfanden den Käse als sehr gut, da er leicht, weich, mild, würzig und geschmacklich sehr gut war. Nur eine Person schmeckte er weniger gut und einer weiteren überhaupt nicht, wegen dem zu intensiven Geschmack.

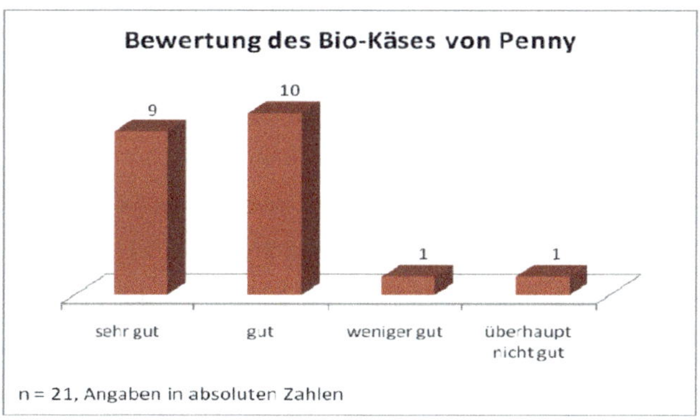

Abbildung 58: Bewertung von Bio-Käse von Penny in allen Gruppen

Der Mittelwert beträgt 1,714. D.h. den Gruppen hat der Käse gut geschmeckt.

Danach wurde der Käse von Zielpunkt getestet. Dieser schnitt nicht so gut ab, denn sieben Personen empfanden ihn als weniger gut. Sie beschrieben den Käse von Zielpunkt als fad, bitter, trocken und geschmacklos. Nur vier Teilnehmer benoteten ihn mit sehr gut, da er sehr schmackhaft, kräftig und intensiv war. Jedoch bewerteten zehn Probanden den Käse als gut, da er sehr mild, zu dünn, zu würzig, scharf und intensiv war. Dieses wird in Abbildung 59 gezeigt.

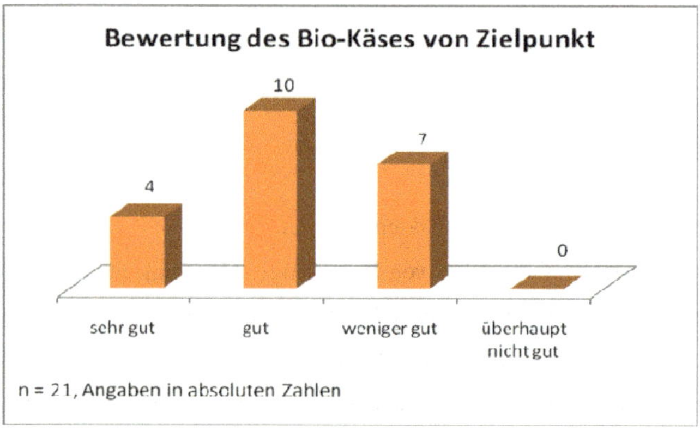

Abbildung 59: Bewertung von Bio-Käse von Zielpunkt in allen Gruppen

Der Mittelwert liegt bei dieser Geschmacksbewertung bei 2,143.

Der dritte Käse war von Hofer und wurde sehr ähnlich wie der Zielpunkt-Käse benotet. Neun Teilnehmer empfanden ihn gut, wegen dem milden, harten, weich-flaumigen, würzigen Geschmack und der angenehmen Konsistenz, und nur fünf als sehr gut, da er schmackhaft, cremig, mild und würzig war. Vier Probanden schmeckte er weniger gut, da er zu intensiv war und wegen dem faden Geschmack, und sogar drei Personen sagte er überhaupt nicht zu. Sie beschrieben ihn als zu käsig, zu intensiv und zu hart. Die nächste Grafik zeigt diese Zahlen der Verkostung.

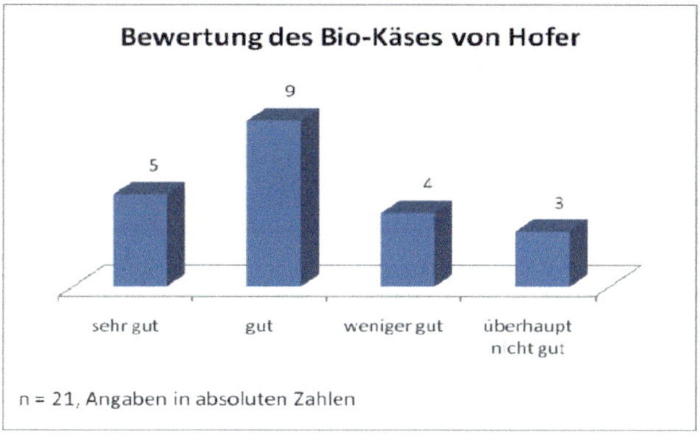

Abbildung 60: Bewertung von Bio-Käse von Hofer in allen Gruppen

Den Gruppen schmeckte der Käse gut bis weniger gut, da die Bewertung einen Mittelwert von 2,238 aufweist.

Der letzte Bio-Käse war von Lidl. Hier sind ganz unterschiedliche Meinungen in Abbildung 61 zu erkennen. Sechs Probanden benoteten den Käse mit sehr gut und nur drei mit gut, da er sehr weich und mild war. Die Begründung für eine sehr gute Bewertung war, dass der Käse sehr mild und weich wäre und einen frischen Geschmack hätte. Es gab jedoch acht Personen, die ihn weniger gut empfanden, da er zu salzig, geschmacklos, buttrig, milchig, fad und würzig war. Weiteren vier Teilnehmern schmeckte er überhaupt nicht gut. Er hatte einen schlechten Geschmack und er war zu fad.

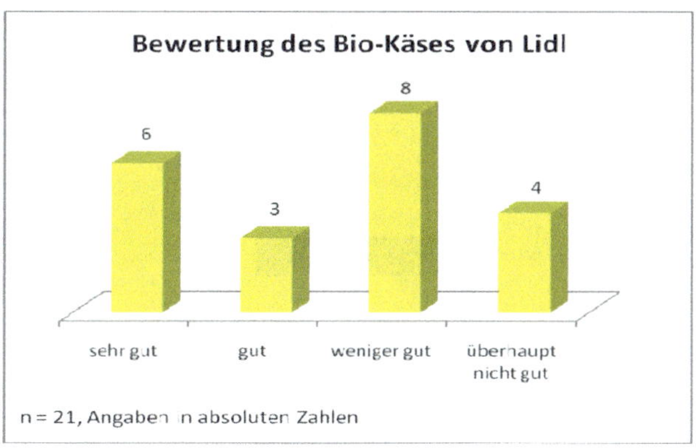

Abbildung 61: Bewertung von Bio-Käse von Lidl in allen Gruppen

Der Käse bekam keine guten Geschmacksbewertungen, er schmeckt eher weniger gut, was der Mittelwert von 2,476 auch zeigt.

Es ist zu erkennen, dass der Käse von Penny den Probanden am besten schmeckte. Danach reiht sich der Zielpunkt-Käse und an dritter Stelle der Diskonter Hofer. Das Milchprodukt von Lidl hat den Teilnehmern am wenigsten geschmeckt.

Verkostung von Bio-Joghurt

Folgende Bio-Joghurts wurden von den acht Teilnehmerinnen getestet:

- Von Hofer: Natur aktiv Bio Natur Joghurt
- Von Lidl: Bioness Bio Joghurt natur
- Von Penny: ECHT B!O Naturjoghurt

Das zweite Produkt, welches von den 21 Probanden verkostet wurde, war das Bio-Natur-Joghurt der Diskonter Hofer, Lidl und Penny. Da das Bio Bio Naturjoghurt von Zielpunkt nicht mehr im Sortiment ist, konnte dieses nicht miteinbezogen werden. Abbildung 62 zeigt, dass von den 21 Probanden jeweils elf das Hofer- und das Penny-Joghurt erkannt haben. Auch achtmal konnte das Lidl-Produkt richtig zugeordnet werden.

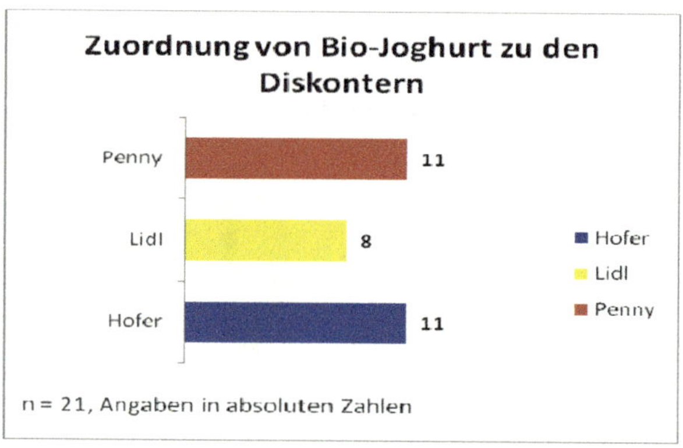

Abbildung 62: Zuordnung von Bio-Joghurt in allen Gruppen

Nach der Zuordnung wurden die Produkte getestet. Zuerst wurde mit dem Joghurt von Hofer begonnen. Wie die nächste Abbildung zeigt, wurde es ganz gut bewertet, denn acht Probanden benoteten es sehr gut, da es leicht säuerlich, sehr leicht, süßlich, und geschmacklich sehr gut war. Weitere zehn Personen empfanden es als gut. Sie beschrieben es als neutral, leicht körnig, zu dünn, mild, saftig und zu wenig cremig. Nur drei Teilnehmern schmeckte es weniger gut, wegen dem natürlichen und sauer-rahmigen Geschmack.

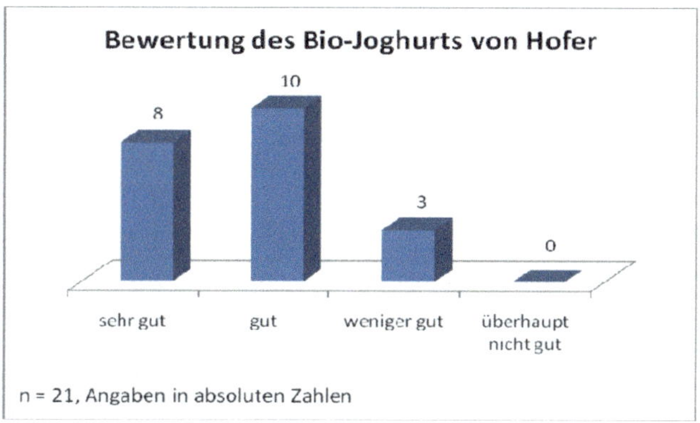

Abbildung 63: Bewertung von Bio-Joghurt von Hofer in allen Gruppen

Der Mittelwert bei dieser Joghurt-Bewertung ist 1,762.

Das zweite Naturjoghurt wurde bei Lidl gekauft. Das Produkt dieses Diskonters wurde sehr unterschiedlich bewertet. Es ist in Grafik 64 zu erkennen, dass acht Teilnehmer es mit sehr gut benoteten, wegen dem intensiven, cremigen, sauren, frischen Geschmack und der guten Konsistenz, und fünf mit gut. Die Begründung für ein gut war, dass das Joghurt zu rahmig und zu sauer schmeckte. Sechs Probanden schmeckete es weniger gut, da sie es als zu herb, zu sauer, zu dick-flüssig und zu cremig empfanden, und sogar zwei Personen überhaupt nicht gut, da es zu schwer-rahmig und zu intensiv war.

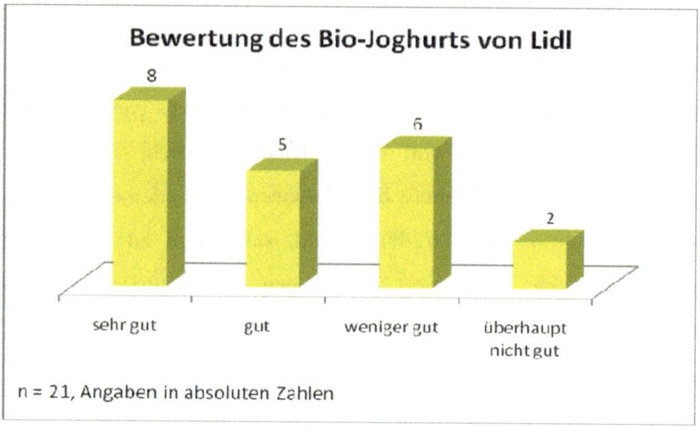

Abbildung 64: Bewertung von Bio-Joghurt von Lidl in allen Gruppen

Das Bio-Joghurt bekam eine gute Bewertung mit einem Mittelwert von 2,095.

Danach wurde das Naturjoghurt von Penny verkostet. Dieses Bio-Produkt brachte ganz unterschiedliche Wertungen. Nur vier Personen schmeckte es sehr gut, weil es cremig, eher flüssig, fruchtig und mild war. Dafür aber bewerteten es neun Teilnehmer mit gut. Sie beschrieben es als neutral, flüssig, mild, cremig, zu bitter und sauer. Weitere fünf empfanden es als weniger gut, da es bröckelig, dünn, zu sauer und geschmacklich nicht besonders gut war, und auch drei Teilnehmer bewerteten es als überhaupt nicht gut. Sie beschrieben es als zu intensiv und geschmacklos. Dieses ist in der nächsten Abbildung zu sehen.

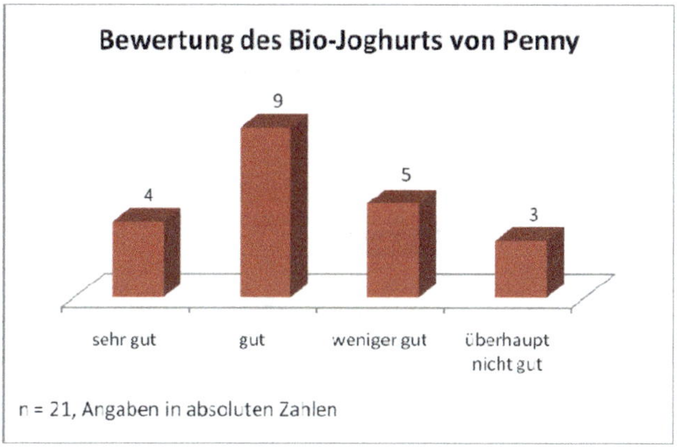

Abbildung 65: Bewertung von Bio-Joghurt von Penny in allen Gruppen

Der Mittelwert bei der Bewertung dieses Bio-Joghurts liegt bei 2,33.

Den ersten Platz bei der geschmacklichen Bewertung bekam das Joghurt von Hofer. Danach finden sich Lidl und Penny an zweiter und dritter Stelle. Es ist noch zu erwähnen, dass die Naturjoghurts von Lidl und von Penny ziemlich gleich bewertet wurden.

Verkostung von Bio-Milch

Folgende Bio-Milchsorten wurden von den acht Teilnehmerinnen getestet:

- Von Hofer: Natur aktiv Bio Vollmilch
- Von Lidl: Bioness Bio Vollmilch
- Von Penny: ECHT B!O Vollmilch
- Von Zielpunkt: Bio Bio Vollmilch

Wie auch bei den anderen Produkten erfolgte zuerst die Zuordnung zu den jeweiligen Diskontern. An dieser Verkostung nahmen nur 20 Probanden teil, da eine Person die Milch nicht kostete. Das Ergebnis, welches Abbildung 66 zeigt, war sehr ausgeglichen. Sieben Teilnehmer erkannten die Zielpunkt-Milch. Jeweils sechsmal wurde die Milch von Penny und von Lidl richtig zugeordnet und fünf Personen erkannten die Bio-Milch von Hofer. Zu dem Ergebnis ist noch hinzuzufügen, dass viele Teilnehmer sich nicht sicher waren und dann wahllos die Milch einem Diskonter zugeordnet haben.

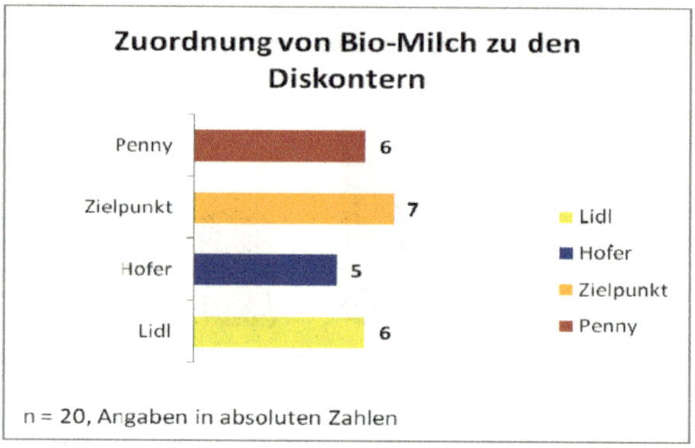

Abbildung 66: Zuordnung von Bio-Milch in allen Gruppen

Nach der Zuordnung wurde wieder verkostet. Diesesmal wurde mit der Milch von Lidl begonnen. Gleich zwölfmal wurde das Bio-Produkt mit sehr gut, da sie cremig-erfrischend, voll, süßlich, milchig, mild und geschmacklich sehr gut empfunden wurde, und siebenmal mit gut benotet. Die Milch wurde mit gut bewertet, da sie nicht so geschmackvoll, zu intesiv, zu cremig und zu wässrig war. Nur einer Person schmeckte diese Milch überhaupt nicht gut, da sie zu wässrig war. Dieses zeigt die nächste Grafik.

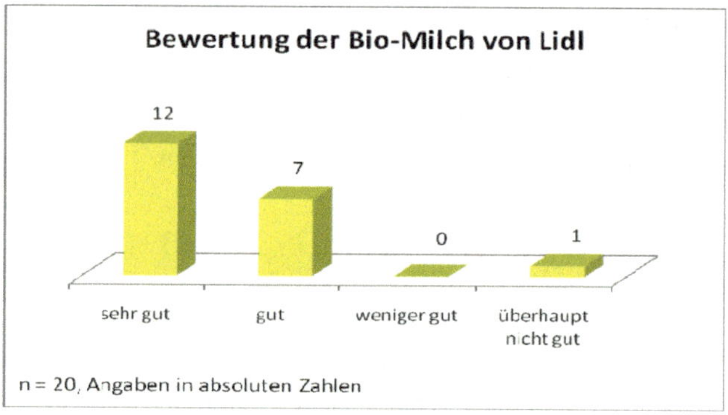

Abbildung 67: Bewertung von Bio-Milch von Lidl in allen Gruppen

Die Milch hat den Personen sehr gut bis gut geschmeckt. Der Mittelwert beträgt 1,5.

Die zweite Milch wurde bei Hofer gekauft. Auch hier sind eindeutige Ergebnisse in Abbildung 68 zu erkennen. Sehr gut schmeckte die Milch neun Probanden. Sie wurde als gehaltvoll, cremig-leicht, mild, neutral und geschmacklich gut beschrieben. Siebenmal wurde sie mit gut, da sie voll, wässrig, intensiv und gehaltvoll war, und nur viermal mit weniger gut bewertet. Die weniger gute Bewertung wurde mit den Eigenschaften geruchslos, wässrig und natürlich begründet.

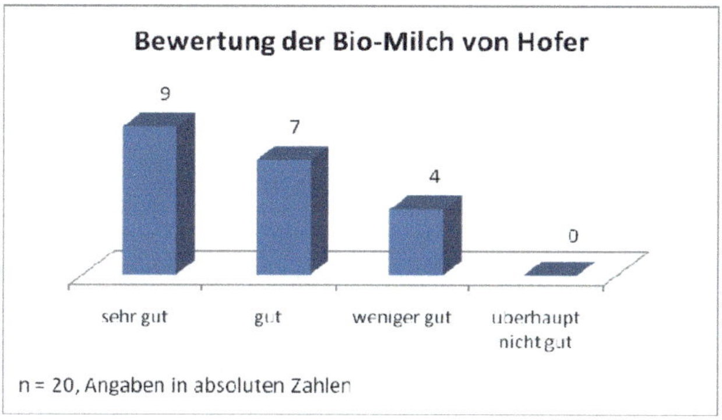

Abbildung 68: Bewertung von Bio-Milch von Hofer in allen Gruppen

Die Bio-Milch von Hofer wurde von den Teilnehmern alt gut empfunden, da der Mittelwert 1,75 beträgt.

Als drittes wurde die Zielpunkt-Milch verkostet. Abbildung 69 lässt erkennen, dass auch mit dieser Milch die meisten Teilnehmer geschmacklich zufrieden waren. Denn neun Probanden schmeckte sie sehr gut. Sie beschrieben sie cremig-leicht, voll, frisch, neutral und geschmacklich sehr gut. Acht Probanden empfanden sie gut, da sie milchig, leer, mild, intensiv und geschmackvoll war. Nur drei Personen benoteten das Bio-Produkt mit weniger gut, da sie zu fett und zu dünn war.

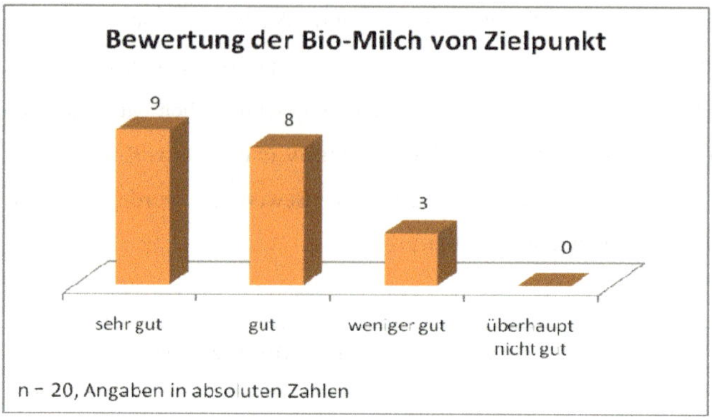

Abbildung 69: Bewertung von Bio-Milch von Zielpunkt in allen Gruppen

Der Mittelwert liegt bei 1,7. Auch diese Milch hat den Teilnehmern gut geschmeckt.

Das letzte Produkt, welches verkostet wurde, war von Penny. In der nächsten Grafik ist zu sehen, dass acht Personen die Bio-Milch als sehr gut, da sie gehaltvoll, frisch, mild, süßlich, leicht und geschmacklich sehr gut war, und sieben die Milch als gut empfanden. Diese sieben Probanden bezeichneten die Milch als gut, mild, neutral, milchig und kräftig. Nur vier Teilnehmer bewerteten sie mit weniger gut, da sie geschmacklos, wässrig, neutral und zu dünn war, und sogar eine Person als überhaupt nicht gut. „Schmeckt wie aus der Kuh", sagt dieser Teilnehmer.

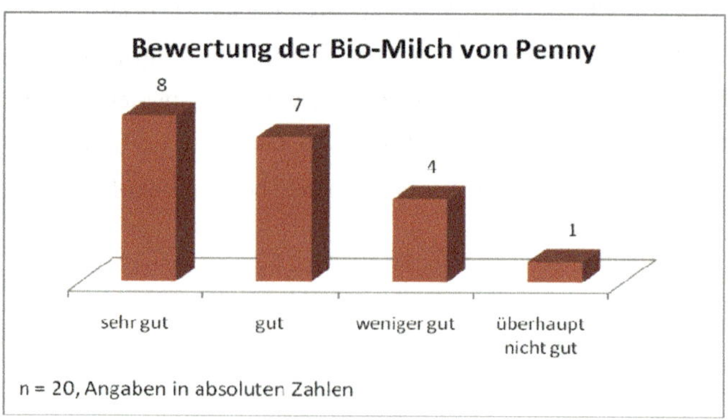

Abbildung 70: Bewertung von Bio-Milch von Penny in allen Gruppen

Der Mittelwert der Geschmacksbewertung liegt bei 1,9.

Somit ist bei der Milch-Verkostung zu erkennen, dass die beste Milch für die 20 Teilnehmer das Produkt von Lidl ist. Am Zweitbesten bewerteten die Probanden die Milch von Zielpunkt. An dritter Stelle reiht sich Hofer und am wenigsten gut hat den Probanden die Penny-Milch geschmeckt.

Wie denken Sie, werden sich in Zukunft Diskonter entwickeln?
Alle drei Gruppen sind sich einig, dass die Diskonter ihr Sortiment noch vergrößern werden. Speziellere Sachen, wie z.B. Tofu, wird angeboten werden. Die Gruppe eins denkt jedoch auch, dass sich die Diskonter bald in einer höheren Preisklasse einfinden werden. Die Angleichung an die Supermärkte, wie Billa, wird erfolgen. Die zweite Gruppe ist wiederum der Meinung, dass durch die Vergrößerung des Sortiments die Qualität der Produkte darunter leiden wird. Die Gruppe Nummer drei glaubt, dass sich der Diskonter zu einem großen Hypermarkt entwickeln könnte. „Vielleicht wird sogar eine Art amerikanischer Walmart daraus", meinte eine Teilnehmerin.

Wie denken Sie, wird sich in Zukunft der Bio-Boom entwickeln?
Die Gruppe eins und die Gruppe zwei sind sich einig, dass die Menschen in Zukunft noch mehr Bio-Produkte konsumieren werden, da die gesunde Ernährung immer wichtiger für die Menschen wird. Jedoch denkt die Gruppe eins auch, dass im Moment ein gewisses Maß erreicht wurde. „Durch die derzeitige schlechte Wirtschaftslage ist es durchaus möglich, dass ein bestimmtes Bio-Level erreicht wurde", meinte ein Teilnehmer. Dieser Meinung ist auch die Gruppe Nummer drei. Bio-Ware ist bereits Luxus und kann sich im Moment nicht jeder leisten. Daher wird der Boom in Zukunft zurückgehen. Die Gruppe zwei ist auch der Meinung, dass biologische Qualität bald als Standard verlangt wird.

Wie denken Sie, werden sich in Zukunft Bio-Produkte beim Diskonter entwickeln?
Die erste und die zweite Gruppe sind sich einig, dass Diskonter ihr Bio-Sortiment vergrößern werden. „Also jetzt gibt's zum Beispiel beim Hofer auch schon diesen Bio-Drink", sagte eine Testperson. Die Gruppe zwei ist der Meinung, dass es eventuell auch

einmal ein Bio-Cola geben wird. Preislich wird es jedoch keine Veränderungen geben. Die Gruppe drei ist der Meinung, dass durch die Finanzkrise eventuell noch ein oder zwei Produkte auf biologisch umgestellt werden. Sonst wird sich aber kaum etwas ändern, da die Menschen eher weniger zu Bio-Produkten greifen werden.

Subjektive Sicht des Moderators

Alle drei Gruppendiskussionen verliefen sehr angenehm. Die Gruppenmitglieder hielten sich an die Diskussionsregeln und waren gut lenkbar. Wenn vom Thema abgeschweift wurde, konnte der Moderator die Gruppe gut zurückführen. Die Gruppendynamik war pro Gruppe unterschiedlich. Die erste Gruppe hatte am Anfang geteilte Meinungen, doch gegen Ende konnte nicht mehr wirklich unterschieden werden, welcher Teilnehmer ein Bio-Käufer war und welcher nicht. Die zweite Gruppe bestätigte sich in ihren Meinungen und Erfahrungen konnten zwischen Bio-Liebhabern ausgetauscht werden. In der dritten Gruppe waren die Meinungsführer etwas stärker erkennbar. Doch die anderen Teilnehmer ließen sich von den etwas bestimmteren Personen nicht von ihrer Meinung abbringen. In jeder Gruppe gab es ein bis zwei Personen, die eher ruhiger und schüchterner waren. Doch auch diese Teilnehmer wurden in die Diskussion miteinbezogen. Ein großer Unterschied zwischen den Gruppen war der Standpunkt zu dem Diskonter Zielpunkt. Die erste Gruppe mochte diesen Diskonter gar nicht, die zweite liebte ihn, vor allem wegen der Schirnhofer-Produkte. Auch die Probanden der dritten Exploration mochten den Diskonter Zielpunkt sehr gerne, aber nur wenn dieser Schirnhofer-Produkte hatte. Sonst gab es nicht wirklich grobe Unterschiede zwischen den drei Gruppen.

7.4 Beantwortung der Hypothesen

In diesem Teil der Arbeit werden die Hypothesen überprüft, damit danach die zentrale Fragestellung beantwortet und interpretiert werden kann. Die acht aufgestellten Hypothesen werden anhand der analysierten Ergebnisse der Gruppendiskussionen bestätigt oder abgelehnt.

Hypothese 1: Der Kauf von Bio-Produkten beim Diskonter wird von der Familie beeinflusst.

Diese Hypothese eins kann nicht eindeutig bestätigt werden. Aufgrund der empirischen Erhebung konnten Antworten auf die Frage bezüglich der Beeinflussung des Einkaufsverhaltens gefunden werden. Die Gruppen eins und drei erwähnen schon den Einflussfaktor Familie. Wenn bereits die Eltern z.B. einen Bio-Käse gekauft haben, welcher sehr gut schmeckte und die Kinder die Vorteile eines biologischen Produktes kennen, wird dieser dann später für den eigenen Haushalt auch gekauft. Die zweite Gruppe erwähnte jedoch andere Einflussfaktoren beim Einkauf. Daher ist nicht gesagt, dass diese Teilnehmer nicht auch von der Familie, eventuell unbewusst, beeinflusst werden. Eine Nachuntersuchung wäre daher notwendig, um diese Hypothese eindeutig zu bestätigen oder ablehnen zu können.

Hypothese 2: Der Kauf von Bio-Produkten beim Diskonter ist ein habitualisiertes Entscheidungsverhalten.

Aufgrund der empirischen Analyse kann diese Hypothese nicht bestätigt werden. Die Fragen bezüglich des Einkauftyps, die Risikofreudigkeit bei neuen Produkten, der Grund des Einkaufs von Bio-Produkten beim Diskonter und ob nur bestimmte biologische Produktgruppen gekauft werden, bringen die Antworten, welche dieser Hypothese zugrunde liegen. Rund 50 Prozent aller Teilnehmer sind Gewohnheitskäufer und kaufen immer wieder dieselben Lebensmittel ein. Die anderen 50 Prozent sind Spontankäufer. Manche Teilnehmer kaufen die Bio-Produkte, die ihnen gerade auffallen. Sie werden beim Einkauf einfach spontan mitgenommen. Andere wiederum kaufen immer wieder die gleichen Produkte. Jedoch ist hier zu erwähnen, dass beim Gewohnheitskauf nur eine bestimmte Produktgruppe gemeint ist, nämlich die Milchprodukte.

Hypothese 3: Das Motiv „Gesundheit“ veranlasst den Kauf von Bio-Produkten.

Die dritte Hypothese kann eindeutig bestätigt werden. Durch die empirische Ausarbeitung der Frage, warum Konsumenten Bio-Produkte kaufen, kann diese Hypothese bestätigt werden. Alle Teilnehmer der drei Gruppenexplorationen, die Bio-Produkte kaufen, möchten sich gesünder ernähren. Das Motiv Gesundheitsbewusstsein war der Hauptgrund, der genannt wurde.

Hypothese 4: Der Diskonter ist bei den Konsumenten eine beliebte Betriebsform des Lebensmitteleinzelhandels.

Aufgrund der empirischen Analyse kann diese Hypothese bestätigt werden. Alle Teilnehmer sind Diskont-Käufer. Durch seine zahlreichen Vorteile, wie z.B. niedriges Preisniveau, der übersichtliche Aufbau, die schnelle Kassabedienung und durch die Sonderangebote, ist der Diskonter zu einer beliebten Betriebsform des Lebensmitteleinzelhandels geworden. Tabelle 16 zeigt übersichtlich die Vorteile des Diskonters. Anhand dieser ist klar zu sehen, warum Konsumenten gerne zum Diskonter einkaufen gehen. Außerdem kann anhand der Abbildung 58 gezeigt werden, dass die Teilnehmer einen Diskonter als ehrlich, bodenständig, kreativ, familiär und nicht als arrogant, altmodisch oder niveaulos ansehen.

Hypothese 5: Konsumenten erkennen einen typischen Diskont-Käufer anhand seines Einkommens, Berufs und Familienstand.

Diese Hypothese ist eindeutig nicht zu bestätigen. Aufgrund der empirischen Erhebung wurde festgestellt, dass alle Gruppen der Meinung sind, dass ein typischer Diskont-Käufer heutzutage nicht mehr existiert. Viele unterschiedliche soziale Schichten sind beim Diskonter zu finden. Anhand der Abbildung 57 ist zu erkennen, dass nur drei Bilder einem typischen Diskont-Käufer zugeordnet werden konnten, nämlich die Frau mit Kind, das junge und das ältere Paar. Bei den anderen Personen gab es unterschiedliche Meinungen. Auch deswegen ist erkennbar, dass diese Hypothese nicht bestätigt werden kann.

Hypothese 6: Konsumenten können einen geschmacklichen Unterschied zwischen den drei Bio-Joghurts feststellen.

Die sechste Hypothese kann bestätigt werden. Alle 21 Teilnehmer können einen geschmacklichen Unterschied zwischen den drei Bio-Joghurts der Diskonter Hofer, Penny und Lidl erkennen. Die Abbildungen 66, 67 und 68 zeigen, dass das Hofer-Joghurt den Probanden am besten geschmeckt hat. Dem Joghurt wurden die Beschreibungen sauer, leicht, süß, leicht körnig, dünn und mild gegeben. An zweiter Stelle reiht sich das Bio-

Naturjoghurt von Lidl und am Schluss steht der Diskonter Penny. Das Joghurt von Lidl wurde als cremig, intensiv, rahmig und sauer bezeichnet. Das Bio-Produkt von Penny wurde als fruchtig, cremig, mild, flüssig und bitter beschrieben. Es ist aber zu erwähnen, dass das Lidl- und das Penny-Joghurt sehr ähnlich bewertet wurden.

Hypothese 7: Konsumenten erkennen die Hälfte der gezeigten Qualitätssiegel.

Diese Hypothese ist nicht zu bestätigen. Abbildung 59 zeigt, dass die Gruppen zwei und drei zwar drei Qualitätssiegel erkannt haben, aber die erste Gruppe nur zwei Siegel gekannt hat. Das SPAR Natur pur Zeichen und das AMA-Gütesiegel wurden von allen drei Gruppen erkannt und zwei Gruppen war das Zeichen der Austria Bio Garantie bekannt. Die anderen Qualitätssiegel, Demeter, ORBI und EU-Bio-Zeichen konnten die Teilnehmer nicht als Bio-Qualitätssiegel zuordnen.

Hypothese 8: Konsumenten vertrauen bezüglich biologischer Herkunft dem Diskonter weniger als einem anderen Lebensmitteleinzelhändler.

Diese achte Hypothese kann nicht bestätigt werden. Alle Teilnehmer waren der Ansicht, dass, wenn überhaupt biologischer Qualität vertraut wird, es egal sei, wo diese Bio-Produkte verkauft werden. Es wurde festgestellt, dass einem Diskonter, wie auch einem anderen Lebensmitteleinzelhändler, bei der Herkunft biologischer Produkte voll und ganz vertraut wird.

7.5 Interpretation und Beantwortung der zentralen Fragestellung

In diesem Kapitel der Arbeit werden die Ergebnisse der Gruppenexplorationen interpretiert und die zentrale Fragestellung beantwortet. Besonderes Augenmerk wird auf die Kaufmotive von Bio-Produkten bei Diskontern gelegt.

Da sich das Image eines Diskonters sehr verändert hat, ist der Diskonter eine beliebte Einkaufsstättenwahl geworden. Nicht nur die sozial niedrigen Schichten sind die Kunden eines Diskonters, auch wohlhabende Menschen erwerben dort Produkte. Durch diese Imageverbesserung und die Erweiterung des Sortiments werden immer mehr biologische Lebensmittel beim Diskonter gekauft. Auch die theoretische Recherche hat bewiesen, dass

Diskonter ihr Sortiment mit Bio-Produkten erweitern. Die empirische Untersuchung hat ergeben, dass die Teilnehmer einem Diskonter genauso viel Vertrauen schenken, was die biologische Herkunft von Produkten angeht, wie einem anderen Lebensmitteleinzelhändler.

Anhand der empirischen Analyse ist zu erkennen, dass mehrere Motive den Kauf von biologischen Lebensmitteln beeinflussen. Das Hauptmotiv jedoch war die Gesundheit. Wie bereits aus der Literaturrecherche hervorging, konsumieren Menschen biologische Lebensmittel, da diese gesünder sind. Das zweite Hauptmotiv für einen Einkauf beim Diskonter war der Preis. Bereits durch die Literaturrecherche wurde das Haupterkennungsmerkmal eines Diskonters, der niedrige Preis, aufgezeigt. Somit konnten die theoretischen Ergebnisse anhand der Empirie bestätigt werden. Durch das niedrige Preisniveau werden immer mehr Menschen verleitet, dort biologische Produkte zu kaufen. Da die Qualität beim Diskonter nicht schlechter ist als bei einem anderen Lebensmitteleinzelhändler und der Preis niedriger ist, werden Diskonter immer beliebter.

Die Teilnehmer nannten aber noch zahlreiche andere Motive. Es wurde erwähnt, dass der Kauf biologischer Lebensmittel beim Diskonter von der Familie und den Freunden beeinflusst wird. Einige Einkaufsgewohnheiten werden aus dem Elternhaus übernommen, aber der Lebenspartner hat auch gerade beim alltäglichen Lebensmitteleinkauf sehr viel Einfluss. Es wurde erwähnt, dass Kinder sehr wohl von ihren Eltern die Einstellung bezüglich biologischer Herkunft übernehmen können. Während der Diskussion war zu erkennen, dass der Einfluss der Familie den Konsumenten beim täglichen Einkauf nicht wirklich bewusst ist. Die gewohnten Produkte werden gekauft, ohne darüber nachzudenken. Auch im ersten Abschnitt der Arbeit wurde festgestellt, dass die Familie ein Beeinflussungsfaktor beim Kauf von Produkten ist.

Die Teilnehmer werden heutzutage auch sehr stark vom Zeitdruck geleitet. Die Zeit ist für fast alle Probanden ein enormer Beeinflussungsfaktor. Da für die meisten Menschen weniger Zeit für Sport bleibt, wird dies durch den Kauf von Bio-Produkten versucht zu kompensieren. Die Teilnehmer möchten durch die biologische Ernährung den Körper kontrollieren und fit halten, da der Sport vernachlässigt wird. Jedoch nicht nur die Freizeit, sondern auch der Faktor Zeit für einen Lebensmitteleinkauf ist ein Einflussfaktor. Wenn Konsumenten Zeit dafür haben, wird länger nach Angeboten gesucht, Produktvergleiche werden vorgenommen und sogar neue Produkte werden angesehen. Da dieses aber nicht oft der Fall ist, wird schnell das gekauft, was die Teilnehmer kennen und was hübsch aussieht.

Die Verpackung, das Äußere ist enorm wichtig. Die meisten Probanden werden von der äußeren Erscheinung des Produktes sehr geleitet. Da Bio-Produkte beim Diskonter oft nicht so hübsch aussehen, kommt es immer wieder vor, dass die Teilnehmer ein nicht biologisches Produkt aus Österreich einem Bio-Produkt vorziehen. Die Präsentation der Ware wird bei einem Diskonter durch die Paletten nicht gerade gefördert. Dieses fällt den Teilnehmern zwar auf, aber hindert sie nicht, trotzdem den Einkauf bei einem Diskonter zu erledigen. Es ist allen bekannt, dass der Verkaufsraum nicht besonders hübsch gestaltet ist, dafür kann wiederum der Preis herunter gesetzt werden.

Durch die Medien werden manche Teilnehmer animiert biologische Produkte zu konsumieren. In den letzten Jahren gab es immer wieder Lebensmittelskandale, wodurch viele Konsumenten verstärkt nach Bio-Ware griffen. Auch die Teilnehmer hat dies dazu bewegt, mehr biologische Lebensmittel zu kaufen. Zusätzlich sind manche Diskonter sehr hartnäckig, was Flugblätter betrifft. Manche Teilnehmer kaufen aufgrund der Flugblätter Ware beim Diskonter, andere wiederum nur Non-Food-Artikel, wie z.B. Computer. Es gab jedoch Probanden, die zugaben, nicht wirklich auf biologische Qualität zu achten. Während dem Einkauf werden Bio-Produkte einfach mitgenommen, wenn sie ihnen ins Auge springen. Wenn diese Personen jedoch aufgrund der Flugblätter Non-Food-Artikel erwerben, könnte es vorkommen, dass Bio-Produkte trotzdem mitgenommen werden. Dies passiert immer wieder, da viele Diskussionsteilnehmer gestehen, dass, wenn sie schon einmal im Diskonter sind, oft Kleinigkeiten noch dazu nehmen.

Nicht nur die Flugblätter, auch die Aktionen im Verkaufsraum selbst, beeinflussen das Kaufverhalten. Die empirische Analyse hat ergeben, dass manche Teilnehmer sehr wohl reduzierte Bio-Produkte kaufen. Es ist öfters der Fall, dass beschädigtes Bio-Obst zum halben Preis angeboten wird. Wenn dieses Obst nicht schlecht ist, wird es trotzdem von den Teilnehmern gekauft.

Eine Gruppe erwähnte auch noch das Aufpolieren des Images als ein Motiv für den Kauf von biologischen Lebensmitteln beim Diskonter. Es ist gut möglich, dass manche

Personen, die Teilnehmer schließen sich dabei jedoch aus, Bio-Produkte kaufen, um bei anderen Menschen ein bestimmtes Image zu bekommen, bzw. um ihr Image zu verbessern. In der theoretischen Analyse wurde bereits das Image als ein Einflussfaktor des Einkaufsverhaltens gesehen. Somit konnte anhand der Empirie bestätigt werden, dass das Image den Kauf von Bio-Produkten sehr wohl beeinflusst.

Besonders interessant war, dass die Teilnehmer, welche Bio-Produkte kaufen, die biologischen Lebensmittel beim Diskonter kaufen. Es wird zwar nicht nur ausschließlich beim Diskonter gekauft, aber doch immer wieder. Die Probanden vertrauen dem Diskonter, was die biologische Herkunft der Produkte angeht. Sie sind nicht der Meinung, dass die Diskonter-Bio-Produkte eine schlechtere Qualität haben, da diese für gewöhnlich billiger angeboten werden. Wenn das Vertrauen bezüglich biologischer Lebensmittel da ist, wird auch dem Diskonter vertraut. Auch diese Aussage wurde in der Literaturrecherche schon bestätigt. Immer mehr Menschen vertrauen dem Diskonter bzgl. biologischer Herkunft.

Die Literaturrecherche zeigte, dass der Diskonter Hofer den größten Marktanteil besitzt und somit auch den größten Umsatz erzielt. An zweiter Stelle ist Zielpunkt, dicht gefolgt von Penny. Lidl ist der Diskonter mit dem geringsten Marktanteil. Es wurde jedoch bemerkt, dass Zielpunkt, Penny und Lidl sehr dicht beieinander liegen. Hofer führt die Diskonter mit einem großen Vorsprung an. Anhand der empirischen Analyse konnte festgestellt werden, dass Hofer bei den Konsumenten als „der Diskonter“ gesehen wird. Penny und Lidl liegen sehr nahe beieinander, eine Rangreihe ist hier kaum möglich. Diese beiden Diskonter sind Mitläufer. Konsumenten gehen ab und zu oder wegen bestimmter Produkte, wie z.B. der Backwaren von Penny, zu diesen beiden Diskontern. Was aber verwunderlich ist, dass Zielpunkt nicht so gute Bewertungen bekommen hat. Die Zielpunkt-Filialen sind sehr unterschiedlich in Bezug auf Sortiment und Gestaltung des Verkaufsraums. Durch diese Verschiedenheit hat Zielpunkt bei der empirischen Untersuchung schlechter abgeschnitten. Es konnte bestätigt werden, dass Hofer an erster Stelle steht. Zielpunkt würde am zweiten Rang bleiben, wenn alle Filialen strukturierter und organisierter wären. Zusätzlich müssten die Fililalen Schirnhofer-Produkte anbieten. Wenn dieses jedoch nicht der Fall ist, rücken Penny und Lidl an die zweite und dritte Stelle und Zielpunkt wird auf den letzten Platz verschoben.

Es ist noch anzumerken, dass die unterschiedlichen Gruppendynamiken sehr gut zu beobachten waren. Jede Gruppendiskussion hatte ihre eigene Struktur und daher waren auch unterschiedliche Ergebnisse zu erkennen. Trotzdem ist allgemein zu erkennen, dass die Hauptmotive für einen Bio-Kauf beim Diskonter der Preis und die Gesundheit waren. Zum Schluss ist noch anzumerken, dass biologische Lebensmittel, die eher als hochwertig-qualitative Produkte gesehen werden, mit dem Diskontprinzip gut zusammen.

8. Zusammenfassung

Ziel dieser Arbeit war es zu erfahren, warum beim Diskonter Bio-Produkte gekauft werden bzw. warum nicht. Um diese Kaufmotive zu erfahren, wurden drei Gruppendiskussionen mit insgesamt 21 Teilnehmern durchgeführt.

Die theoretische Recherche zeigte, dass einige Faktoren das Kaufverhalten beeinflussen können. Die sozialen Faktoren, wie Familie, Freunde und sozialer Status, sind auch in der empirischen Untersuchung als Einflussfaktoren beim Kauf von Lebensmitteln identifiziert worden. Auch die finanzielle Situation konnte anhand der empirischen Analyse als Einflussfaktor beim Bio-Kauf beim Diskonter bestätigt werden. Es ist erkennbar, dass die psychologischen Faktoren, wie Einstellungen und Werte oftmals von den Eltern übernommen werden. Dieses ist vor allem beim Kauf von biologischen Produkten zu bemerken. Kinder sehen, dass Eltern z.B. biologisches Obst bevorzugen, da dieses keine chemischen Zusatzstoffe beinhaltet. Der Kauf von Lebensmitteln ist entweder habitualisiert oder impulsiv. Auf der einen Seite werden biologische Produkte spontan konsumiert, oder es werden immer wieder die gleichen Lebensmittel eingekauft. Es lässt sich im Grunde genommen feststellen, dass die empirischen Ergebnisse mit der theoretischen Recherche übereinstimmen.

Die Motivforschung zeigt die Bedürfnisse der Menschen auf. Sie erklärt, wie Menschen sich beim Kauf von Produkten verhalten und begründet dieses Kaufverhalten. Die theoretische Recherche zeigte bereits, dass die Kaufmotive Gesundheit und Ökonomik durchaus existieren. Menschen handeln sehr oft rational und verhalten sich dann auch dementsprechend beim Einkauf von Lebensmitteln. Die empirische Untersuchung hat gezeigt, dass heutzutage viele Menschen zum Diskonter gehen, da sie für den Kauf von Lebensmitteln nicht mehr Unmengen an Geld ausgeben möchten. Zusätzlich hat die Literaturrecherche ergeben, dass Konsumenten aufgrund des steigenden Gesundheitsbewusstseins biologische Produkte den nicht biologischen Produkten vorziehen. Die gesunde Ernährung für sich selbst und auch für das Umfeld wird immer wichtiger.

Die Literaturrecherche hat gezeigt, dass Menschen immer mehr biologische Produkte konsumieren. Es ist ein Bio-Trend erkennbar. Alle Warengruppen werden heutzutage schon biologisch angeboten und auch gekauft. Dieses konnte ebenfalls anhand der empirischen Analyse bewiesen werden. Auch die Teilnehmer, welche eher keine Bio-Produkte kaufen, gestanden bei manchen Produktgruppen, wie z.B. Eiern, biologische Qualität zu bevorzugen. Verschiedenste Qualitätssiegel garantieren biologische Herkunft. Die Kontrollstellen prüfen die Waren und erst, wenn alles für in Ordnung empfunden wird, wird das Produkt mit einem Siegel versehen. Die Ergebnisse der empirischen Untersuchung zeigten, dass die meisten Siegel den Gruppen nicht bekannt sind. Es wurden zwar einige erkannt, jedoch konnten sie nicht wirklich zugeordnet werden. Meistens werden Bio-Produkte gekauft, da auf der Verpackung biologisch steht. Auf das Qualitätssiegel wird nicht wirklich geachtet.

Der Lebensmitteleinzelhandel ist in Österreich sehr weit gefächert. Es gibt Supermärkte, Verbrauchermärkte, Nachbarschaftsläden und Diskonter. Der Lebensmitteleinzelhandel hat sich in den letzten Jahren verändert. Obwohl die Anzahl der Geschäfte zurückgegangen ist, konnte der Umsatz gesteigert werden. Weiters ist erkennbar, dass das Diskontgeschäft boomt. Das Hauptcharakteristikum der Diskonter ist ihr niedriges Preisniveau. Auch dieses konnte bei den Gruppendiskussionen bestätigt werden. Den Preis assoziierten die Teilnehmer sofort mit einem Diskonter. Es ist jedoch auch bekannt, dass Diskonter keine Regale, sondern Palletten und Wühlkisten im Verkaufsraum zur Präsentation der Waren verwenden. Diese Gegebenheit wird aber von den Konsumenten großzügigerweise wegen dem niedrigen Preisniveau akzeptiert.

Heutzutage hat sich auch das Image eines Diskonters sehr verändert. Die empirische Analyse hat ergeben, dass früher z.B. Hofer eher von Menschen besucht wurde, die weniger Geld für Lebensmittel zur Verfügung hatten. Auch Großfamilien kauften nur beim Diskonter ein. Dieses hat sich verändert. Ein wirklich typischer Diskont-Käufer ist gar nicht mehr zu bestimmen. Alle sozialen Schichten gehen zu dieser Art des Lebensmitteleinzelhandels einkaufen. Der Erwerb von Lebensmitteln soll günstig sein, um für wichtigere Dinge zu sparen. Auch durch die derzeitige Wirtschaftslage wird versucht, an allen Ecken und Enden zu reduzieren, und das auch beim alltäglichen Einkauf.

Zu den österreichischen Lebensmitteldiskontern zählen Hofer, Penny, Lidl und Zielpunkt. Während der empirischen Analyse war zu erkennen, dass Zielpunkt nicht wirklich als

Diskonter gesehen wird. Er wird teurer wahrgenommen und wird daher eher zu den Supermärkten, wie etwa Billa, gezählt. Während der theoretischen Recherche sind Ähnlichkeiten zwischen den Diskontern aufgefallen. Die Teilnehmer der Gruppendiskussionen nehmen die vier Lebensmitteleinzelhändler jedoch ganz unterschiedlich wahr. Es ist zu erkennen, dass Hofer der beliebteste Diskonter ist. Die anderen drei Diskonter werden ganz unterschiedlich bewertet. Penny ist zwar bekannt für seine guten Backwaren, wird aber trotzdem nicht so häufig aufgesucht, da er als unorganisiert gilt. Lidl ist auch weniger beliebt, da er sehr viele deutsche Produkte vertreibt, und ist deshalb unsympathisch. Auch bei der Verkostung waren die Ergebnisse sehr verschieden. Alle drei Milchprodukte der vier Diskonter wurden ganz unterschiedlich wahrgenommen. Es kristallisiert sich kein Gewinner oder Verlierer von allen drei Produkten heraus.

Ein Vorteil aller Diskonter ist die gute Eigenmarkenstrategie. Diskonter führen neben den herkömmlichen Markenwaren auch noch Eigenmarken im Sortiment. Diese Eigenmarken können natürlich billiger verkauft werden. Im Sortiment des Diskonters sind nicht nur Produkte, die vom Diskonter selbst produziert werden, zu finden, sondern auch Bio-Produkte. Da der Verkauf von biologischen Lebensmitteln boomt, haben auch Diskonter ihr Sortiment erweitert. Während der theoretischen Recherche wurden auch Bedenken bezüglich der Bio-Produkte beim Diskonter aufgezeigt. Diese konnten bei der empirischen Untersuchung jedoch nicht bestätigt werden. Den Konsumenten ist sehr wohl bewusst, dass biologische Qualität hochwertiger ist, aber dennoch wird dem Diskonter vertraut. Es ist zu erkennen, dass die Konsumenten der biologischen Herkunft der Produkte beim Diskonter glauben und dieses kein Grund für einen Nicht-Kauf ist. Das Hauptmotiv für einen Nicht-Kauf ist der höhere Preis, im Vergleich zu nicht biologischen Produkten.

Die empirische Untersuchung ergab, dass der Bio-Boom weiterhin sich halten, eventuell sogar ansteigen wird. Gesunde Ernährung wird immer mehr verlangt. Diskonter werden zukünftig noch stärker werden. Sie werden ihr Sortiment ausbauen und auch noch weitere biologische Lebensmittel anbieten.

Die gesamten Erkenntnisse, die mit dieser Arbeit gewonnen wurden, führen zu dem Schluss, dass biologische Produkte eher beim Diskonter gekauft werden. Immer mehr

Menschen schließen sich dem Bio-Trend an. Durch die derzeitige Wirtschaftskrise wird sich der Bio-Boom beim Diskonter sehr stark bemerkbar machen. Da biologische Lebensmittel immer noch teuer sind, werden Konsumenten diese eher beim Diskonter als bei einem anderen Lebensmitteleinzelhändler erwerben. Daher werden Diskonter in Zukunft noch mehr Bio-Produkte ins Sortiment aufnehmen.

Abkürzungsverzeichnis

ABG	Austria Bio Garantie
AMA	Agrarmarkt Austria
BSE	Bovine Spongiforme Encephalopathie
CATI	Computer Assisted Telephone Interviewing
SB	Selbstbedienung
S-O-R-Paradigma	Stimulus-Organismus-Reaktion-Paradigma
S-R-Modell	Stimulus-Response-Modell

Abbildungsverzeichnis

Tabellenverzeichnis

Literaturverzeichnis

AC Nielsen (2005): Functional Food & Organics. A Global ACNielsen Online Survey on Consumer Behaviour & Attitudes. In: http://at.nielsen.com/site/documents/Functional_Organics_Nov05.pdf, Stand vom 13.2.2009.

AC Nielsen (2007): Bio Studie. In: http://at.nielsen.com/news/documents/BioCharts_Presse.pdf, Stand vom 13.02.2009.

AC Nielsen (2008a): Handel in Österreich. Basisdaten 2007. In: http://at.nielsen.com/site/documents/2433_HANDEL_Internet.pdf, Stand vom 13.2.2009.

AC Nielsen (2008b): Konsumententrends 2007. In: http://at.nielsen.com/site/documents/2433_Konsument_Internet.pdf, Stand vom 13.2.2009.

Ahlert, D./Kenning, P. (2007): Handelsmarketing. Grundlagen der marktorientierten Führung von Handelsbetrieben. Springer, Berlin/Heidelberg/New York.

Ahlert, D./Kenning, P./Schneider, D. (2000): Markenmanagement im Handel. Von der Handelsmarkenführung zum integrierten Markenmanagement in Distributionsnetzen. Strategien – Konzepte – Praxisbeispiele. Gabler, Wiesbaden.

AMA-Marketing (o.J.a): Bio in Supermärkten. In: http://www.bioerleben.at/Bio_in_Supermaerkten.84.0.html, Stand vom 13.02.2009.

AMA-Marketing (o.J.b): Bio setzt Zeichen. In: http://www.bioerleben.at/Bio_setzt_Zeichen.99.0.html?&L=0, Stand vom 13.02.2009.

AMA-Marketing (o.J.c): Grundprinzipien des geschlossenen Landbaus. In: http://www.ama-marketing.at/index.php?id=grundprinzipien, Stand vom 02.01.2009.

AMA-Marketing (2007): RollAMA Motivanalyse. Bioprodukte Februar 2007. In: http://www.ama-marketing.at/home/groups/7/Konsumverhalten_Bio.pdf, Stand vom 04.01.2009.

Austria Bio Garantie (o.J.a): Bio und Gentechnik. In: http://www.abg.at/index.php?site=bio/bio-gentechnik, Stand vom 02.01.2009.

Austria Bio Grantie (o.J.b): Biozeichen. In: http://www.abg.at/index.php?site=bio/biozeichen, Stand vom 02.01.2009.

Austria Bio Garantie (o.J.c): Woran erkennen Sie Bioprodukte? In: http://www.abg.at/index.php?site=bio/woranerkennensiebio, Stand vom 02.01.2009.

Baum, F. (2002): Handelsmarketing. Marktforschung im Handel, Marketing-Konzeptionen, Instrumente des Handelsmarketing. Nwb Verlag, Herne u.a.

Berekoven, L. (1995): Erfolgreiches Einzelhandelsmarketing. Grundlagen und Entscheidungshilfen. 2., überarbeitete Auflage, Beck, München.

Berekoven, L./Eckert, W./Ellenrieder, P. (2006): Marktforschung. Methodische Grundlagen und praktische Anwendung. 11., überarbeitete Auflage, Gabler, Wiesbaden.

Bio Austria (2006a): Bio-Lebensmittel sicher erkennen. In: http://www.bio-austria.at/konsumenten__1/was_ist_bio__1/bio_sicher_erkennen__1/bio_lebensmittel_sicher_erkennen, Stand vom 02.01.2009.

Bio Austria (2006b): Bio-Lebensmittel sind Gentechnik-frei. In: http://www.bio-austria.at/konsumenten__1/was_ist_bio__1/gentechnik/bio_lebensmittel_sind_gentechnik_frei, Stand vom 02.01.2009.

Bio Austria (2006c): Mit Bio-Erkennungszeichen „Bio" auf einen Blick. In: http://www.bio-austria.at/konsumenten__1/was_ist_bio__1/bio_sicher_erkennen__1/mit_bio_erkennungszeichen_bio_auf_einen_blick, Stand vom 02.01.2009.

Birker, K./Voss, R. (2000): Handelsmarketing. Praktische Betriebswirtschaft. Cornelsen Verlag, Berlin.

Blackwell, R.D./Miniard, P.W./Engel, J.F. (2006): Consumer Behavior. Thomson, Mason, Ohio a.o.

Blank, R. (2007): Gruppendiskussionsverfahren. In: Naderer, G./Balzer, E. (Hrsg.): Qualitative Marktforschung in Theorie und Praxis. Grundlagen, Methoden und Anwendungen. Gabler, Wiesbaden, S. 281–300.

Böhler, H. (2004): Marktforschung. 3., völlig neu bearbeitete und erweiterte Auflage, W. Kohlhammer, Stuttgart.

Budka, H. (o.J.): BSE-Rinderwahnsinn. In: http://www.netdoktor.at/krankheiten/fakta/bse.htm, Stand vom 29.01.2009.

Dammer, I./Szymkowiak, F. (1998): Die Gruppendiskussion in der Marktforschung. Grundlagen – Moderation – Auswertung. Ein Praxisleitfaden. Westdeutscher Verlag, Opladen/Wiesbaden.

Daser, B. (2007): „Bio-Produkte" schonen die Umwelt. In: http://science.orf.at/science/news/147565, Stand vom 09.11.2008.

Diller, H./Köhler, R. (Hrsg.) (2005): Handelsmarketing. 4., überarbeitete Auflage, Kohlhammer, Stuttgart.

Erntebauern (o.J.): Biologische Lebensmittel sind anders. In: http://www.erntebauern.at/bio-lebensmittel.html, Stand vom 08.01.2009.

Fantapié Altobelli, C. (2007): Marktforschung. Methoden – Anwendungen – Praxisbeispiele. Lucius & Lucius, Stuttgart.

Fiene, E. (o.J.): Erkennen Sie das Kaufmotiv Ihrer Kunden. In: http://www.vnr.de/artikel/Das+Kaufmotiv+Ihrer+Kunden.html, Stand vom 06.11.2008.

Foscht, T./Swoboda, B. (2007): Käuferverhalten. Grundlagen – Perspektiven – Anwendungen. 3., aktualisierte Auflage, Gabler, Wiesbaden.

Frey, D./Rosenstiel, L. von/Hoyos, C.G. (Hrsg.) (2005): Wirtschaftspsychologie. Beltz Verlag, Weinheim/Basel.

Greßl, M. (o.J.): Qualität und Sicherheit. In: http://www.ama-marketing.at/index.php?id=231, Stand vom 02.01.2009.

Haller, S. (2001): Handels-Marketing. 2., überarbeitete und aktualisierte Auflage, Kiehl Verlag, Ludwigshafen.

Häusel, H. (2007): Brain Script. Warum Kunden kaufen. Haufe Mediengruppe, Freiburg/Berlin/München.

Herrmann, A./Homburg, C./Klarmann, M. (Hrsg.) (2008): Handbuch Marktforschung. Methoden – Anwendungen – Praxisbeispiel. 3., vollständig überarbeitete und erweiterte Auflage, Gabler, Wiesbaden.

Hofer KG (o.J.): Hofer der österreichische Paradediskonter. In: http://www.stadt-wien.at/index.php?id=hofer, Stand vom 07.01.2009.

Hofer KG (2009a): Daten und Fakten. In: http://www.hofer.at/at/html/company/daten_fakten.htm, Stand vom 07.01.2009.

Hofer KG (2009b): Die Philosophie. In: http://www.hofer.at/at/html/company/philosophie.htm, Stand vom 17.02.2009.

Hofer KG (2009c): Unternehmen. In: http://www.hofer.at/at/html/company/unternehmen1.htm, Stand vom 17.02.2009.

Holler, P. (2007): Jeder Trend ist Käse. In: Lebensmittel Zeitung, Nr. 34. In: http://www.wiso-net.de/webcgi?START=A60&DOKV_DB=ZECO&DOKV_NO=LMZ080724112&DOKV_HS=0&PP=1, Stand vom 02.01.2009.

Homburg, C./Krohmer, H. (2006): Grundlagen des Marketingmanagements. Einführung in Strategie, Instrumente, Umsetzung und Unternehmensführung. Gabler Verlag, Wiesbaden.

Homburg, C./Krohmer, H. (2008): Der Prozess der Marktforschung: Festlegung der Datenerhebungsmethode, Stichprobenbildung und Fragebogengestaltung. In: Herrmann, A./Homburg, C./Klarmann, M. (Hrsg.): Handbuch Marktforschung. Methoden – Anwendungen – Praxisbeispiele. 3., vollständig überarbeitete und erweiterte Auflage, Gabler, Wiesbaden, S. 22-29.

Imlinger, C. (2008): Lebensmittel: Der große Bio-Boom ist vorbei. In: http://diepresse.com/home/wirtschaft/economist/437597/index.do, Stand vom 06.01.2009.

Jauschowetz, D. (1995): Marketing im Lebensmitteleinzelhandel. Industrie und Handel zwischen Kooperation und Konfrontation. Ueberreuter, Wien.

Kamenz, U. (2001): Marktforschung. Eine Einführung mit Fallbeispielen, Aufgaben und Lösungen. 2., durchgesehene Auflage, Schäffer-Poeschel, Stuttgart.

Karmasin, H. (2007): Produkte als Botschaften. Konsumenten, Marken und Produktstrategien. 4., aktualisierte und erweiterte Auflage, Redline ueberreuter, Landsberg am Lech.

Kepper, G. (2008): Die Gruppendiskussion. In: Herrmann, A./Homburg, Ch./Klarmann, M. (Hrsg.): Handbuch Marktforschung. Methoden – Anwendungen – Praxisbeispiele. 3., vollständig überarbeitete und erweiterte Auflage, Gabler, Wiesbaden, S. 186-210.

Koch, H. (2008): Bio und Discount vertragen sich nicht. In: http://www.taz.de/1/zukunft/konsum/artikel/1/bio-und-discount-vertragen-sich-nicht/, Stand vom 06.01.2009.

Kotler, P./Armstrong, G./Saunders, J./Wong, V. (2007): Grundlagen des Marketing. 4., überarbeitete Auflage, Pearson Studium, München u.a.

Kotler, P./Keller, K. L./Bliemel, F. (2007): Marketing-Management. Strategien für wertschaffendes Handeln. 12., aktualisierte Auflage, Pearson Studium, München u.a.

Kroeber-Riel, W./Weinberg, P. (2003): Konsumentenverhalten. 8., aktualisierte und ergänzte Auflage, Franz Vahlen, München.

Kroeber-Riel, W./Weinberg, P./Gröppel-Klein, A. (2009): Konsumentenverhalten. 9., überarbeitete, aktualisierte und ergänzte Auflage, Franz Vahlen, München.

Kühn, T./King, A./Koschel, K. (2007): Dem neuen Gesundheitsbewusstsein auf der Spur. Online-Foren im Rahmen eines integrativen qualitativen Studiendesigns. In: planung & analyse – Zeitschrift für Marktforschung und Marketing, Bd. 4, S. 25-30.

Kuß, A./Tomczak, T. (2007): Käuferverhalten. Eine marketingorientierte Einführung. 4., überarbeitete Auflage, Lucius & Lucius, Stuttgart.

Lachmann, U. (2003): Wahrnehmung und Gestaltung von Werbung. 2. Auflage, Gruner & Jahr, Hamburg.

Lamnek, S. (2005): Qualitative Sozialforschung. Lehrbuch. 4., vollständig überarbeitete Auflage, Beltz Verlag, Weinheim/Basel.

Lebensministerium Öffentlichkeitsarbeit (2005): Was heißt „Bio" in der Landwirtschaft? In: http://www.biolebensmittel.at/article/articleview/40902/1/12422/, Stand vom 02.01.2009.

Lebensministerium Öffentlichkeitsarbeit (2007): Immer mehr und immer öfter Bio. In: http://www.lebensmittelnet.at/article/articleview/55712/1/8149, Stand vom 04.01.2009.

Lebensministerium Öffentlichkeitsarbeit (2008): Bio-Produkte bleiben weiterhin auf der Überholspur. In: http://lebensmittel.lebensministerium.at/article/articleview/55715/1/8135/, Stand vom 02.01.2009.

Lidl Austria GmbH (o.J.a): Geschichte. In: http://www.lidl.at/at/home.nsf/pages/c.service.au.history.index, Stand vom 17.02.2009.

Lidl Austria GmbH (o.J.b): Lidl-Linessa. In: http://www.lidl-linessa.at/, Stand vom 17.02.2009.

Lidl Austria GmbH (o.J.c): Startseite. In: http://www.lidl.at/at/home.nsf/pages/i.home, Stand vom 17.02.2009.

Lidl Austria GmbH (o.J.d): Unternehmensgrundsätze. In: http://www.lidl.at/at/home.nsf/images/grundsaetze/$file/01_Unternehmen.gif, Stand vom 17.02.2009.

Lidl Austria GmbH (2009a): Lidl-Bioness. In: http://www.lidl-bioness.at/, Stand vom 17.02.2009.

Lidl Austria GmbH (2009b): Lidl-Dulano. In: http://www.lidl-dulano.at/, Stand vom 17.02.2009.

Lidl Austria GmbH (2009c): Lidls-Piratinos. In: http://www.lidl-piratinos.at/infos.php?se=18, Stand vom 17.02.2009.

Lidl-Bioness (2009): Sortiment. In: http://www.lidl-bioness.at/sortiment.php?se=5, Stand vom 16.03.2009.

Liebmann, H.P./Zentes, J./Swoboda, B. (2008): Handelsmanagement. 2., neu bearbeitete Auflage, Franz Vahlen, München.

Marschner, H. (1982): Handelsmarketing, Konsumentenverhalten und Nahversorgung. Verlag Orac, Wien.

Maslow, A.H. (1970): Motivation and Personality. 2nd edition, Harper & Row Publishers, New York a.o.

Mayer, H./Illmann, T. (2000): Markt- und Werbepsychologie. 3., überarbeitete und ergänzte Auflage, Schäffer-Poeschel, Stuttgart.

Meffert, H. (1992): Marketingforschung und Käuferverhalten. 2., vollständig überarbeitete und erweiterte Auflage, Gabler, Wiesbaden.

Moser, K. (2002): Markt- und Werbepsychologie. Ein Lehrbuch. Hogrefe, Göttingen u.a.

Müllauer, B. (2008): Der Lebensmitteleinzelhandel in Österreich. Aktuelle Entwicklungen. In: http://www.wu-wien.ac.at/wipaed/wdk08/092008_bw_lebensmittel.pdf, Stand vom 08.01.2009.

Müller-Hagedorn, L. (2005): Handelsmarketing. In: Diller, H./Köhler, R. (Hrsg.): Handelsmarketing. 4., überarbeitete Auflage, Kohlhammer, Stuttgart, S. 57-81.

Naderer, G./Balzer, E. (Hrsg.) (2007): Qualitative Marktforschung in Theorie und Praxis. Grundlagen, Methoden und Anwendungen. Gabler, Wiesbaden.

Nieschlag, R./Dichtl, E./Hörschgen, H. (2002): Marketing. 19., überarbeitete und ergänzte Auflage, Duncker & Humblot, Berlin.

O.A. (o.J.): Diskonter Hofer baut Bio-Sortiment aus. In: http://www.oe24.at/wirtschaft/Diskonter_Hofer_baut_Bio-Sortiment_aus_395595.ece, Stand vom 06.01.2009.

O.A. (2008a): Auch bei Bio steht der Preis im Mittelpunkt. In: allgemeine fleischer zeitung, Nr. 25. In: http://www.wiso-net.de/webcgi?START=A60&DOKV_DB=ZECO&DOKV_NO=AFZ060818049&DOKV_HS=0&PP=1, Stand vom 06.01.2009.

O.A. (2008b): Bio im Discounter. In: http://www.oekolandbau.de/verbraucher/kaufen/bio-im-supermarkt/bio-im-discounter/, Stand vom 06.01.2009.

O.A. (2008c): Bio-Preise im Handel sind unverändert. In: http://www.bioland.de/erzeuger/aktuelles/bio-milch/meldungen-bio-milch.html, Stand vom 06.01.2009.

O.A. (2008d): Hofer baut seine Regionale-Range aus. In: Lebensmittel Praxis, Nr. 22. In: http://www.wiso-net.de/webcgi?START=A60&DOKV_DB=ZECO&DOKV_NO=LMZ050830263&DOKV_HS=0&PP=1, Stand vom 25.09.2008.

O.A. (2008e): Sortimente/Bio boomt weiter. In: Der Handel, Nr. 07. In: http://www.wiso-net.de/webcgi?START=A60&DOKV_DB=ZECO&DOKV_NO=HAND070809022&DOKV_HS=0&PP=1, Stand vom 02.01.2009.

O.A. (2008f): Zielpunkt Österreich baut Geschäftsführung um. In: http://www.oe24.at/wirtschaft/Zielpunkt_Oesterreich_baut_Geschaeftsfuehrung_um_333914.ece, Stand vom 16.02.2009.

Öko-Test Verlag (2006): Sauber macht lustig. In: http://www.oekotest.de/cgi/ot/otgs.cgi?doc=40455, Stand vom 06.01.2009.

Penny (o.J.a): Daten und Fakten. In: http://www.penny.at/Layouts/pe_Default.aspx?pageId=111573&folderId=43514, Stand vom 17.02.2009.

Penny (o.J.b): ECHT B!O Produkte. In: http://www.penny.at/Layouts/pe_NaviTop.aspx?pageId=110362&folderId=43892&LinkContent=pe_Quotes.aspx, Stand vom 16.03.2009.

Penny (o.J.c): Eigenmarken bei Penny. In: http://www.penny.at/Layouts/pe_Default.aspx?pageId=110357&folderId=43742, Stand vom 17.02.2009.

Pepels, W. (2005): Käuferverhalten. Basiswissen für Kaufentscheidungen von Konsumenten und Organisationen. Erich Schmidt Verlag, Berlin.

Pepels, W. (2008): Was ist und wozu dient Marktforschung? In: Pepels, W. (Hrsg.): Marktforschung. Verfahren, Datenauswertung, Ergebnisdarstellung. 2., überarbeitete und erweiterte Auflage, Symposion Publishing, Düsseldorf, S. 17-23.

Pepels, W. (Hrsg.) (2008): Marktforschung. Verfahren, Datenauswertung, Ergebnisdarstellung. 2., überarbeitete und erweiterte Auflage, Symposion Publishing, Düsseldorf.

presseportal.de (2008): REWE Group zieht Erfolgsbilanz: Umsatz auf über 45 Mrd. Euro gesteigert. In: http://www.presseportal.de/pm/52007/1199703/rewe_group, Stand vom 16.02.2009.

Raab, G./Unger, F. (2005): Marktpsychologie. Grundlagen und Anwendung. 2., überarbeitete und erweiterte Auflage, Gabler, Wiesbaden.

Reisch, L.A./Scherhorn, G. (2005): Kauf- und Konsumverhalten. In: Frey, D./Rosenstiel, L. von/Hoyos, C.G. (Hrsg.): Wirtschaftspsychologie. Beltz Verlag, Weinheim/Basel, S. 180-186.

RollAMA Marketing (o.J.): Bio-Anteile. In: http://www.ama-marketing.at/home/groups/7/Marktentwicklung_Bio.pdf, Stand vom 02.01.2009.

Rosenstiel, L. von/Neumann, P. (2002): Marktpsychologie. Ein Handbuch für Studium und Praxis. Primus Verlag, Darmstadt.

Rutschmann, M. (2005): Kaufprozesse von Konsumenten erkennen und lenken. Mehr Marktanteil mit neuem Marketing. Kunden ins Zentrum des Marketings stellen, Schlüsselstellen im Kaufprozess fokussieren, Wachstum in stagnierenden Märkten erzeugen. Mi-Fachverlag, Heidelberg.

Salcher, E.F. (1995): Psychologische Marktforschung. 2., neu bearbeitete Auflage, Walter de Gruyter, Berlin/New York.

Sauermann, P. (2008): Qualitative Befragungstechniken. In: Pepels, W. (Hrsg.): Marktforschung. Verfahren, Datenauswertung, Ergebnisdarstellung. 2., überarbeitete und erweiterte Auflage, Symposion Publishing, Düsseldorf, S. 203-223.

Schub von Bossiazky, G. (1992): Psychologische Marketingforschung. Qualitative Methoden und ihre Anwendung in der Markt-, Produkt- und Kommunikationsforschung. Franz Vahlen, München.

Schwartau, S./Valtet, A. (2007): Vorsicht Supermarkt! Wie wir verführt und betrogen werden. Rowohlt Taschenbuch Verlag, Reinbek bei Hamburg.

Solomon, M./Bamossy, G./Askegaard, S. (2001): Konsumentenverhalten. Der europäische Markt. Pearson Studium, München u.a.

Sommer, M./Steinke, M. (2007): Was sind die Treiber des Bio-Booms? In: planung & analyse – Zeitschrift für Marktforschung und Marketing, Bd. 6, S. 28-32.

Strzyzowski, G. (2008): Frischemärkte und Diskonter auf Überholspur. In: http://www.handelszeitung.at/ireds-44827.html, Stand vom 09.11.2008.

Sulzmann, R. (2008): Die Bio-Kür. In: Lebensmittel Zeitung, Nr. 37. In: http://www.wiso-net.de/webcgi?START=A60&DOKV_DB=ZECO&DOKV_NO=LMZ090812161&DOKV_HS=0&PP=1, Stand vom 06.01.2009.

Trommsdorff, V. (2004): Konsumentenverhalten. 6., vollständig überarbeitete und erweiterte Auflage, Kohlhammer, Stuttgart.

Wagner-Ottawa, M. (2008): Bio ist mehr als ein Trend. Ein echtes Lebensgefühl das Sinn macht. In: http://www.ama-marketing.at/home/user/12/Bio/BioRondo/bio_HiH_4.pdf, Stand vom 26.09.2008.

Weinberg, P. (1981): Das Entscheidungsverhalten der Konsumenten. Schöningh, Paderborn/Wien u.a.

Weis, C./Steinmetz, P. (2008): Marktforschung. 7., völlig überarbeitete Auflage, Kiehl Verlag, Ludwigshafen.

Zielpunkt GmbH & Co KG (o.J.a): Bio Bio Produkte. In: http://www.zielpunkt.at/BioBio_54.html, Stand vom 16.03.2009.

Zielpunkt GmbH & Co KG (o.J.b): Die Zielpunkt Story. In: http://www.zielpunkt.at/Geschichte_29.html, Stand vom 17.02.2009.

Zielpunkt GmbH & Co KG (o.J.c): Genuss aus meiner Region! In: http://www.zielpunkt.at/ImRegal_18.html, Stand vom 17.02.2009.

Zielpunkt GmbH & Co KG (o.J.d): Über uns. In: http://www.zielpunkt.at/UeberUns_28.html, Stand vom 17.02.2009.

Anhang

Anhang A – Leitfaden

Anhang B – Kurzfragebogen zur Bewertung der Produkte

Anhand C – Statistik

Anhang A – Leitfaden

Einleitung

Ich begrüße Sie alle recht herzlich zu unserer heutigen Gruppendiskussion. Wie Sie alle wissen, ist diese Diskussion ein wichtiger Teil meiner Arbeit. Wir werden heute über Bio-Produkte, welche beim Diskonter zu kaufen sind, sprechen. Während der Diskussion wird ein Tonband alles aufnehmen und es wird zusätzlich versucht, die wichtigsten Statements mitzuschreiben. So ist es dann für mich leichter, die Auswertung vorzunehmen.
Es ist sehr wichtig, dass Sie ehrlich antworten und einander ausreden lassen. Es können ruhig unterschiedliche Meinungen bezüglich mancher Themen bestehen und dann diskutiert werden. Alles, was Ihnen zu diesem Thema einfällt, oder Ihnen in den Sinn kommt, soll gesagt werden.

So nun zum Thema: es geht wie bereits gesagt um Bio-Produkte, wie z.B. Brot, Obst, Käse oder Gemüse, die es bei einem Lebensmitteldiskonter, wie z.B. Hofer oder Penny zu kaufen gibt.

Nachdem das Thema vorerst geklärt ist, würde ich eine kurze Vorstellungsrunde empfehlen. Stellen Sie sich bitte kurz vor und beschreiben Sie uns allgemein Ihr Einkaufsverhalten.

Einkaufsverhalten allgemein

Als welchen Einkaufstypen würden Sie sich bezeichnen?
Wer geht in Ihrem Haushalt am meisten einkaufen?
Wie oft gehen Sie in der Woche einkaufen?
Wodurch wird Ihr Einkaufsverhalten beeinflusst? (Werbung, Aktionen, Familie, Freunde,...)
Sind Sie risikofreudig, was das Ausprobieren neuer Produkte angeht? Wenn ja →
Wieso probieren Sie neue Lebensmittel aus? Wie kommen Sie dazu? Wie verläuft so ein Erstkauf? Ist das bei Bio-Produkten auch so?
Welche Lebensmitteleinzelhändler besuchen Sie regelmäßig und warum?

Diskonter allgemein

Was kommt Ihnen in den Sinn, wenn Sie Lebensmitteldiskonter hören?

Warum gehen Leute allgemein gerne zum Diskonter einkaufen? Warum nicht? (PREIS → Warum denken Sie, sind die Preise so niedrig?)

Warum gehen Sie persönlich gerne zum Diskonter einkaufen, warum nicht?

Welche Vorteile hat Ihrer Meinung nach ein Diskonter?

Welche Nachteile hat Ihrer Meinung nach ein Diskonter?

Typischer Diskont-Käufer

Sehen Sie sich die sieben Bilder an. Welches Bild stellt einen typischen Diskont-Käufer dar und welches nicht? Warum denken Sie so? (**Flip-Chart mit Personen**)

Wie stellen Sie sich einen typischen Diskont-Käufer vor?

Wie sieht er aus? Welchen Familienstand hat er? Welchen Beruf übt er aus? Wie ist sein Einkommen?

Was unterscheidet einen typischen Diskont-Käufer von den anderen Käufern, wie z.B. Merkur-Käufer?

Einzelnen Diskonter

Welche Diskonter kennen Sie in Österreich?

Wenn Sie an Hofer denken, was fällt Ihnen dazu ein?

Wenn Hofer ein Mensch wäre, wie würden Sie ihn dann beschreiben?

Würden Sie ihn mögen? Warum bzw. warum nicht?

Welche Vorteile hat Hofer? Welche Nachteile hat Hofer?

Wenn Sie an Lidl denken, was fällt Ihnen dazu ein?

Wenn Lidl ein Mensch wäre, wie würden Sie ihn dann beschreiben?

Würden Sie ihn mögen? Warum bzw. warum nicht?

Welche Vorteile hat Lidl? Welche Nachteile hat Lidl?

Wenn Sie an Penny denken, was fällt Ihnen dazu ein?

Wenn Penny ein Mensch wäre, wie würden Sie ihn dann beschreiben?

Würden Sie ihn mögen? Warum bzw. warum nicht?

Welche Vorteile hat Penny? Welche Nachteile hat Penny?

Wenn Sie an Zielpunkt denken, was fällt Ihnen dazu ein?
Wenn Zielpunkt ein Mensch wäre, wie würden Sie ihn dann beschreiben?
Würden Sie ihn mögen? Warum bzw. warum nicht?
Welche Vorteile hat Zielpunkt? Welche Nachteile hat Zielpunkt?

Sehen Sie sich die 15 Charaktereigenschaften an. Welche passen zu einem Diskonter und welche nicht? (**Flip-Chart**)

Bio-Produkte allgemein

Welche Gründe lassen sich für den Bio-Boom der letzten Jahre aufzählen?
Warum kaufen Menschen ganz allgemein Bio-Produkte?
Sehen Sie sich diesen Cartoon an. Was würde die Person mit der leeren Luftblase antworten? (**Flip-Chart**) Warum kaufen Sie Bio-Produkte? Bzw. warum nicht?
Wie sieht der typische Bio-Käufer aus? Welchen Familienstand hat er? Welchen Beruf übt er aus? Wie hoch ist sein Einkommen?
Wenn Sie an Bio-Produkte denken, welche fallen Ihnen ganz spontan ein? Welche Bio-Marken kennen Sie?
Wie müsste die Verpackung von z.B. biologischem Joghurt aussehen?
Welche Qualitätssiegel kennen Sie, die biologische Qualität garantieren? Sehen Sie sich die Karten mit den Qualitätssiegeln an und zeigen Sie die, welche Sie kennen. (**Qualitätssiegel Karten herzeigen**)
Wie glaubwürdig sind diese Qualitätssiegel für Sie?

Bio beim Diskonter → Vergleich zu anderen LEH

Warum/warum nicht gehen Sie zum Diskonter und kaufen dort Bio-Produkte?
Welche Unterschiede lassen sich ganz allgemein zu anderen Lebensmitteleinzelhändlern darstellen?
Welche Unterschiede bezüglich Bio-Produkten lassen sich zu anderen Lebensmitteleinzelhändlern erkennen?
Wo ist das Vertrauen größer bezüglich Bio, beim Diskonter oder bei anderen Lebensmitteleinzelhändlern? Warum?
Kaufen Sie nur bestimmte biologische Produktgruppen beim Diskonter, oder nicht? Warum?

Stellen Sie sich vor, Sie sehen einen Werbespot von Hofer, wie müsste dieser aussehen, damit Sie zu Hofer gehen und dort Bio-Produkte kaufen?
Stellen Sie sich vor, Sie sehen einen Werbespot von Lidl, wie müsste dieser aussehen, damit Sie zu Lidl gehen und dort Bio-Produkte kaufen?
Stellen Sie sich vor, Sie sehen einen Werbespot von Penny, wie müsste dieser aussehen, damit Sie zu Penny gehen und dort Bio-Produkte kaufen?
Stellen Sie sich vor, Sie sehen einen Werbespot von Zielpunkt, wie müsste dieser aussehen, damit Sie zu Zielpunkt gehen und dort Bio-Produkte kaufen?

Verkostung

Verkostung von biologischem Joghurt, Käse und Milch! Alle vier Diskonter werden miteinbezogen! (**Austeilen des Kurzfragebogens zur Bewertung der Produkte**)

Kosten Sie diese vier Käsesorten und ordnen Sie die Nummern der einzelnen Käsesorten den vier Diskontern zu.
Welche geschmacklichen Unterschiede sind zu erkennen? Welches hat Ihnen besser geschmeckt und warum? Bewerten Sie die Käsesorten von sehr gut, gut, weniger gut, bis überhaupt nicht gut.
Beschreiben Sie die Produkte mit einem Wort und tragen Sie diese in den Fragebogen ein.

Auflösung – welcher Käse gehört zu welchem Diskonter

Von der Verpackung her, welcher würde Sie mehr ansprechen? Warum?
Kosten Sie diese vier Joghurts und ordnen Sie die Nummern der einzelnen Joghurts den vier Diskontern zu.
Welche geschmacklichen Unterschiede sind zu erkennen? Welches hat Ihnen besser geschmeckt und warum? Bewerten Sie die Joghurts von sehr gut, gut, weniger gut, bis überhaupt nicht gut.
Beschreiben Sie die Produkte mit einem Wort und tragen Sie diese in den Fragebogen ein.

Auflösung – welches Joghurt gehört zu welchem Diskonter

Von der Verpackung her, welches würde Sie mehr ansprechen? Warum?

Kosten Sie diese vier Milchsorten und ordnen Sie die Nummern der einzelnen Milchsorten den vier Diskontern hinzu.

Welche geschmacklichen Unterschiede sind zu erkennen? Welches hat Ihnen besser geschmeckt und warum? Bewerten Sie die Milchsorten von sehr gut, gut, weniger gut, bis überhaupt nicht gut.

Beschreiben Sie die Produkte mit einem Wort und tragen Sie diese in den Fragebogen ein.

Auflösung – welche Milch gehört zu welchem Diskonter

Von der Verpackung her, welche würde Sie mehr ansprechen? Warum?

Wie denken Sie, werden sich in Zukunft Diskonter entwickeln?

Wie denken Sie, wird sich in Zukunft der Bio-Boom entwickeln?

Wie denken Sie, werden sich in Zukunft Bio-Produkte beim Diskonter entwickeln?

Zusammenfassung

Was war für Sie am wichtigsten? Was hat Ihnen die Gruppendiskussion gebracht? Welche Erkenntnisse können Sie mitnehmen?

Kurze Zusammenfassung der wichtigsten Punkte! Soziodemographischen Fragebogen austeilen!

Anhang B - Kurzfragebogen zur Bewertung der Produkte

Verkostung von Bio-Käse

Nummer des Käses	Diskonter	Bewertung (Sehr gut, gut, weniger gut, überhaupt nicht gut)	Beschreibung des Produkts
	Hofer		
	Lidl		
	Penny		
	Zielpunkt		

Verkostung von Bio-Joghurt

Nummer des Joghurts	Diskonter	Bewertung (Sehr gut, gut, weniger gut, überhaupt nicht gut)	Beschreibung des Produkts
	Hofer		
	Lidl		
	Penny		

Verkostung von Bio-Milch

Nummer der Milch	Diskonter	Bewertung (Sehr gut, gut, weniger gut, überhaupt nicht gut)	Beschreibung des Produkts
	Hofer		
	Lidl		
	Penny		
	Zielpunkt		

Anhang C – Statistik

Geschlecht

Weiblich	Männlich

Alter

18-30	31-45	45-60	ab 60

Beruf

Höchster Schulabschluss

Pflichtschule	Lehre
Berufsbildende mittlere Schule	Matura
Universität/FH	sonstiges

Monatliches Haushaltsnettoeinkommen

Bis 1000	1001-1500	1501 - 2000
2001-2500	2501-3000	3001-3500
ab 3500		

Haushaltsgröße (Personenanzahl)

Familienstand

alleinstehend	verheiratet/Partnerschaft

Anzahl der Kinder

Gibt es im Umkreis von 10 km Ihrer Wohnsituation einen Diskonter?

Ja	nein